500个经典逻辑思维游戏

Logic Games

逻辑思维训练专家 于雷 等 / 编著

天地出版社 | TIANDI PRESS

图书在版编目（CIP）数据

500个经典逻辑思维游戏 / 于雷等编著. —成都：天地出版社，2018.1（2021年3月重印）

ISBN 978-7-5455-3319-4

Ⅰ. ①5… Ⅱ. ①于… Ⅲ. ①智力游戏—通俗读物 Ⅳ. ①G898.2

中国版本图书馆CIP数据核字（2017）第278048号

500个经典逻辑思维游戏

出品人	杨 政
编 著	于 雷 等
责任编辑	刘 倩
图片来源	壹 图
封面设计	思想工社
电脑制作	思想工社
责任印制	王学锋
出版发行	天地出版社 （成都市槐树街2号 邮政编码：610014）
网 址	http://www.tiandiph.com http://www.天地出版社.com
电子邮箱	tiandicbs@vip.163.com
经 销	新华文轩出版传媒股份有限公司
印 刷	天津文林印务有限公司
版 次	2018年1月第1版
印 次	2021年3月第6次印刷
成品尺寸	168mm×240mm 1/16
印 张	25.5
字 数	364千字
定 价	39.80元
书 号	ISBN 978-7-5455-3319-4

咨询电话：（028）87734639（总编室）
购书热线：（010）67693207（市场部）

PREFACE

前言

逻辑思维能力，是每个人必须具备的基本能力，逻辑思维能力强也是高智商的表现。现代社会所需要的人才，其基本条件之一就是要具有独立思考的能力和勇于创新的精神，而这一点绝对离不开逻辑思维能力。善于进行逻辑推理，能使看似复杂的问题变得简单，也能使看似枯燥的内容变得有趣。

逻辑作为思维的方法、工具、理论、规律，能够开启民智。没有逻辑，也就没有哲学，不讲逻辑的人更不会懂得逻辑对于自身的价值和意义。

比较而言，学习理工科的人，较之只接受文科教育的人，在自觉关注逻辑知识方面要强一些，这是因为自然科学理论本身就是逻辑理论知识的演化和具体化。牛顿力学三大定律实际上也是形式逻辑规律的具体化，后来的相对论、量子理论，乃至近年来的基因结构理论、基本粒子超弦理论等也一样。所以，凡有所觉悟的人们，都会自觉地去钻研逻辑思维方法，关注新的逻辑工具、理论、规律的出现，甚至会去主动地发现、发明、创造新的逻辑方法、工具和理论。

本书汇集了500例世界上最经典的逻辑思维游戏，通过九种常用的思考问题的方法，训练我们的逻辑思维，让我们在潜移默化中逐步提高逻辑思维能力。题目内容纵横古今，包罗万象，蕴含着文化的力量，隐含着深刻的寓意，闪烁着智慧的光芒。

“授人以鱼，不如授人以渔”，只要大家通过阅读本书学会了这些常用的思维方法和技巧，以后再遇到类似的问题时，就可以迎刃而解了。能够通过这数百个逻辑思维游戏，切实提高广大读者的逻辑思维能力，这就是笔者编写本书的目的。

除笔者之外，参与本书编写的人员还有于艳春、罗飞、于艳华、龚宇华、于艳苓、何正雄、李志新、何晶、李方伟、王春风、魏银波、于艳娟、石秀芹、李文凯等人，在此向大家表示感谢。

于雷

CONTENTS

目录

C O N T E N T S

目录

CONTENTS

目录

CONTENTS

目录

C O N T E N T S

目录

C O N T E N T S

目录

C O N T E N T S

目录

CONTENTS

目录

C O N T E N T S

目录

第八篇
发散法

C O N T E N T S

目录

CONTENTS

目录

CONTENTS 目录

第一篇

递推法

递推法，指的是按照原思路刨根寻底，穷追不舍，直至找出答案为止。递推思维法要求你善于抓住一些常被人忽略的信息，通过仔细观察与思索，在现有信息的基础上一步一步地向前探索，一步一步地深入思考，直到解决问题。

任何事物都有其原因和结果、表象和本质。通过原因，可以分析出事物的结果；通过表象，可以发掘出事物的本质。在运用递推法时，需要我们由已知条件层层向下分析，同时要确保每一步都准确无误。在这个过程中，可能会有几个分支，应本着先易后难的原则，先从简单的一支入手，逐个分析，直至考虑到所有的情况，最终找出符合要求的答案。

| 实例解析 |

1元钱一瓶汽水，喝完后两个空瓶可以换一瓶汽水，问：你有20元钱，最多可以喝到几瓶汽水？

解这种题的时候就可以用到递推法，也就是自上而下，一步步地推理。第一步，1元钱一瓶，20元可以买20瓶。

接着，喝完后有 20 个空瓶，可以换 10 瓶汽水。喝完还有 10 个空瓶，可以换 5 瓶汽水……如此一步步地推下去，就可以得到结果了。

需要注意的是，在递推法中，有时推理可能仅仅只列举了使结论成立的一些必要条件，但结论的成立可能依赖于许多条件，只有所有的必要条件都找到了，才可以构成充分条件推导出结论。也就是说，有原因才能有确定的结果，但只有找到了所有影响某一确定结果的原因，我们才能得出这个确定的结果。而如果我们知道了某一确定结果，必定可以推断它的一些原因（必要条件）。

1 分辨男女

一天，小王在街上遇到一个同事A，同事A正在与另外两个人B和C一起聊天。小王就问他们三人的关系，同事A说：“我考考你吧，我们三人是亲缘关系，但我们之间不存在违反伦理道德的问题。我们三人当中，有我的父亲、B唯一的女儿和C的同胞手足。C的同胞手足既不是我的父亲，也不是B的女儿。”

那么，他们中哪一位与其他两人性别不同？

2 倒班制度

某大学要求学生毕业前都要去公司实习。

某个寝室有三名学生，巧的是，他们在同一时间去了同一家公司实习。

这个公司会轮流安排上班和休息，具体哪天上班哪天休假都是已经安排好的。

现在已知：

（1）一星期中只有一天三位实习员工同时值班；

（2）没有一位实习员工连续三天值班；

（3）任意两位实习员工在一个星期中同一天休假的情况不超过一次；

（4）第一位实习员工在星期日、星期二和星期四休假；

（5）第二位实习员工在星期四和星期六休假；

（6）第三位实习员工在星期日休假。

请问：这三位实习员工在星期几可以同时值班?

提示：先判定星期日、星期二和星期四是谁值班，然后判定在题目中没有提到的三天中分别是谁休假。

3 猫的作战路线

这只是一个游戏，鱼是不会动的，但猫要拿到所有的鱼也不是那么简单的。如下图，猫从1号鱼的位置出发，沿黑线跑到另一条鱼的位置，最终把鱼统统拿到，一条也不留，而且同一个地方不能去第二次。它该怎么走?

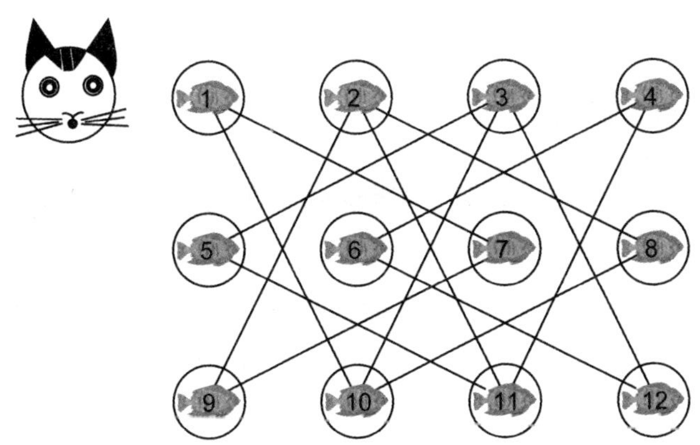

4 蜘蛛的爬行路线

有一个正方体的屋子，在一个角处有一只蜘蛛，它想爬到对角处那个角上去，你能帮它设计出一条最短的路线吗?

5 排列十字形

一天，小明去买东西，找回了8枚相同的一元硬币，他排成如下图所示的十字形，横排4枚，竖排5枚。这时，爸爸对小明说：“你能只移动其中一枚就使其无论横排还是竖排都有5枚硬币吗？”小明想了想，真的做到了，你会吗？

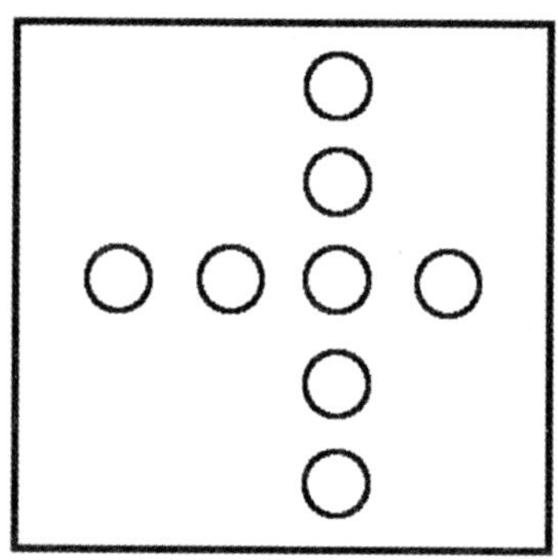

6 谁的收音机

李明的父亲爱听收音机，李明爱听mp3，另外我们知道李明既没有兄弟也没有姐妹。有一天，李明手里拿着一个收音机。有人问他：“你手上的收音机是谁的？”他说：“收音机的主人的父亲是我父亲的儿子。”你知道收音机是谁的吗？

7 镜子反射的影像

当你面向镜子照看时，映出的常常不见得都是你的真实容貌。一个人站在两块相对摆放着的立镜中间，就会照出一连串的影像。

假设有一间小屋，屋内上下、左右、前后都铺满了无缝隙的镜子，请问：当有个芭蕾舞演员走进这间小屋时，她能看到什么样的影像呢？

8 逃避劳动

班里要进行大扫除，老师在课堂上安排每个人工作的时候，小明在下面

起哄说："大扫除不需要那么多人，我家里正好有事，想请一天假。"其他同学也都纷纷效仿，想要逃避劳动。老师看了说："我很想和你们一起劳动的。这样吧，教室里正好有一个放废纸的纸盒箱子，数学课上，我们测量过它是一个长、宽各1米，高1.5米的大箱子。如果你们谁能不用任何镜子和反光的东西，就能看到这个箱子内部的一面和与之相对的另一面，那他就可以不参加这次的劳动。好不好？"同学们都做不到，只有老师办到了。你认为可能吗？

9 如何补救

有一个商人在做裙子的时候，不小心在所有裙子的裙摆上都勾出了小洞，一大批的裙子就这么毁了。商人每天愁容满面：为了做这笔买卖，他已经把所有身家都搭上去了。他的一个小伙计看到后，想了一个简单的招儿，商人马上转忧为喜。你知道小伙计想了什么招儿吗？

10 说真话的概率

在太空中的某个星球上，这里的人经常说假话，每个人说真话的概率都是1/3。一次，一个地球人遇到了该星球上A、B、C、D四个人，其中D说了一句话，然后A声称B否认C说过D说谎了。

那么，D说的那句话是真话的概率是多少？

11 多出的空格

一样的方格，一样的图形，只是变换一下位置，下图中的那个空格是如何多出来的？

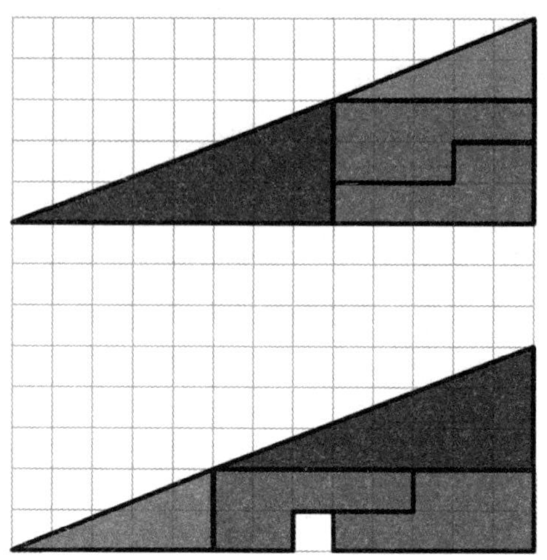

12 多出的方格

有如下一个正方形，由8×8的方格组成。现在按照图中黑线分成四部分，然后按第二幅图的方式拼成一个长方形。

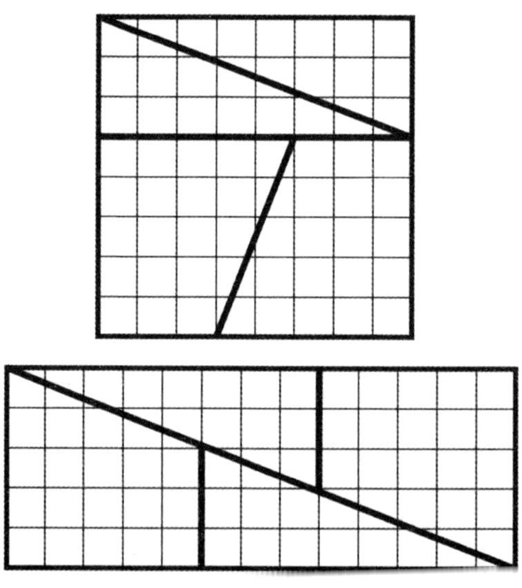

但是现在问题出现了，原来的8×8=64个方格，现在变成5×13=65个方格，为什么会多出一个呢?

13 如何切割拼出正方形

下面是一个7×10的长方形（灰色的六个格代表空格），如何将剩余的64格切割成两个部分，使这两个部分能拼出一个8×8的正方形呢?

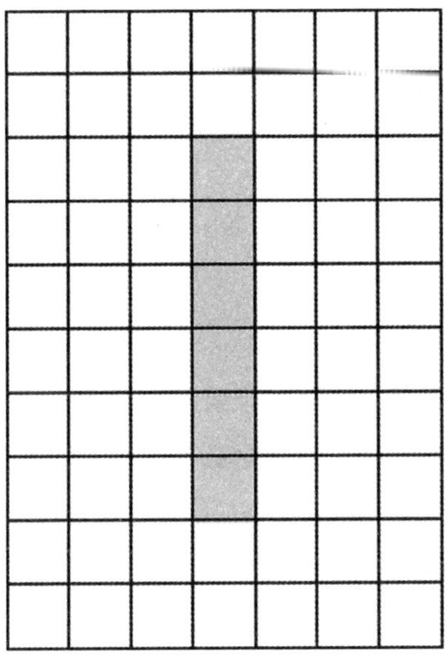

14 寻骨路线

如下图，每间房里都有一块骨头。小狗一次吃完所有的骨头后，从A门出来。请问：小狗从1～8中的哪扇门进去，才不会走重复路线（每间房只允许进出各一次，并且不许从相同的一扇门进出）？帮小狗想一想该怎么走。

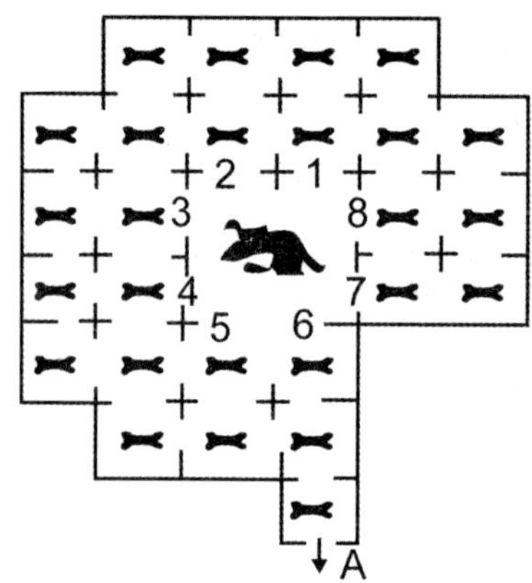

15 巡逻员的路线

下图是宫殿的平面图，上面标明了有8 × 8共64个房间，A、B、C、D、E是五个巡逻队员的位置。每天下午6点整，钟楼的钟声会敲响，A就得穿过房间从a出口出去，同样，B从b出口出去，C从c出口出去，D从d出口出去，然后E需要从目前的位置走到F房间。

上面的规定说不上有什么道理，但是自作聪明的巡逻队长还要求五个巡逻队员走的路线绝对不准相交，也就是任何一个房间都不允许有一条以上路线穿过，巡逻队员从一个房间到另一个房间都必须经过图上所标识的门。

你能帮巡逻队员们找出他们各自的路线吗?

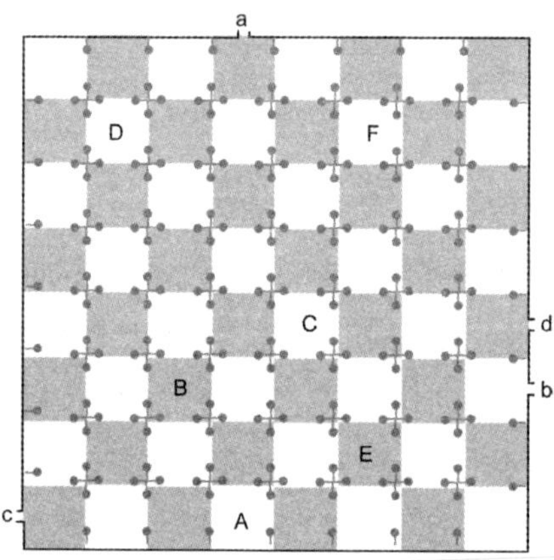

16 测量金字塔

世界闻名的金字塔，是古代埃及国王们的坟墓。这些建筑雄伟高大，形状像个“金”字，故而称为金字塔。它的底面是个正方形，塔身的四面是倾斜着的等腰三角形。两千六百多年前，埃及有位国王，请来一位名叫法列士的学者测量金字塔的高度。

按照当时的条件，你知道该怎么计算吗？

17 怎样把水烧开

一位青年很烦恼，想要寻找一位智者。他大学毕业后，曾豪情万丈地为自己树立了许多目标，可是几年下来，依然一事无成。一天，他来到一个小山村，听说村里的学校有一位德高望重的老师，是远近闻名的智者，于是他便去拜访。

他找到智者时，智者正在校内小屋里读书。智者微笑着听完青年的倾诉，对他说：“来，你先帮我烧壶开水！”

青年看见墙角放着一把极大的水壶，旁边是一个小火灶，可是没发现柴火，于是便出去找。他在外面拾了一些枯枝回来，装满一壶水，放在灶台上，在灶内放了些柴火便烧了起来。可是由于壶太大，那捆柴火烧尽了，水也没开。于是他跑出去继续找柴火，等找到了足够的柴火回来，那壶水已凉得差不多了。这回他学聪明了，没有急于点火，而是再次出去找了些柴火。由于柴火准备得足，水不一会儿就烧开了。

智者忽然问他：“如果没有足够的柴火，你该怎样把水烧开？”

青年想了一会儿，摇摇头。

你知道该怎么做吗？

18 烧香时间

一天，小明和小亮在实验室里做实验。这个实验需要用45分钟时间，但是他们手中没有钟表，无法确定时间。幸好手上有两根粗细不均匀的香，每根烧完的时间都正好是1个小时。该怎么用这两根香来确定45分钟的时间呢？

19 焚香计时

小明和小亮又做了一个物理实验，需要时间为1个小时15分钟。现在他们有若干根这种粗细不均匀的香，每根从头烧到尾仍然正好是1个小时。他们该如何用烧香的方法来确定1个小时15分钟呢？

20 最后朝哪个方向

这是一个由几个不可能存在的三角形组成的图形。想象这个图形是由金属管制成，再进一步假设我们如图所示，把一个立方体（深色面朝上）放进去，让它沿着金属管绕行一圈。当它回到原处时，深色的一面朝着哪个方向呢？

21 警卫巡逻

有一个警卫，要在如下图的15个房间巡视，每两个相邻的房间之间都有门相连。他从入口处进来，需要走遍所有的房间，并且每个房间只可以进出一次，最后走到最里边的管理室，你知道他该怎么走吗?

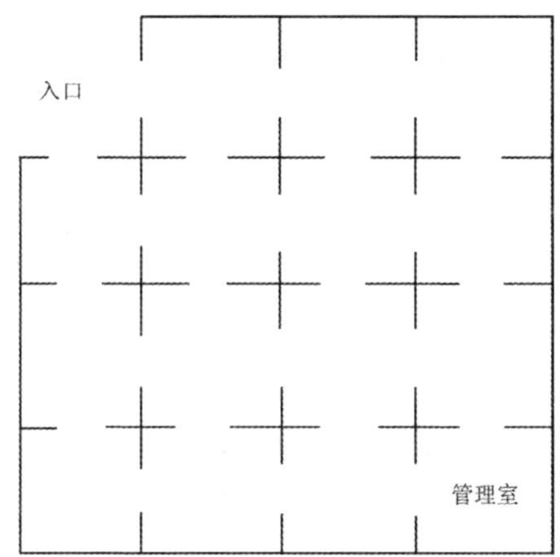

22 通用的木塞

小明家有两个木门，每个木门有三个形状不同的洞眼。你能设计两个木塞，第一个能够塞住左边的三个洞眼，第二个能塞住右边的三个洞眼吗?

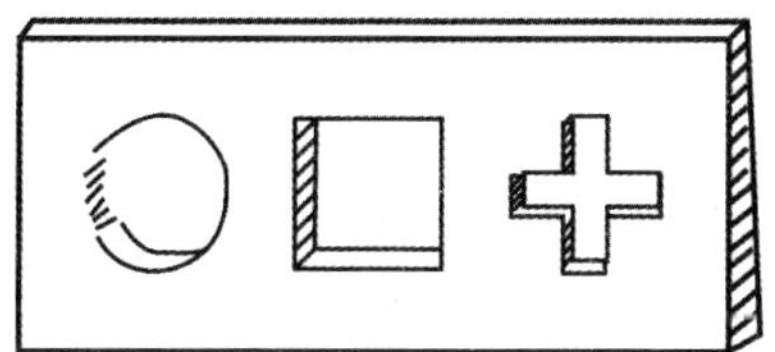

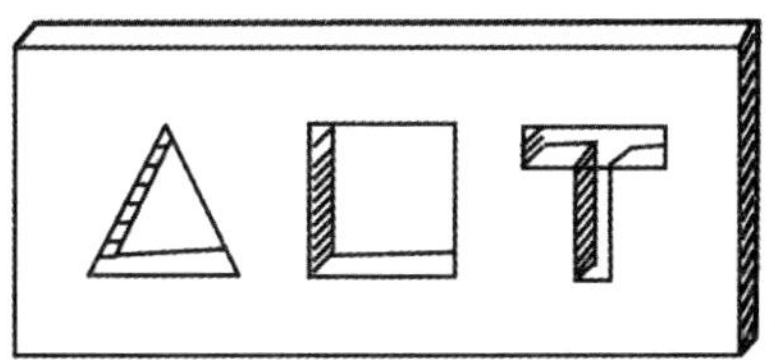

23 切割问题

有如下图所示的一个十字架图形：

从它可以引出许多有趣的切割问题。

问题一：将十字架图形分成4块，用它们拼成一个正方形。

问题二：将十字架图形分成3块，用它们拼成一个菱形。

问题三：将十字架图形分成3块，用它们拼成一个长方形，并且长是宽的2倍。

如何切割？

24 剪成大环形

如图的四张剪纸，哪一个展开后能够形成一个大环形？

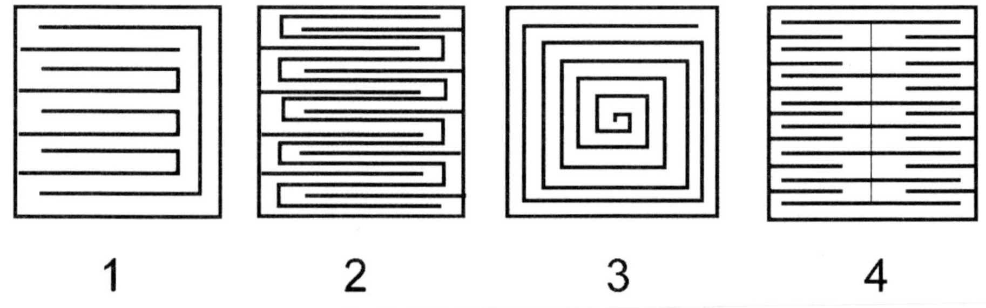

25 是否平衡

请确认这个系统是否会平衡。

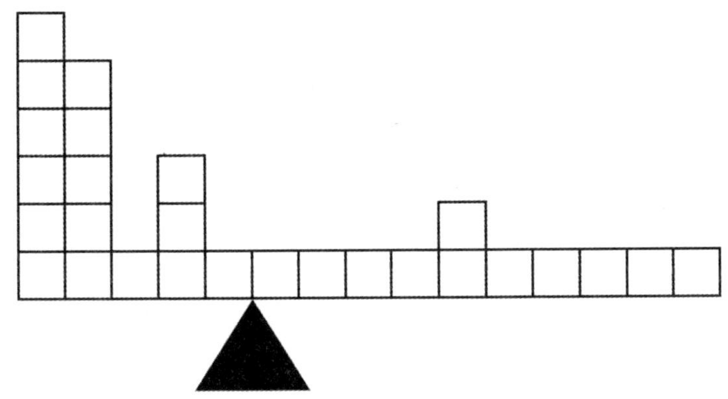

26 看报纸

阅览室新订了一份报纸，四个人分着看，小王已经看完了3张，现在拿在手中的这一张上，左面标的是第22页，右面标的是第7页，那么，他还有多少张没有看?

27 靠近

如下图，四根相同长度的木棍，在每根木棍的三分之一处，分别用一个钉子固定住。如果从A点向B点靠近，那么请问：C点和D点是靠近还是远离?

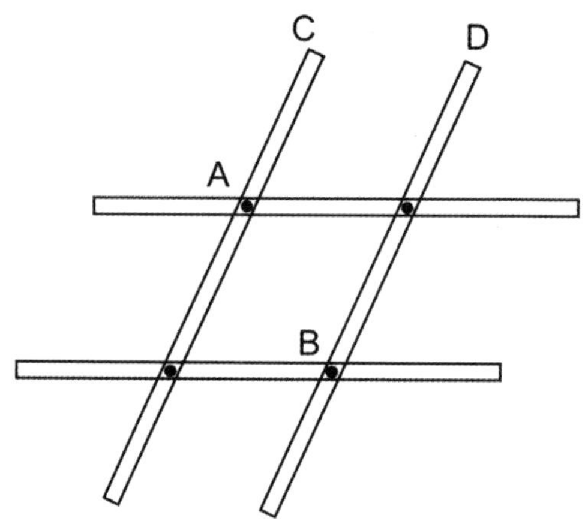

28 立方体

下图是从不同角度观察到的立方体的两个结果。请问：C面的对面是什么面？

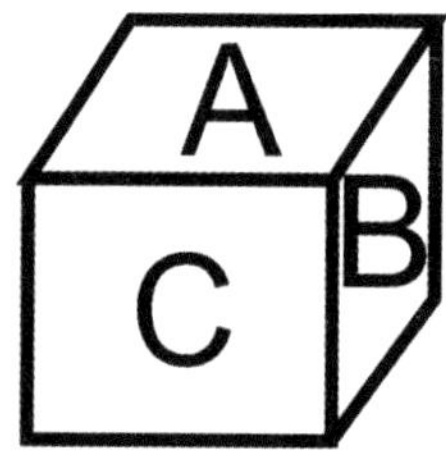

29 回到起点

在哥尼斯堡的一个公园里，有七座桥将普雷格尔河中两个岛及岛与河岸连接起来（如下图）。图中A、D是两座小岛，B、C是河流的两岸。

请问：是否可以从这四块陆地中任意一块出发，恰好通过每座桥一次，再回到起点？

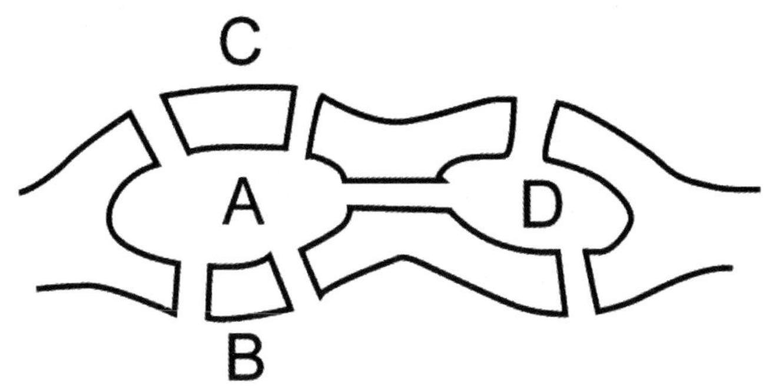

30 一笔画（1）

请一笔把下面这个图形画出来。你知道该怎么画吗?

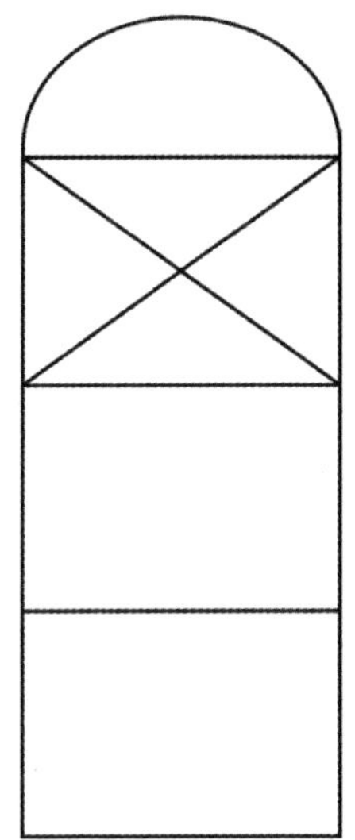

31 一笔画（2）

请一笔把下面这个图形画出来。你知道该怎么画吗?

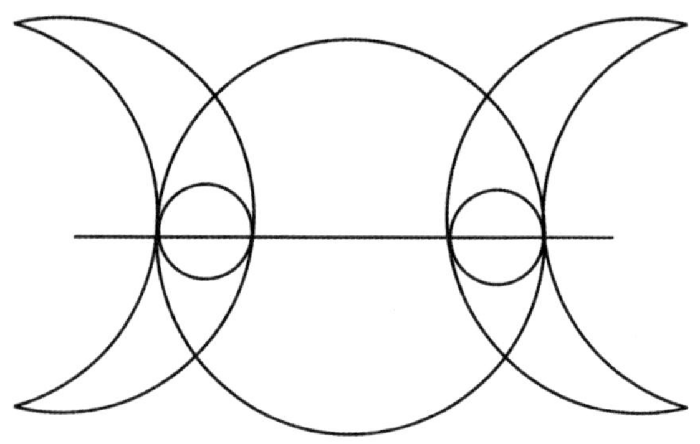

32 一笔画（3）

请一笔把下面这个图形画出来。你知道该怎么画吗？

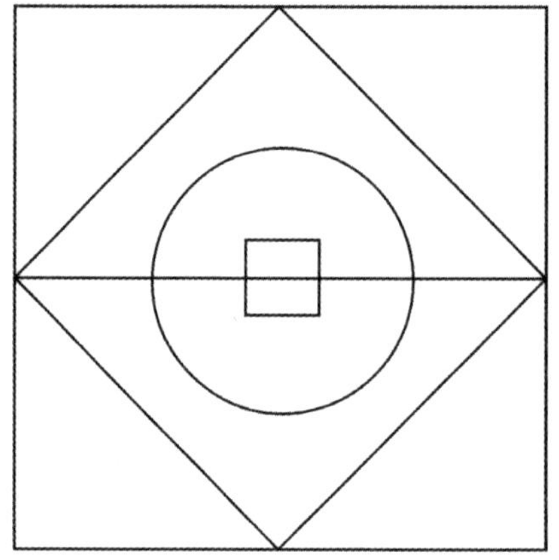

33 一笔画（4）

你能一笔不间断地把下图画出来吗？

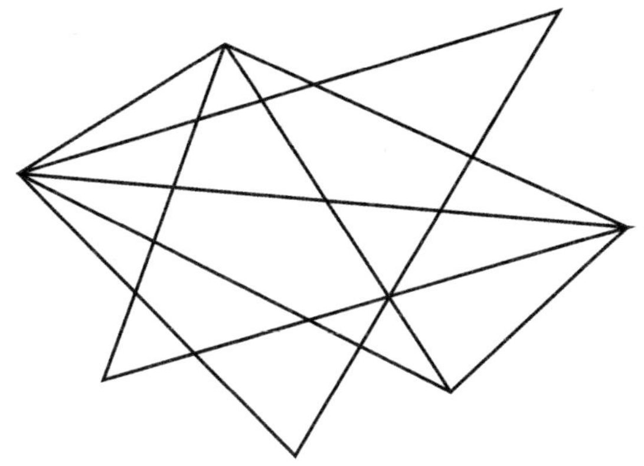

34 一笔画（5）

下面哪个图形不需要穿越或者重复其他线条就可以一笔在纸上画出来?

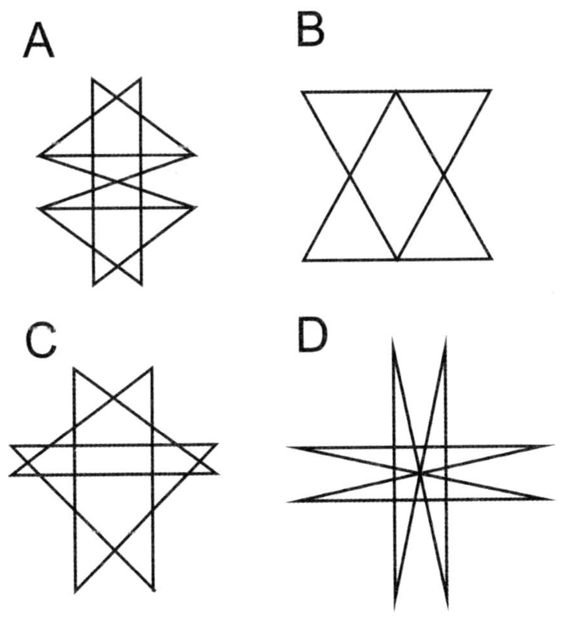

35 一笔画（6）

你能一笔画出下面图形吗？要求没有任何交叉和重复的线条。

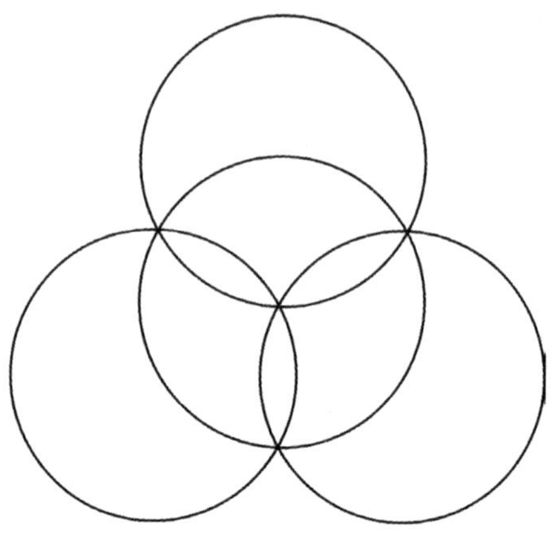

36 一笔画（7）

下面这个图形，如何一笔画出来，而且要保证线条之间没有重叠和相交？你知道怎么画吗？

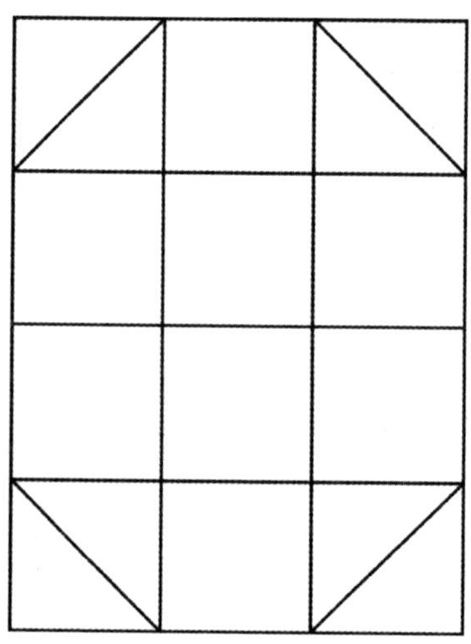

37 数正方形（1）

仔细观察下图，图中大小正方形一共有多少个？

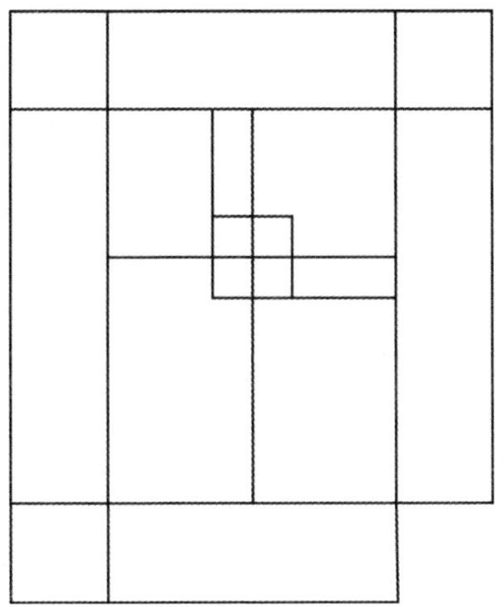

38 数正方形（2）

仔细观察下图，图中大小正方形一共有多少个？

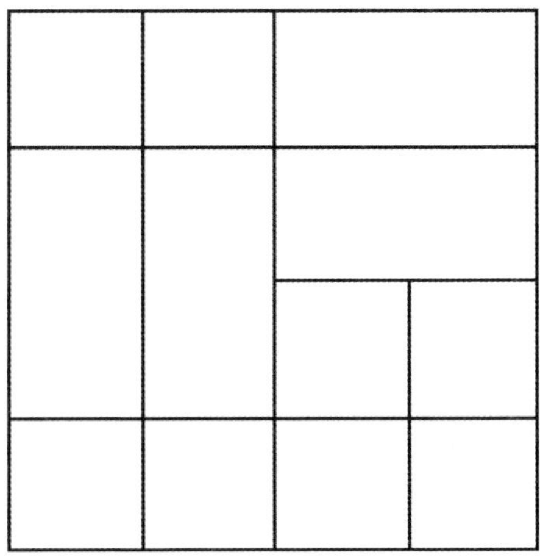

39 数正方形（3）

仔细观察下图，图中大小正方形一共有多少个？

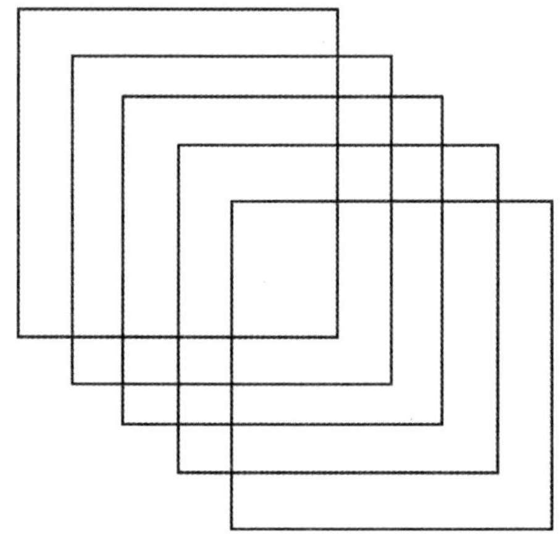

40 数正方形（4）

仔细观察下图，图中大小正方形一共有多少个？

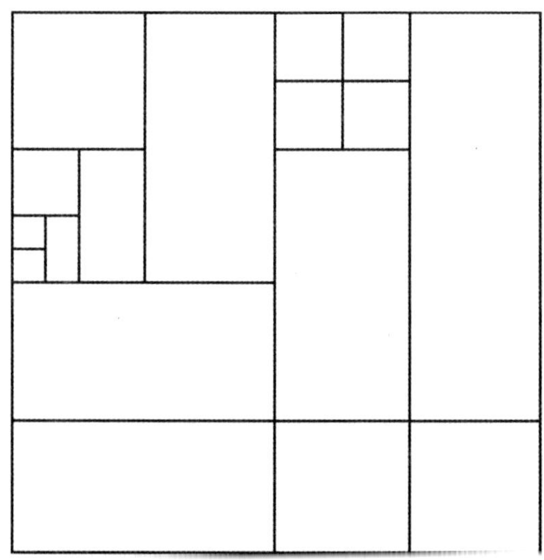

41 数正方形（5）

仔细观察下图，图中大小正方形一共有多少个？

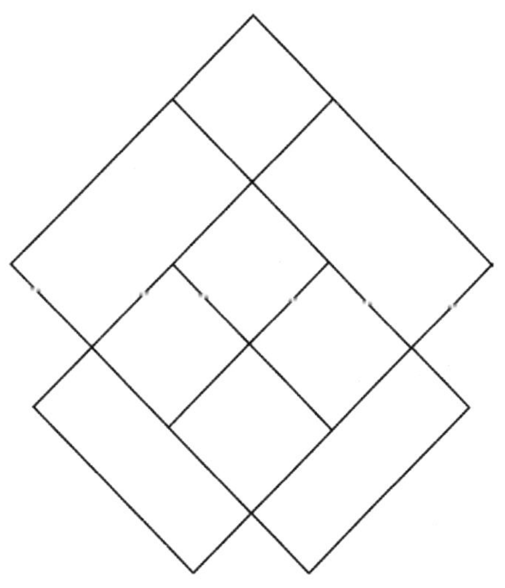

42 数正方形（6）

数一数，下图中一共有多少个正方形？

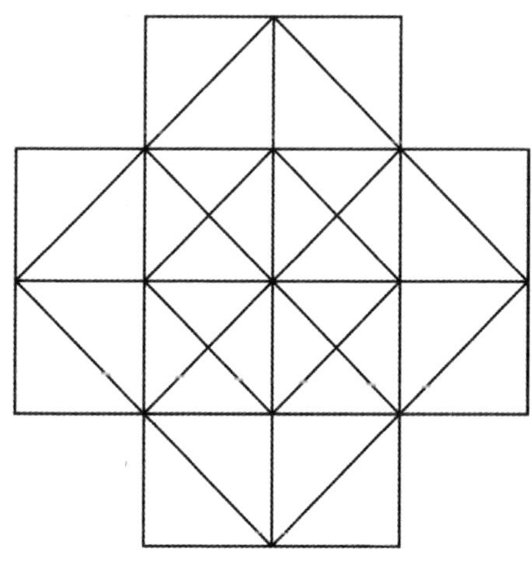

43 数正方形（7）

请数一下，下面图中一共有多少个正方形？

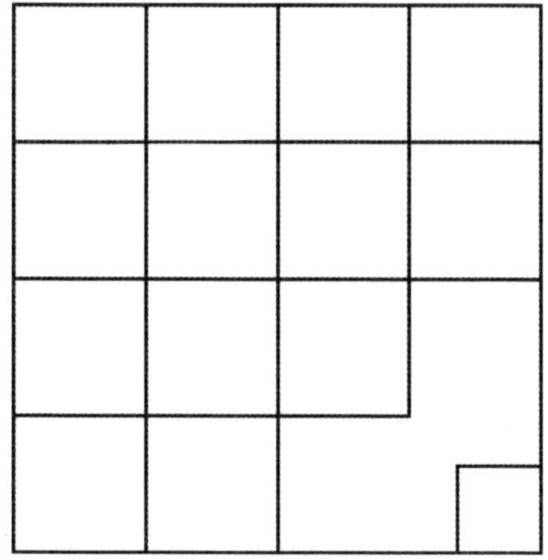

44 数长方形（1）

下图中共有多少个长方形？

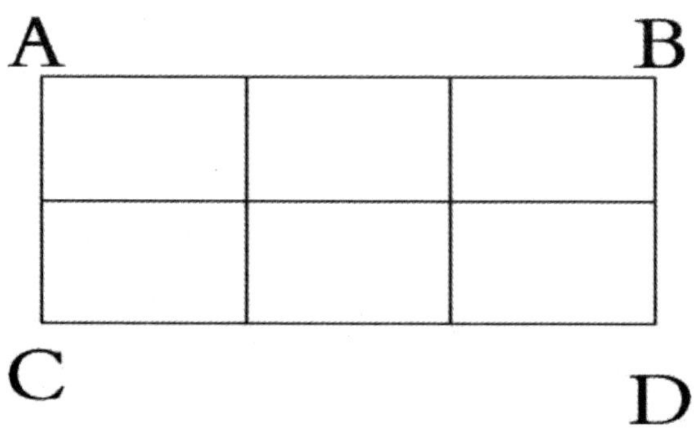

45 数长方形（2）

下图中共有多少个长方形?

46 数长方形（3）

数一数下图中一共有多少个不同的长方形。

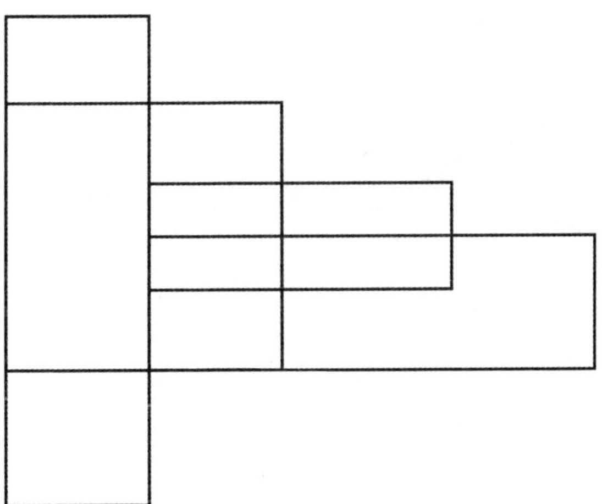

47 加三角形

下面图中有4个等边三角形，你能再加入一个等边三角形，使它变成14个等边三角形吗?

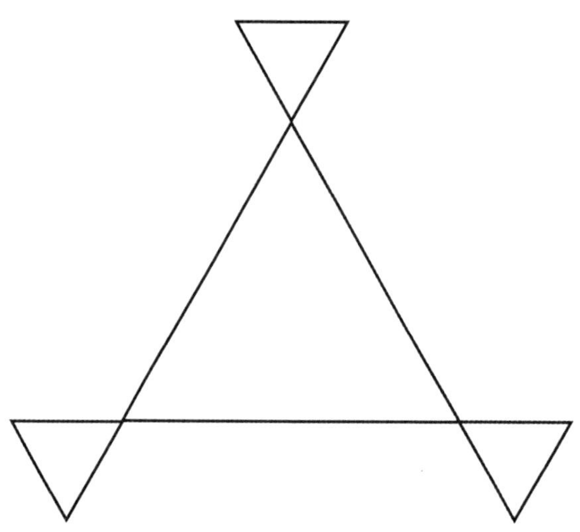

48 数六边形

数一数下图中一共有多少个六边形。

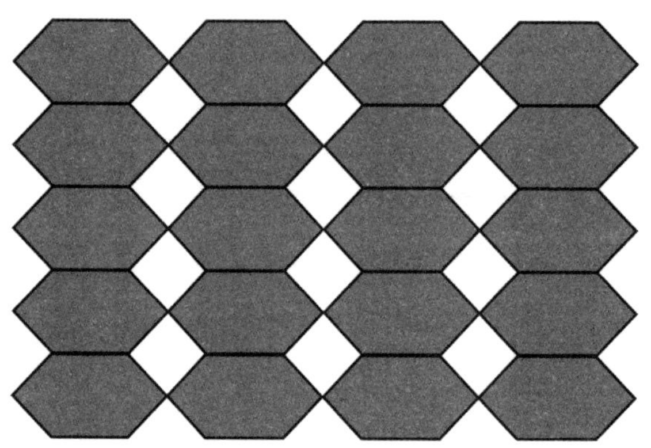

49 数三角形（1）

仔细观察下面的图形，其中共有多少个三角形呢？

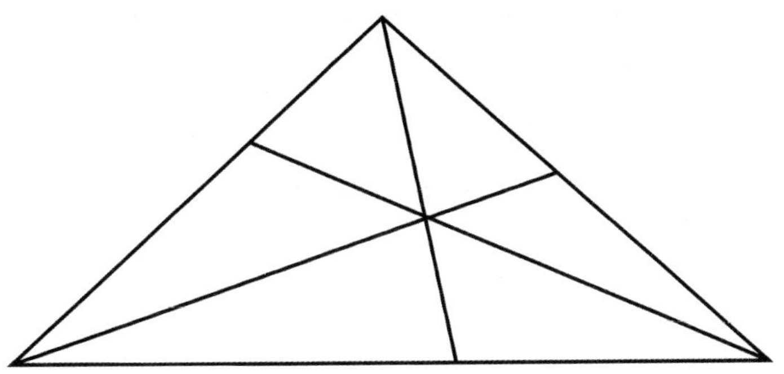

50 数三角形（2）

仔细观察下面的图形，其中共有多少个三角形呢?

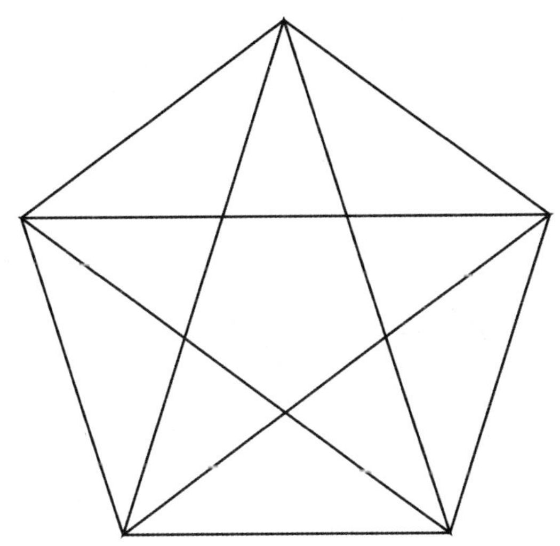

51 数三角形（3）

仔细观察下面的图形，其中共有多少个三角形呢?

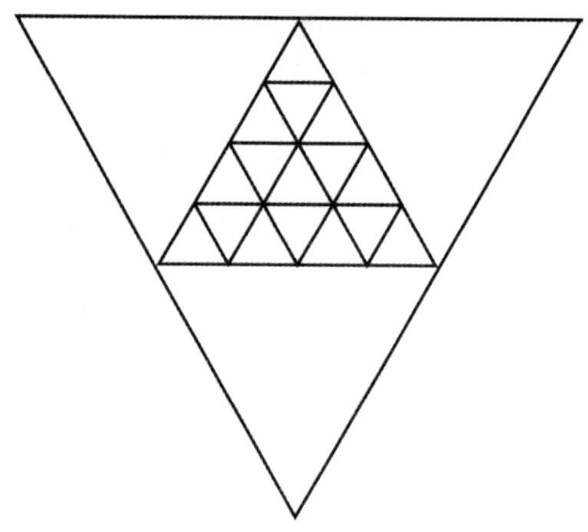

52 数三角形（4）

仔细观察下面的图形，其中共有多少个三角形呢？

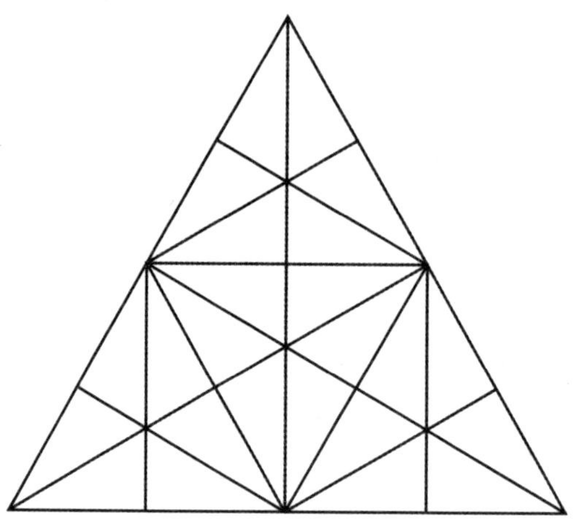

53 数三角形（5）

数一数下图中一共有多少个三角形。

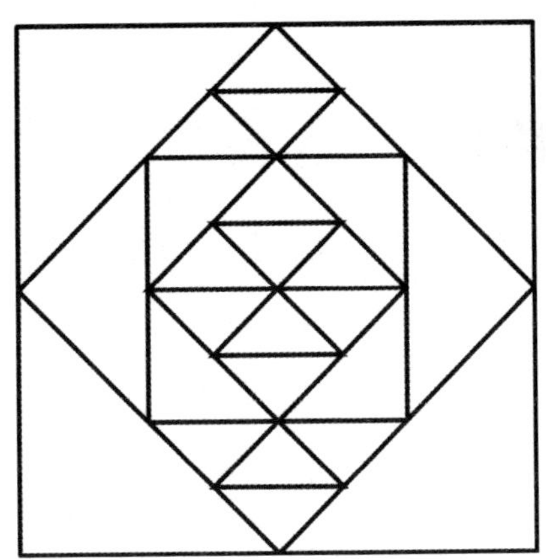

54 数三角形（6）

下图中共有多少个三角形?

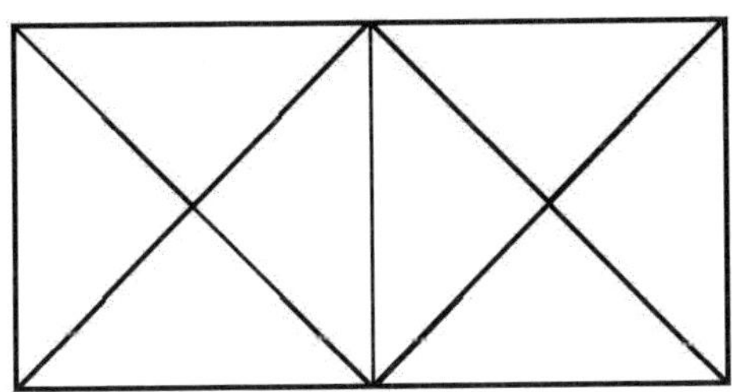

55 数三角形（7）

数一数，下图四个图形中，分别有多少个三角形?

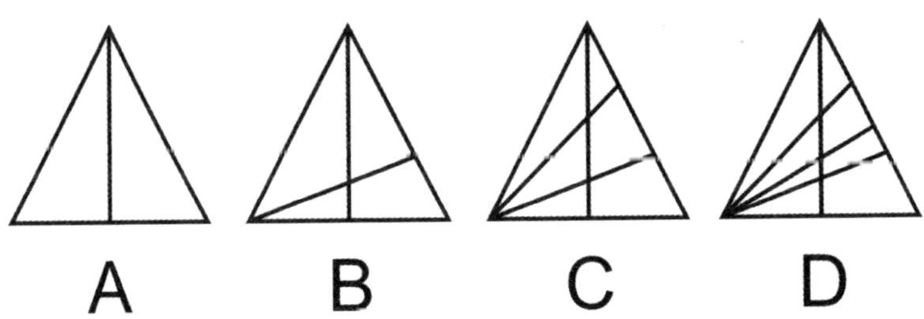

数等边三角形

数一数下图中一共有多少个大大小小的等边三角形，你能数清吗？

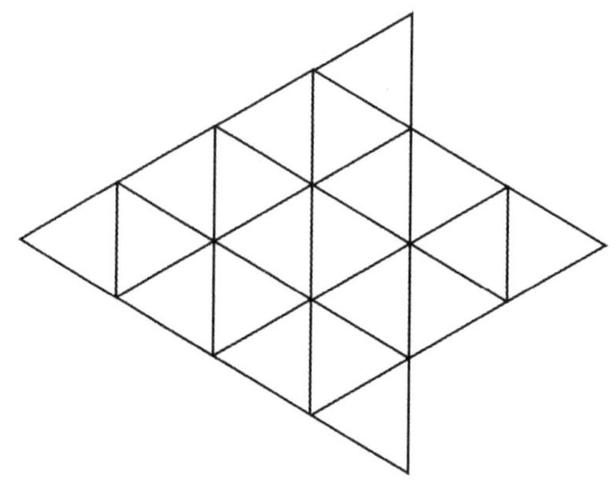

第二篇

倒推法

倒推法，又叫逆向思维法，是运用与常人不同的思维方式，跳出传统观念和习惯的束缚，“反其道而思之”，让思维反向发展，从问题的相反面深入地进行探索，树立新思维，创立新观念。它是对司空见惯的似乎已成定论的事物或观点反过来思考的一种思维方式。

通俗地说，倒推法就是从问题最后的结果开始，一步一步往前推，把所有能够得出这个结果的原因一一列出，再逐一确定每个原因是不是真正的原因，从而加以确认和排除，直到找出问题的答案。

司马光砸缸的故事我们都听过，为什么说司马光聪明？原因就是他运用了逆向思维法。因为要使水缸里的小孩不被淹死，就得想办法让人和水分离。别的小孩想的都是把人从水里拉出来，即人离开水，而司马光想的却是让水离开人。这种突破思维定式，从相反的角度去思考问题就是逆向思维法。通俗地讲，就是倒过来想问题。

实例解析

一个小孩有一堆糖果，第一天他吃了1/4，第二天他吃了剩下的1/3，第三天他又吃了剩下的1/3，这时他还有4

块糖果。请问：最开始他有多少块糖果?

这个问题就可以用倒推法来解决，从他最后有 4 块糖果可以推出第三天他吃之前有 6 块，然后可以推出第二天吃之前他有 9 块，所以第一天他就应该有 12 块。

类似这种问题如果用递推法进行分析，比较麻烦，很难理出头绪来，而如果用倒推法进行分析，就像剥卷心菜一样层层深入，就能最终解决问题。

57 阿凡提与国王

阿凡提是传说中绝顶聪明的人。有一次，高傲的国王在路上遇见了他，说："阿凡提，我听人说你很聪明，也很会骗人。好吧，今天如果你能把我从轿子上骗下来，我就承认你是世界上最聪明的人。"聪明的阿凡提真的做到了，你知道他是怎么做到的吗?

58 步行与乘车

皮皮放学后，站在车站等汽车，等了很久，汽车也没有来。他想回家换衣服和同学去踢足球，所以心里非常着急，就步行往家里走去。如果他乘车10分钟就可以到家，他步行要40分钟到家。当他走到全程的1/2时，公共汽车来了，他又乘上汽车走完了全程。他这样与一开始就乘汽车比较起来，能快多少分钟?

59 瓶中的小虫

有一种小虫，每隔两秒钟分裂一次，分裂后的两只新的小虫经过两秒钟后又会分裂。如果最初瓶中只有一只小虫，那么两秒后变两只，再过两秒后就变四只……两分钟后，正好满满一瓶小虫。若在这个瓶内放入两只这样的小虫，问：经过多长时间后，正巧也是满满的一瓶?

60 蜗牛爬树

一只小蜗牛爬一棵树。每天晚上蜗牛要睡觉，白天才出来活动。白天蜗牛可以向上爬3尺，但是晚上睡觉的时候会往下滑2尺，树高10尺，请问：蜗牛几天可以爬到树顶端?

61 王子和宝石

从前有一个外国使者，来觐见一位新登基的王子。由于王子年纪不大，所以使者想难为一下年轻的王子，于是他拿出了30颗硕大的宝石和蓝色、红色两个盒子。

然后，使者对王子说："我们来做一个游戏，在开始的时候，要让你蒙上眼睛，我把这30颗宝石分别往这两个盒子里面放。如果我要往红盒子里放，每次只放一颗；如果我要往蓝盒子里放，就每次放两颗。我每放一次，我旁边的同伴就会拍一次手，当我放完后，你要说出有多少颗宝石在红盒子里。如果猜对的话，这些宝石就全是你的，如果猜错了，你要给我和这些宝石相等价值的宝物。可以吗？"

王子同意了。

于是游戏开始了，王子最终听到21次拍掌声，他很快就说出了红盒子里宝石的数量，结果他赢得了宝石。

使者发现这位新登基的王子虽然年轻，但非常聪明，从此不敢再造次。

现在请问：那个红盒子里放了多少颗宝石?

62 婚姻问题

有一个人在婚姻的问题上，下不了决心，不知道如何去选择，于是他想去听听算命先生的意见。街上有两个算命先生甲和乙，甲告诉他："我说的话，有60%的把握。"乙告诉他："我说的话，有20%的把握。"这个人想了想，选择了乙给他算命。你知道这是为什么吗?

63 相等的两块

小明过生日的时候，妈妈给他买了一个长方形蛋糕，小明很喜欢吃，切掉了长方形的一块（大小和位置随意）。吃饱了以后，来了两位小朋友，小明决定把剩下的蛋糕分成两块给两个小朋友吃。可是这两个小朋友互不相容，一定要求他们两人分得的蛋糕大小要相等。小明该怎样才能直直地一刀下去，将剩下的蛋糕切成大小相等的两块呢?

64 爬山

有一座山，山上有座庙，只有一条路可以从山上的庙到山脚下。每周一早上8点，有一个小和尚去山下化缘，周二早上8点从山脚回山上的庙里，小和尚上下山的速度是任意的，在每个往返途中，他总是能在周一和周二的同一钟点到达山路上的同一点。例如，有一次，他发现星期一的8点30分和星期二的8点30分他都到了山路上的同一地方，这是为什么?

65 打包花束

小红的爸爸开了一家花店，一天爸爸有事出去，叫小红临时帮忙看店。但是小红不会给玫瑰花打包，爸爸临走时将店里的1000朵玫瑰全部包好了，成为10个打包好的花束，这样顾客无论要买几朵玫瑰花（1000朵以内）都可以不用打开包装。你知道爸爸是怎么打包的吗?

66 路径谜题

从下图中的任何一个角出发，沿着一定的路径，找出5个连续的数字，使得这5个数字的和最大。你能把这5个数字找出来吗?

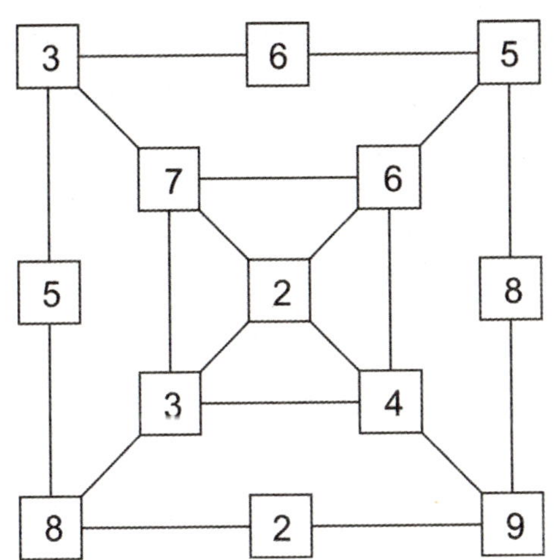

67 几条路径

从下图中左上角的位置沿着一定的路径（只允许向右或者向下走），最终走到右下角的位置，所经过的数字为9个，请问这9个数字的和是30的路径有哪几条?

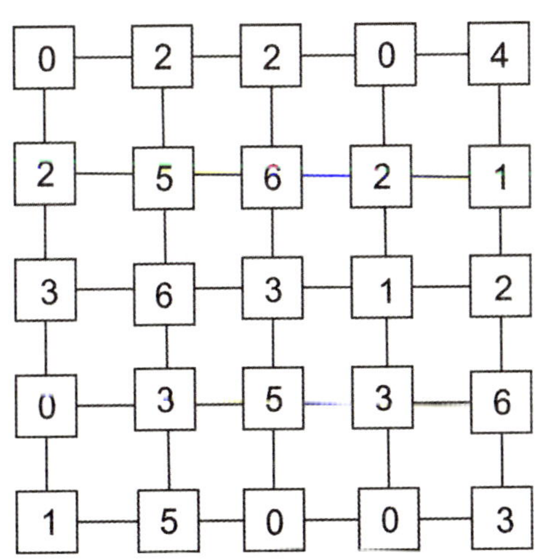

68 数字路径

从下图中左上角的位置沿着一定的路径（只允许向右或者向下走），最终走到右下角的位置，所经过的数字为9个，请问这9个数字的和是40的路径有哪几条?

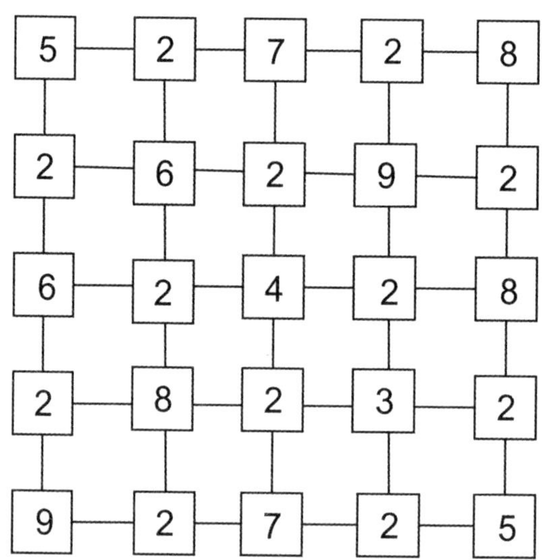

69 密码箱

这是个与众不同的保险箱，需要按照一定的顺序按键，起始键在边上，但是不知道是哪个。开箱人需要按照上面的数字和方向按顺序按键，并且最后按到灰色键才能把保险箱打开。你知道最开始需要按哪个键吗?

2→	2→	3↓	2→	3←	6↓	1←
2→	2↓	3→	3↓	1↓	3↓	1↓
6→	1→	3→	2←	3↓	3↓	2↓
2→	1↓	4→	3←	1←	■	2←
2↓	3→	4→	2↑	3↑	3↑	3↑
1↓	4↑	1→	4↑	2←	2↑	2↑
3↑	1↑	2↑	1←	3↑	1←	2←

70 连正方形

在下图中，用一个正方形把给出的四个圆圈连起来，让这些圆圈都在正方形的四条边上。你知道该怎么连吗?

71 切蛋糕

如下图，一个三棱锥形状的蛋糕，如何用刀一刀切出一个四边形的切面？

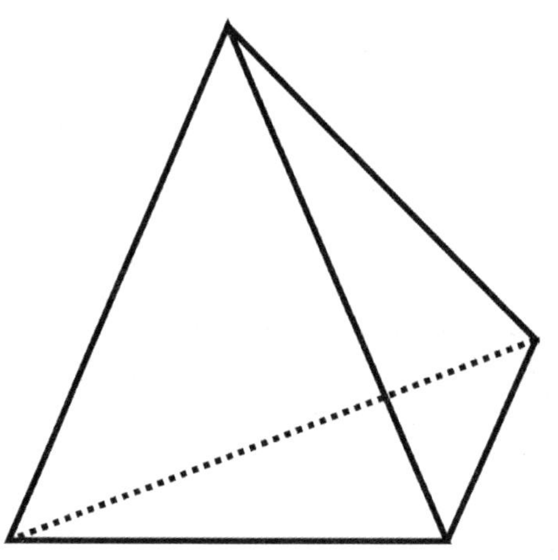

72 切坏的纸杯

下图是一个用刀切坏的纸杯，切口是平的，现在沿着虚线把杯子剪开，那么杯子的侧面展开图会是什么样子的？

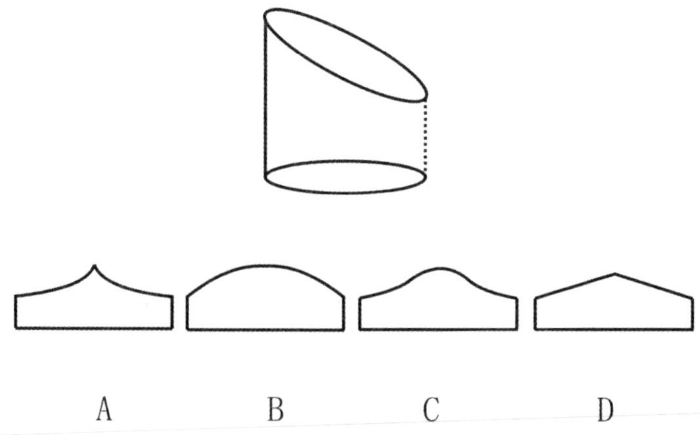

剪纸

如下图，将一张正方形的纸片沿虚线对折，然后再从折线的中点向左向右折成三层，如下图所示。然后剪去黑色标记的位置，打开后，原来的白纸会变成下图中什么样子呢？

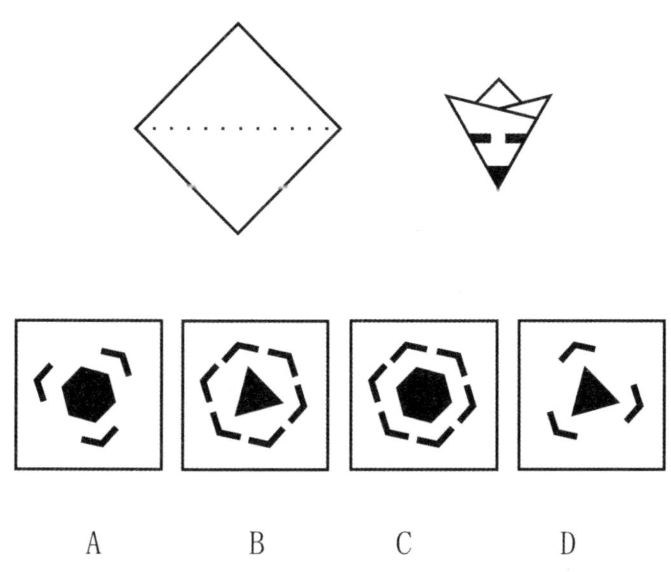

剪洞

把一张正方形的纸片按如图所示折叠，然后在相应的位置剪掉两个洞，最后打开这张纸，哪个图案与之相符呢？

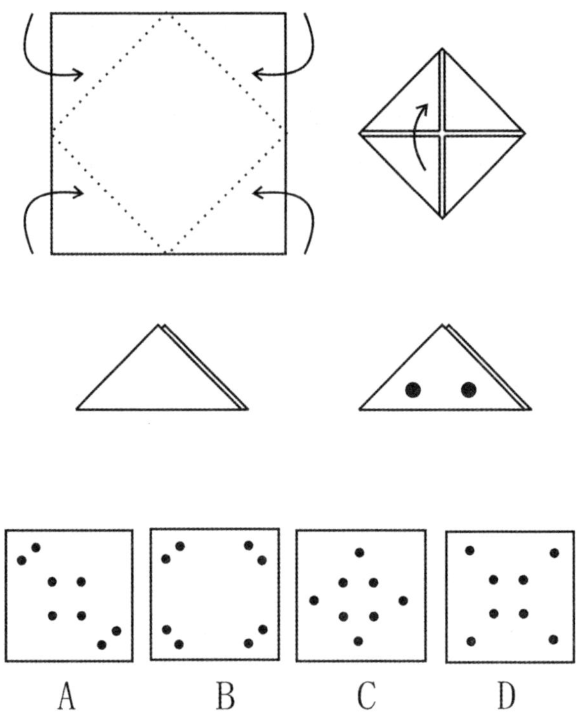

75 划割路线

如下图，在一个院子里住了三户人家，每户人家正对着的大门是自己家的门。

之前大家都是好邻居，但是后来因为一些小事吵了起来，所以三家决定各修一条小路通向自己家的大门，但是又不与其他两家的路交叉。你有办法做到吗?

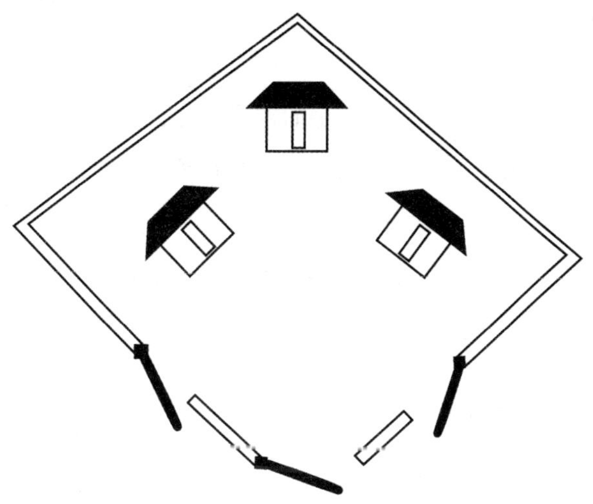

76 循数而行（1）

这个游戏很有趣，在一个写着数字的方格纸上，在数字周围的边框上画线，方格中的数字是几，它周围的边框就要画几条线。如果方格是空格，则不限画几条线。这些线最终要连成一个闭合的曲线。你能做到吗?

	3	2		2
		0		
2			2	
	1		1	3
	2	3		3

循数而行（2）

这个游戏很有趣，在一个写满数字的方格纸上，在数字周围的边框上画线，方格中的数字是几，它周围的边框就要画几条线，而且这些线最终要连成一个闭合的曲线。你能做到吗?

3	3	3	3	3
1	2	1	2	1
2	2	2	2	2
2	3	3	2	2
2	2	2	2	3

贪吃蛇（1）

这个游戏的规则很有趣，不管黑色圆圈还是白色圆圈，都必须有两条线经过它。如果是黑色的圆圈，那么经过它的两条线要呈九十度，而如果是白色圆圈，那么经过它的两条线要是直的，而且所有的线最后要连成一个闭合的曲线。你知道该怎么连吗?

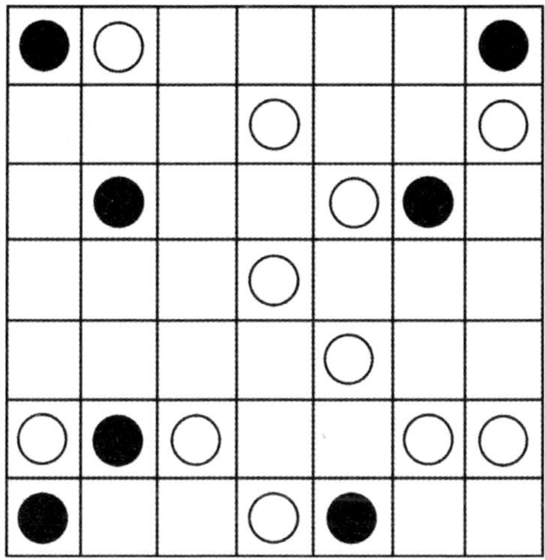

79 贪吃蛇（2）

这个游戏的规则很有趣，不管黑色圆圈还是白色圆圈，都必须有两条线经过它。如果是黑色的圆圈，那么经过它的两条线要呈九十度，而如果是白色圆圈，那么经过它的两条线要是直的，而且所有的线最后要连成一个闭合的曲线。你知道该怎么连吗?

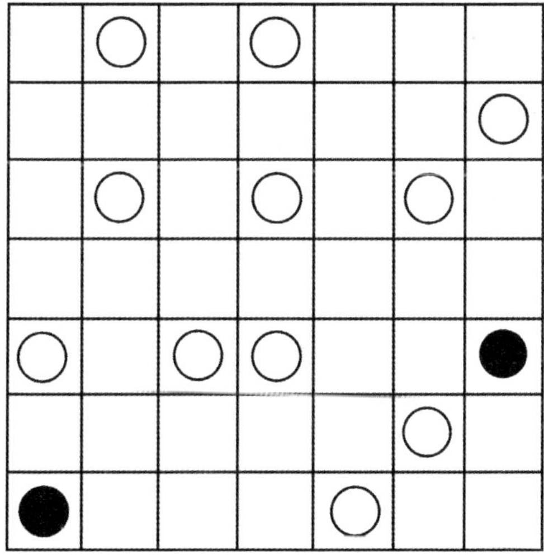

80 七巧板（1）

七巧板我们应该都玩过，请用一套七巧板拼成下面要求的几种图案，不能重叠也不能漏掉哪块。你会拼吗？

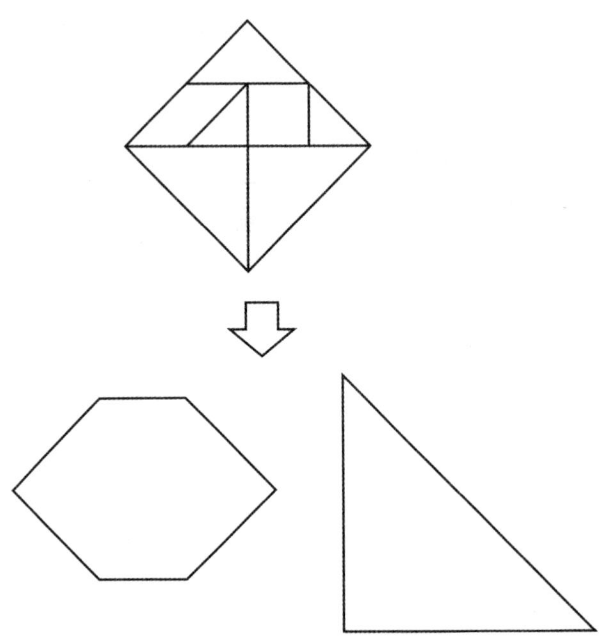

81 七巧板（2）

七巧板我们应该都玩过，请用一套七巧板拼成下面要求的几种图案，不能重叠也不能漏掉哪块。你会拼吗？

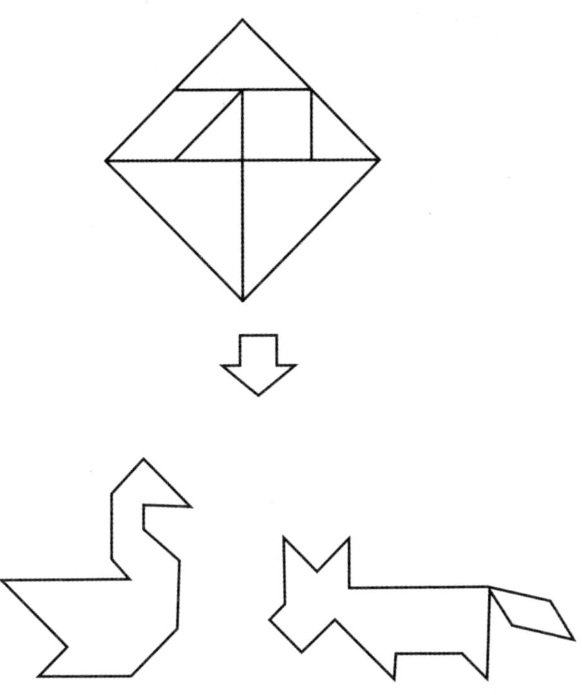

82 拼图游戏（1）

有四种拼图，每种各三个，请将这12块拼图放在下面的格子内，使得星星所在的位置与之完全重合，并且同种拼图不能相邻，包括对角线相邻也不行。你知道怎么拼吗？

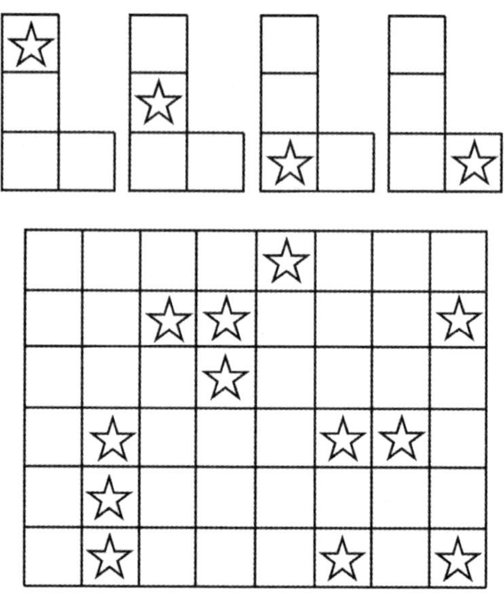

83 拼图游戏（2）

有四种拼图，每种各三个，请将这12块拼图放在下面的格子内，使得星星所在的位置与之完全重合，并且同种拼图不能相邻，包括对角线相邻也不行。你知道怎么拼吗?

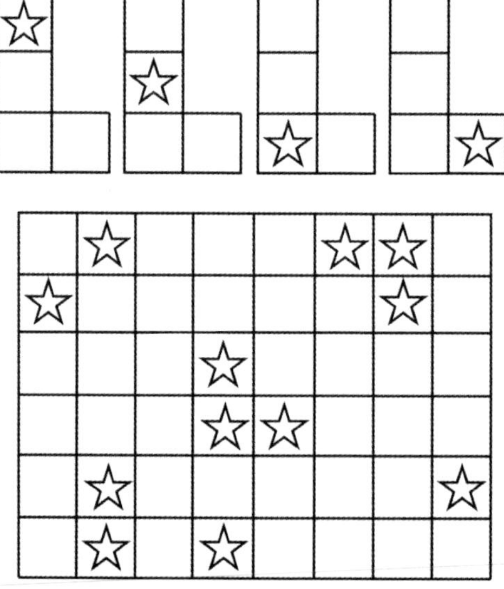

84 划分数块

请把下面的数字块划分成形状和面积都相等的四份，并且使每一份上的数字和都相等。你知道该怎么划分吗？

8	3	6	5
3	1	2	1
4	5	4	2
1	7	3	9

85 数字网格（1）

在下面的方格里填入1～6六个数字，使每行每列以及每个粗线围成的区域内数字都不重复。你知道怎么填吗？

	4		3	1	2
			5		
					6

86 数字网格（2）

在下面的方格里填入1～6六个数字，使每行每列以及每个粗线围成的区域内数字都不重复。你知道怎么填吗?

	2			4	
			3		6
					5
1					

87 迷宫

你能帮助迷宫中心的小明找到出口吗?

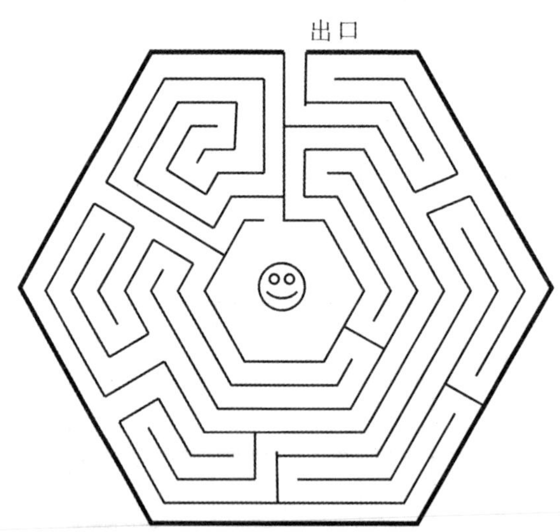

88 最短距离

在一个圆锥形物体上的A点处爬着一只蚂蚁，它想从圆锥上绕一圈再回到A点，请问图中给出的路线是最短距离吗?

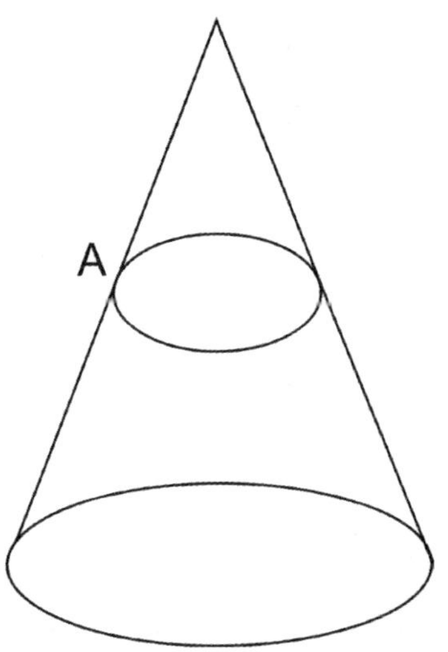

89 画三角

在下图的W中，加入三条直线，使形成的三角形数量最多，你知道怎么加吗?

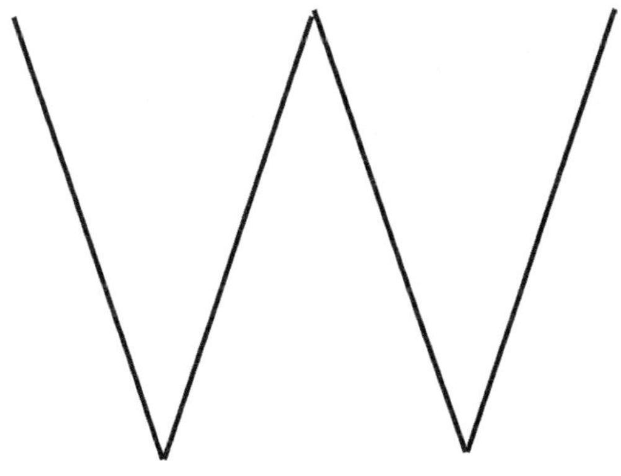

90 五个三角形

在下图中添加三条直线，使它变成五个小三角形（三角形内部不能有多余的线）。你知道怎么加吗?

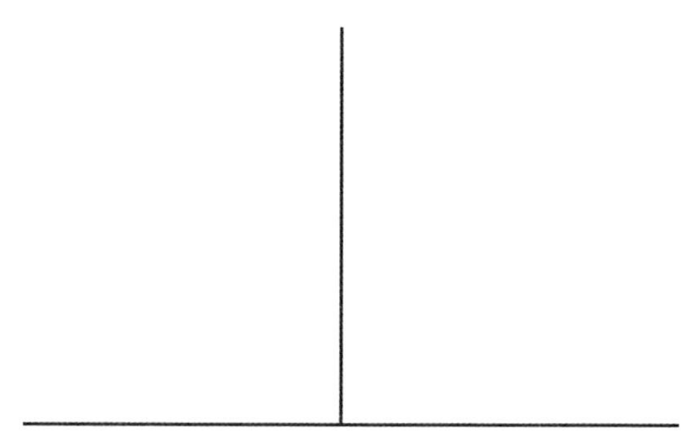

91 重叠的面积

如下图，这个直角三角形的直角顶点正好与正方形的中心重合，请问当三角形绕着正方形的中心旋转的时候，重叠的面积什么时候最大?

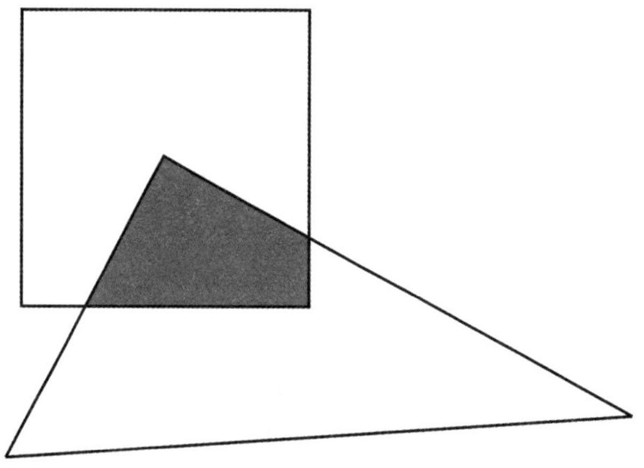

92 齿轮

假设下面的四个齿轮中，A和D都有60个齿，B有10个齿，C有30个齿，请问：A与D谁转得更快一些?

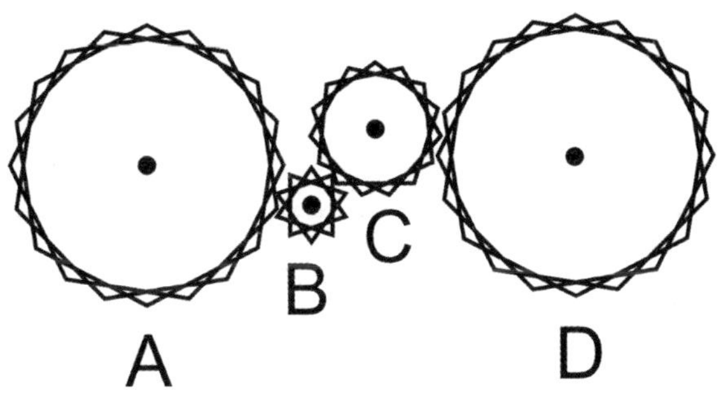

93 传送带

下图是一组通过传送带相连的齿轮，请问：如果左上角的齿轮顺时针旋转，其他几个齿轮分别怎么旋转呢?

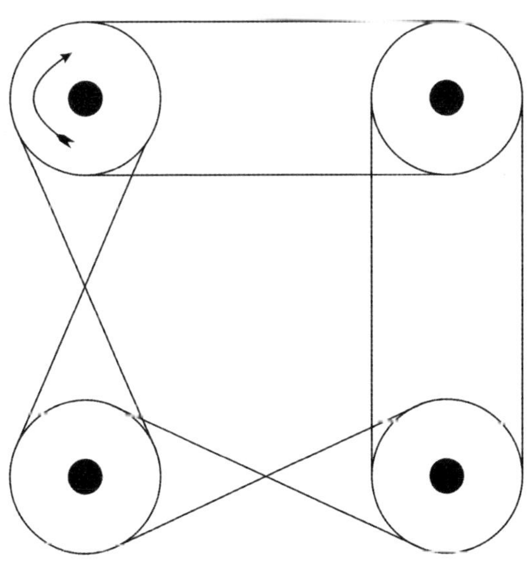

94 运动轨迹

下图中，在一个平面上有一个圆圈，圆圈的正上方有一个黑点。请问：如果这个圆圈在平面上滚动的话，这个黑点的运动轨迹是什么样子的？

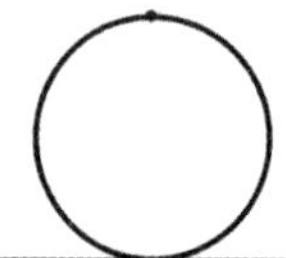

95 牢固的窗子

下图是一个新手木匠做的四种类型的木头窗子，请问：哪个最牢固？

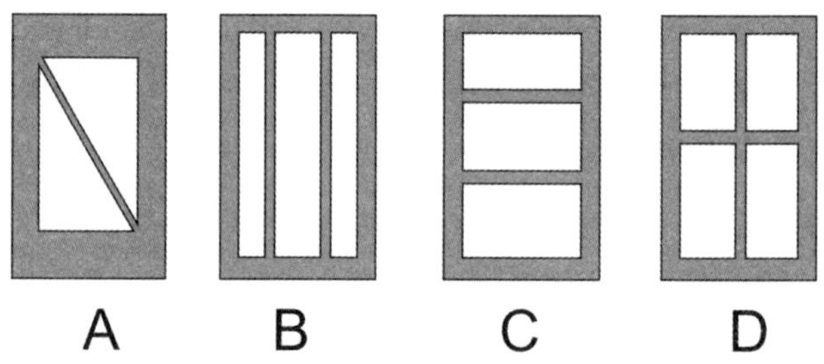

96 面积最大

用八根火柴可以摆出很多种多边形，但是你知道哪种图形的面积最大吗？

97 真正的与众不同

仔细观察下面的四个图形，请问：哪一个真正地与众不同？

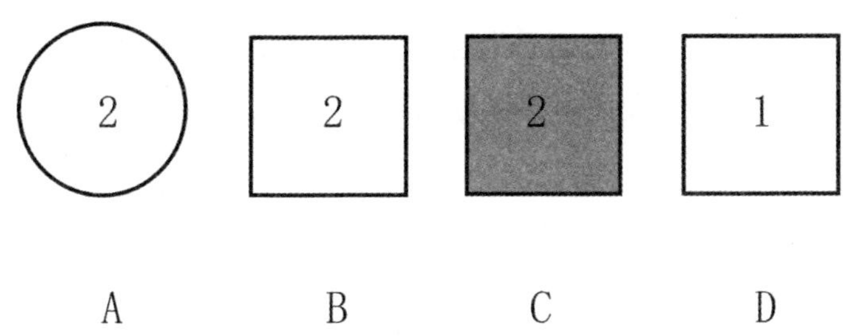

98 拼地砖

下面不同形状的地砖中，哪种不可以拼成没有缝隙的地面？

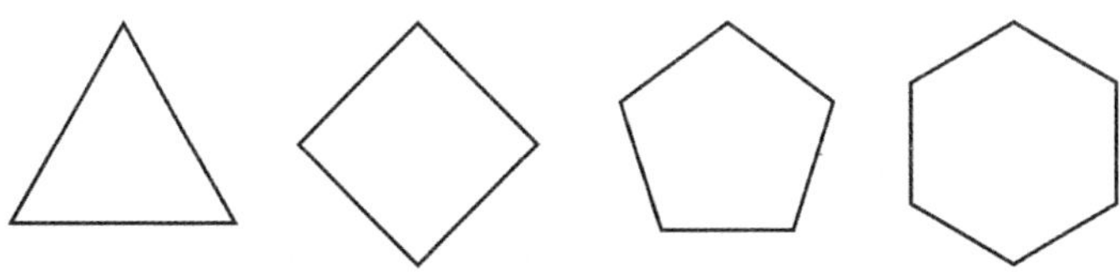

99 走遍全世界（1）

这个游戏很简单，你只需要让棋子走遍所有的格子，然后回到原来位置

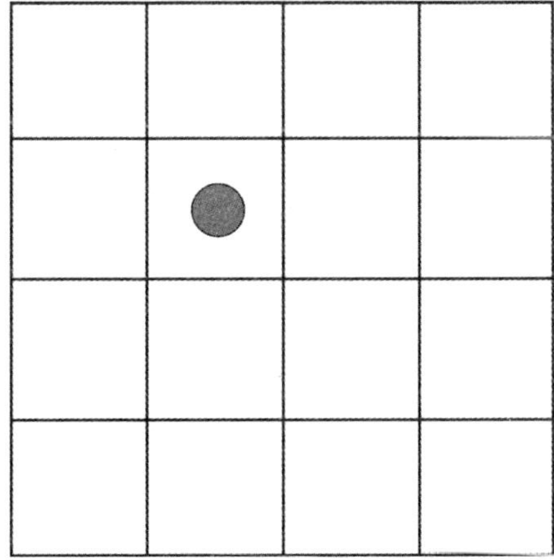

即可。但是要注意，棋子每次只能向它的上下或者左右移动一格，且路线不能重复，即一个格子不允许通过多次。请画出它的行动路线吧。

100 走遍全世界（2）

这个游戏很简单，你只需要让棋子走遍所有的格子，然后回到原来位置即可。但是要注意，棋子每次只能向它的上下或者左右移动一格，且路线不能重复，即一个格子不允许通过多次。请画出它的行动路线吧。

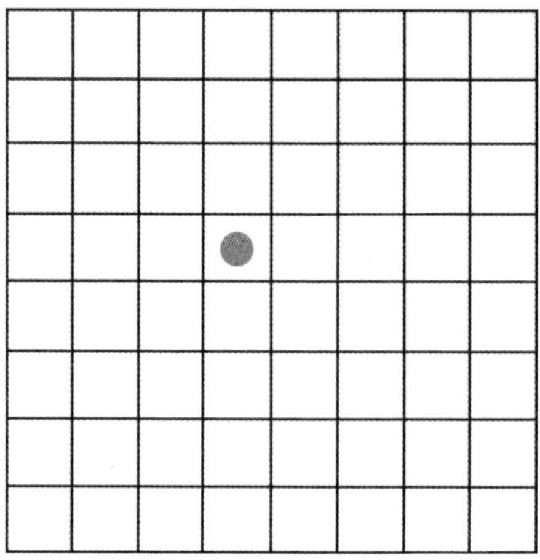

101 字母位置还原（1）

在下面这个网格里的每行每列都含有A、B、C、D四个字母以及两个空格，网格的四面会有一些提示，黑箭头字母表示沿着箭头方向遇到的第一个字母是该字母，而白箭头字母表示沿着箭头方向遇到的第二个字母是该字母。你能把所有的字母位置还原吗?

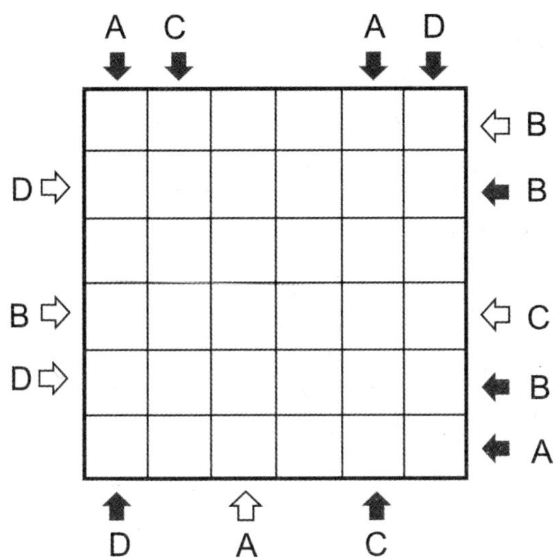

102 字母位置还原（2）

在下面这个网格里的每行每列都含有A、B、C、D四个字母以及两个空格，网格的四面会有一些提示，黑箭头字母表示沿着箭头方向遇到的第一个字母是该字母，而白箭头字母表示沿着箭头方向遇到的第二个字母是该字母。你能把所有的字母位置还原吗?

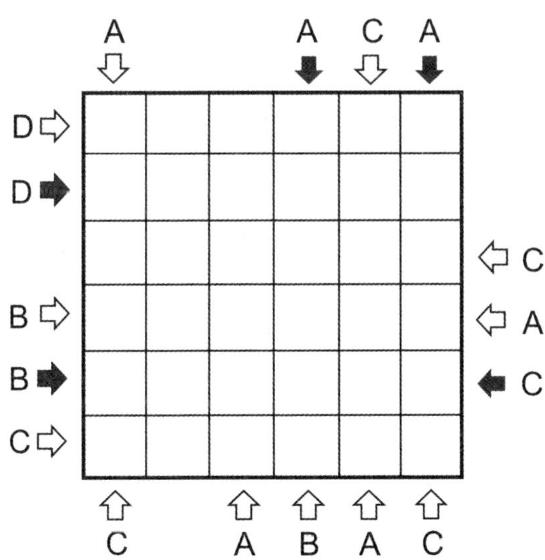

103 谁的红旗

在下面的网格中有8面小红旗，每面小红旗都有它的主人。请你把8个人填入到这些小红旗旁边（只能在上下或者左右），并且每一行或者每一列的人数应该与旁边的数字相同。你知道这8个人应该在哪里吗？

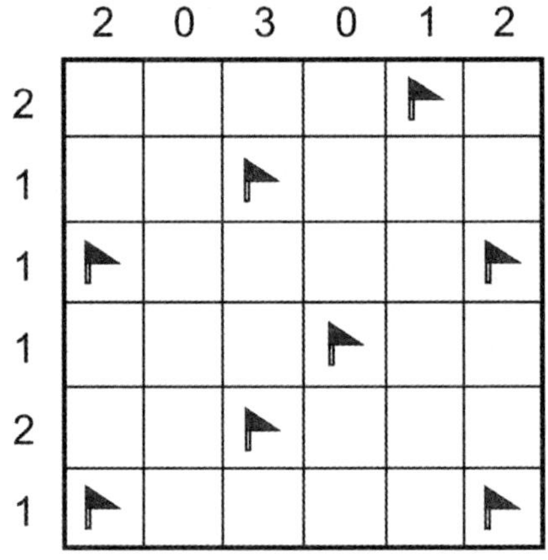

104 看不见

在下面这个网格中，需放入8个人，人只能放在黑点的位置，而且要让这

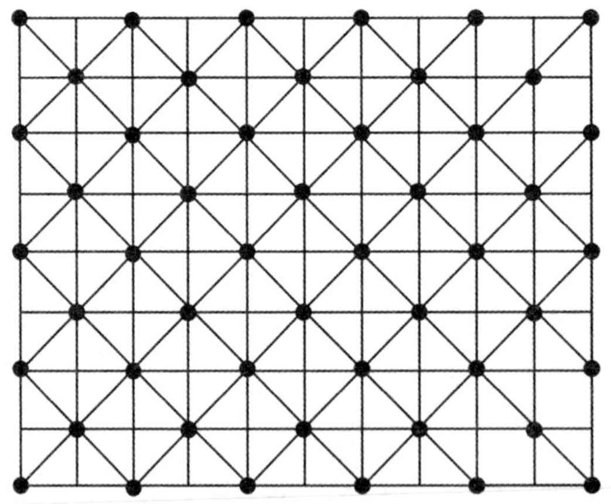

8个人相互都看不见（两个人如果在同一条直线上则被认为能看见对方）。你知道人该放在哪里吗?

105 环岛旅行

大富豪陈伯买了一座小岛，他在岛上建了一座码头，并买了两艘一样的游艇，想乘坐它们环岛旅行。可是这种游艇比较费油，它能携带的燃料只够小艇航行120公里，而陈伯的小岛周长是200公里。陈伯想用两艘小艇相互加燃料的方法环岛旅行，那么他该怎么做呢?（最后游艇必须返回码头）

106 连通装置

下面是一个相互用导管连通的装置，这个装置共有五个水槽，其中四个装有四种不同的液体，分别是酒、油、水、奶，还有一个水槽空着。水槽之间有一些导管相连，可以打开和关闭。现在需要把四种液体换一下位置，使A、B、C、D槽中分别是奶、水、油、酒。请问：该如何做?

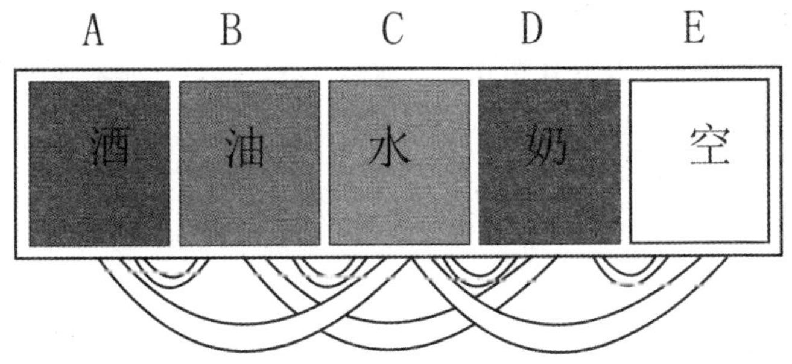

107 小明搬家

小明家有6个房间，分别放着办公桌、床、酒柜、书架和钢琴。小明想把钢琴和书架换个位置，但是房间太小，任何一个房间都无法放入两个家具，只有利用那个空房间才能移动这些家具的位置。请问：小明需要搬动几次家具，才能将钢琴和书架的位置调换呢？

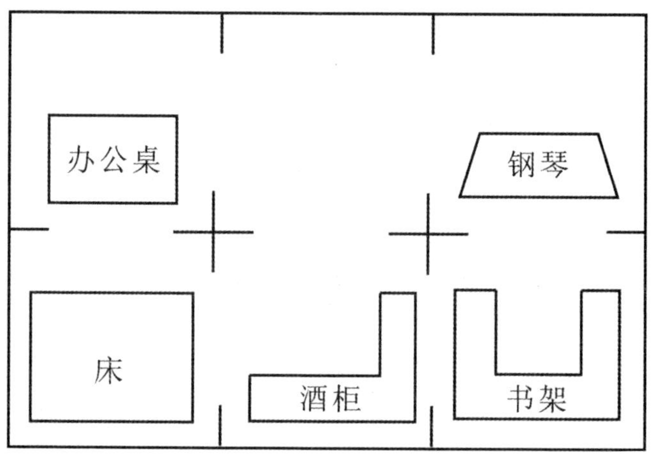

108 零钱

小明打算去书店买书，他出门的时候带了10块钱。这10块钱是他特意准备的零钱，由4枚硬币（分币）和8张纸币（元、角币）构成。而且只要书价不超过10元，不管需要几元几角几分，他都可以直接付款而不需要找零。你知道小明的10元钱的构成吗？

109 修路（1）

下面图中的五角星代表村庄的位置，现在需要在这些村庄之间修路，要求路线最短，你知道该怎么修吗？

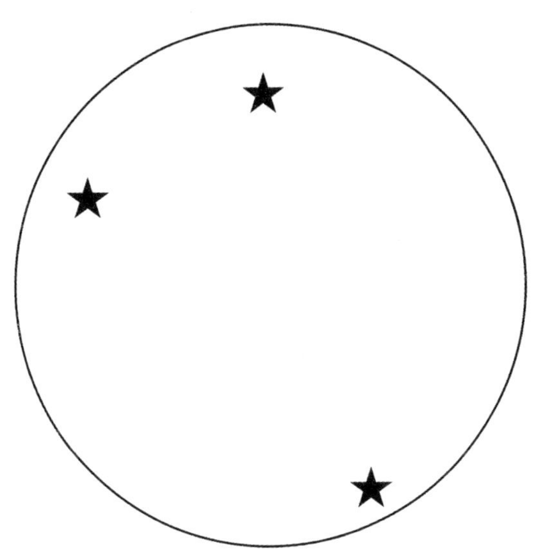

110 修路（2）

下面图中的五角星代表村庄的位置，现在需要在这些村庄之间修路，要求路线最短，你知道该怎么修吗?

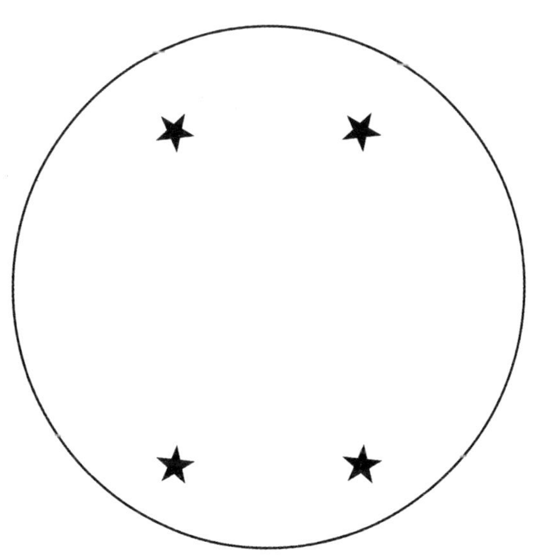

111 修路（3）

下面图中的五角星代表村庄的位置，现在需要在这些村庄之间修路，要求路线最短，你知道该怎么修吗?

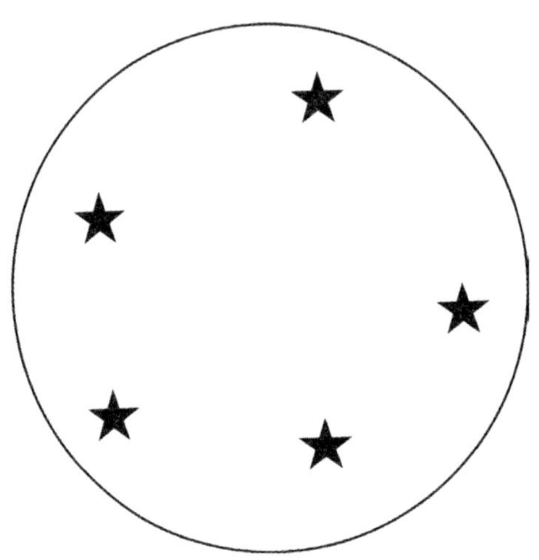

112 流放犯人

在1790至1792年间，英国政府经常需要将犯人流放到澳大利亚，两国之间的距离大概是17000多公里。在当时的技术条件下，这段航程大概要花费3到4个月左右的时间。当时英国政府的做法是，雇佣一些商船来运送这些犯人。开始的时候，英国政府会在起航前，根据这次运送犯人的数量，把钱先支付给商船。

由于这单生意给商船带来的回报不菲，商船也会积极地运送犯人。但是，后来问题就显现出来了，船主和水手会虐待犯人，致使大批流放人员死在途中的事件经常发生。在这种策略实行了三年之后，英国政府发现流放的犯人死亡率非常高。

面对这种情况，英国政府该怎么办?

第一种选择，政府不再使用私人商船，而是自己买船或者造船，自己出

水手来开船，并派军队来保证船的安全。在这样的策略下，必然能保证犯人的生命安全，降低死亡率，但是会大幅度地增加成本，成本之大是英国政府无法承担的。

第二种选择，政府采用惩罚的策略，比如规定，每死一个人，就对商船罚款多少钱。这会怎么样呢？商船会把犯人死亡的风险算进去，并告诉政府，犯人死亡的风险其实还是挺高的，从而把这个死亡风险加到他的要价中去，通过向政府要高价来规避死亡的风险。对政府来说，这实际上还是需要增加成本的。

除此之外，政府还有什么好办法呢？

113 如何选择

这是某世界著名公司招聘员工的测试题。

在一个雨夜，你驾驶一辆车，经过你熟悉的小镇。你看到有三个人在焦急地等车，他们是：医生、女郎和老人。对你而言，医生对你有过救命之恩；而女郎，你对她倾慕已久，她也对你有好感，你希望与她深入相处；最后是老人，他重病在身，需要去医院。此时，公交车已经停开，漆黑的夜不可能有其他车经过，而你的车只能捎带一人上路。你应该带上他们中的哪一个？

114 老人与小孩

一位老人在一个小乡村里休养，但附近却住着一些十分顽皮的孩子，他们天天互相追逐打闹，叽叽喳喳的吵闹声使老人无法好好休息，在屡次警告未果的情况下，老人灵机一动，想出了一个办法，终于使孩子们不再吵闹。

你知道他是怎么做的吗？

115 如何暂时减薪

年底，某公司陷入财政危机，几番周转不灵之下，决定暂时对员工实行减薪措施，待摆脱危机后再恢复。然而，公司领导层又担心这一举动会引起员工的抵制，造成人心离散的不良后果，最终得不偿失。

如何才能让员工心甘情愿地接受暂时减薪呢?

第三篇

归纳法

归纳法，是论证的前提支持结论但不确保结论正确的推理方法。人们得出的结论很大一部分是建立在归纳推理之上的。归纳推理是从少数观测到的事例中概括出普遍性的结论。

也就是说,归纳推理是一种由个别到一般的论证方法。它通过许多个别的事例或分论点,归纳出它们共有的特性，从而得出一个一般性的结论。归纳法可以先列举事例再归纳结论，也可以先提出结论再举例加以证明。前者即我们通常所说的归纳法，后者我们称之为例证法。例证法就是一种用个别、典型的具体事例证明论点的论证方法。

| 实例解析 |

我们每天看到太阳从东方升起而得出结论“太阳每天从东方升起”，我们看到几只天鹅是白色的，我们就说“所有的天鹅都是白色的”。这都是归纳推理。

归纳法不是一种严密的论证方法，因为只要有一个特例，就能推翻前面的结论。我们可以设想一下：主人每天给猪喂食，当猪看到主人来时，意味着食物送来了，然而猪不能必然性地得出，主人来必然给它喂食物，因为，很可能的是，一天主人拿着刀杀它来了。这就是归纳法的局限性。

116 规律推理

考古学家在一个古老的城堡墙上看到了以下这样一幅图形，其中问号处的图形看不清楚了。请仔细观察下图，想一想，问号处该是什么图形呢?

○	▲	★	○	○
★	▲	★	▲	▲
▲	○	○	★	★
○	★	▲	○	○
?	▲	○	★	▲

117 数字间的关系

某数学家在纸上写了这样一串数字:

1、3、7、8

2、4、6

5、9

他告诉大家，每行数字中都有一个相同的规律。然后他请了很多知名的数学家来解答这个问题，遗憾的是，没有一个数学家得到正确的答案。

最后，是一个小学生无意中看到了这个题目，他很快就知道了答案。

你能猜出这三组数字各有何种规律吗?

118 数列

一群盗贼合伙偷得一块钻石，没法分，他们又不想将其卖掉，于是他们打得不可开交。正在这时，一个过路人经过，看到这种情况，说:“这样吧，我出个题目，你们谁能猜出答案，钻石就归谁。”大家都同意了。

过路人的题目是：125、77、49、29、？

按照上面的规律，请问：问号处应是什么数字？

119 字母数列

只要你认真观察，会发现很多东西都是有规律的，比如下面这些字母，表面看上去它们是毫无规律的，其实它们是按照某种特定的顺序排列的。你能找出它们的规律并猜出问号处是什么字母吗？

（1）O、T、T、F、F、S、S、E、？

（2）J、F、M、A、M、？

（3）F、G、H、J、K、？

（4）Q、W、E、R、T、？

120 数列的规律

在一位数学家的练习纸上留下了这样一串数字，他的助手看见了，很快就填了上去。这串数字是：

1、2、5、29、____

选项有：

A. 34　B. 846　C. 866　D. 37

按照给定的数字的规律，你知道横线处应该填几吗？

121 单价

在街头一个刻字先生的摊子前，有这么一个广告：刻行楷2角，刻仿宋体3角，刻你的名字4角，刻你爱人的名字6角。那么，他刻字的单价是多少钱呢？

122 测量任务

数学课上，老师正在教学生们如何测量，希望能够借此提高学生们的数学能力。他向学生解释说，大多数的东西都能被测量。随后老师布置了家庭作业，要求学生们自己完成一些测量任务，并进行计算，如计算面积、温度、重量等。总之，凡是大家经常接触的东西都可以去测量。第二天，检查家庭作业时，老师发现明明的作业本上写着一些奇怪的数字：

7+10=5　　9+7=4　　8+17=1

6+8=2　　4+11=3　　5+7=12

老师大为恼火，把明明叫过来："你是怎么计算的？6道题只做对了1道！"但是明明却坚持自己是正确的，并做出了解释，听完解释后，老师不得不承认这些答案都是正确的。你知道这是为什么吗？

123 五个砝码

有一件不可分割的物体，已知重量是在1～240克之间，并且是整数克。有一个只能称出平衡和轻重的天平和5个砝码，请问：这些砝码的重量分别是多少克，你才能确保准确称出该物体的重量？（除提供的天平和砝码之外，不能用其他的辅助工具）

124 药品的规格

一家药厂生产一种药，这种药共有3种规格，分别重1克、2克、3克。但是这些药都是胶囊，从外表上是看不出哪个药是1克的，哪个药是2克的，哪个药是3克的。

药厂将这些药装进若干个药瓶中，现在可以确定的是每个瓶子中只有一种规格，且每瓶中的药数量足够多，只是忘记了在药瓶上打上标签，使得这些药瓶之间无法区分了。

现在请问：你能否只称一次就确定各个瓶子中都是盛的哪种规格的药？

如果这种药有4种规格呢？你该如何做，才能只称一次就知道每瓶药是什么规格的？

如果有5种规格呢？

……

如果有n种规格呢？（n为正整数，药的重量各不相同但各种药的重量已知）你能只称一次就知道每瓶药是什么规格的吗？

当然，我们称药也是有代价的，称过的药会受到污染，就不能再用了。所以在选择称药方法的时候，要找出最节约成本的办法。

125 冰雹数列

首先，我们随便想一个自然数，然后按照如下规则变换：

（1）如果它是奇数，则将它乘以3再加1。

（2）如果它是偶数，则将它除以2。

（3）对每一个新产生的数也都运用这个规则。

这样下来之后，我们就会得到一个数列，经过若干次变换之后，它们会产生一个有趣的规律，你知道会发生什么情况吗？

让我们从1开始试试看，经过几次变化后，你将得到：1、4、2、1、4、2、1、4、2……

我们再来看看2，你将得到：2、1、4、2、1、4、2、1、4……

接下来是数字3，你将得到：3、10、5、16、8、4、2、1、4、2、1、4、2……

很快你就会发现上述数列最终都会以1、4、2循环下去。

但是我想知道，是不是从任何一个数开始都会有这种规律呢？你可以用7试试。

126 重合的指针

一个人遇到了车祸死了，到了阎王那里，阎王对他说："你的寿命貌似还没尽，我给你出个题，你要是能回答出来，我就再让你多活10年。"这个人同意了。

问题是这样的：时钟12点整的时候，钟表的时针和分针重合在一起，但想必你一定已经注意到了，两枚指针不只在12点整的时候才重合，在12小时之内两者要重合好几次，你能说出在哪些时候两枚指针还会互相重合吗？

127 两个骰子

监狱里有两个囚犯，每天的晚餐都有一个鸡腿，两个人没法分，于是其中一个囚犯就拿出两个骰子，对另一个囚犯说："我这有两个骰子，我们用它们来决定谁吃这个鸡腿。如果点数和是奇数，鸡腿就归你吃，点数和是偶数，鸡腿就归我吃。"另一个囚犯一听，觉得很不公平，因为两枚骰子点数和是偶数的情况可能是2、4、6、8、10、12六种，而奇数的情况只有3、5、7、9、11五种。你觉得这样做公平吗？点数和为偶数的概率是多少？

128 神奇的数字方阵

我们知道黄蓉曾经解出了一个数字方阵，即用9个自然数排成一个其纵向、横向、斜向数字相加之和均为15的方阵（如下图）。

2	9	4
7	5	3
6	1	8

现在，你能找出9个不同的自然数，排成一个其纵向、横向、斜向数字相加之和均为18的方阵吗?

129 猎人的朋友

古时候有个聪明的老人，他有个打猎的朋友，猎人送给他一只兔子，老人很高兴，当即拿着兔子做菜招待了猎人。几天以后，有五六个人找上门来，自称“我们是送你兔子的那位朋友的朋友”，老人便拿出兔汤招待了他们。过了几天，又来了八九个人，对老人说：“我们是送给你兔子的那位朋友的朋友的朋友。”老人就给他们端来一碗泥水，客人很诧异，问这是什么，老人会如何回答呢?

130 大钟和闹钟

从我住处的窗口往外看，可以看到镇上的大钟。每天，我都要将自己的闹钟按照大钟上显示的时间校对一遍。通常情况下，两个钟上的时间是一样的，但有一天早上，发生了一件奇怪的事情：我的闹钟显示为差5分钟到9点，1分钟后显示为差4分钟到9点，但再过2分钟时，仍显示为差4分钟到9点，又过了1分钟，闹钟则显示为差5分钟到9点。一直到了9点钟，我才突然醒悟过来，到底是哪里出了错。

你知道是什么原因吗?

131 热气球过载

英国有一家报纸曾经举办过一次高额奖金的有奖征答活动，题目是这样的：

在一个充气不足的热气球上，载着三位关系人类兴亡的科学家，热气球过载，即将坠毁，必须丢出一个人以减轻重量。把谁丢出去?

三个人中，一个是环境专家，他的研究可使无数生命避免因环境污染而身亡；一个是原子专家，他的研究成果能够防止全球性的核子战争，使地球免遭毁灭；最后一个是粮食专家，能够让数以亿计的人脱离饥饿。

奖金丰厚，应答的信件堆成了山，答案各不相同。

最终的获胜者却是一个小孩，你知道他的答案是什么吗？

132 耕地能手的工钱

有一农场主雇了工人甲、乙两人帮忙种小麦。甲是一个耕地能手，但是他不会播种；乙是播种好手，但他不善于耕地。这个农场主决定要种10公顷小麦，让他们各自包一半。于是，甲从东头开始耕地，而乙从西头开始耕地。耕一亩地，甲只需要20分钟，而乙却需要40分钟，但是乙播种的速度比甲快3倍。他们播种完工后，农场主按照他们的工作量给了他俩一共100元的工钱。

请问：他们应该怎样分这份工钱才最合理？

133 睡觉的问题

有一个问题一直困扰着我，一个人从出生到现在，究竟是入睡的次数多呢，还是醒来的次数多？又多了多少呢？

134 哥德巴赫猜想

哥德巴赫是二百多年前德国的数学家。他发现一个规律：每一个大于或等于6的偶数，都可以写成两个素数的和（简称“1＋1”），如：10＝3＋7，16=5＋11等。他检验了很多偶数，都表明这个结论是正确的，但他无法从理论上证明这个结论是对的。1748年他写信给当时很有名望的大数学家欧拉，请他指导。欧拉回信说，他相信这个结论是正确的，但也无法证明。因为没有从理论上得到证明，所以这个问题只是一种猜想，我们就把哥德巴赫提出的这个问题称为哥德巴赫猜想。

世界上许多数学家为证明这个猜想做出了很大的努力，他们由“1 + 4”推导到“1+3”，直到1966年我国数学家陈景润证明了“1 + 2”，也就是任何一个充分大的偶数，都可表示成两个数的和，其中一个是素数，另一个或者是素数，或者是两个素数的积。

你能把下面各偶数，写成两个素数的和吗?

（1）100=

（2）50=

（3）20=

135 偶数路径

如下图，这是一个城堡，左下角是城堡的大门，右下角带十字架的建筑是王宫。国王每次出行都要请国师算一下该走几个路段。一次，国师要求从大门走到终点王宫要走过偶数个路段。你能找出一条可行的最短路径吗?

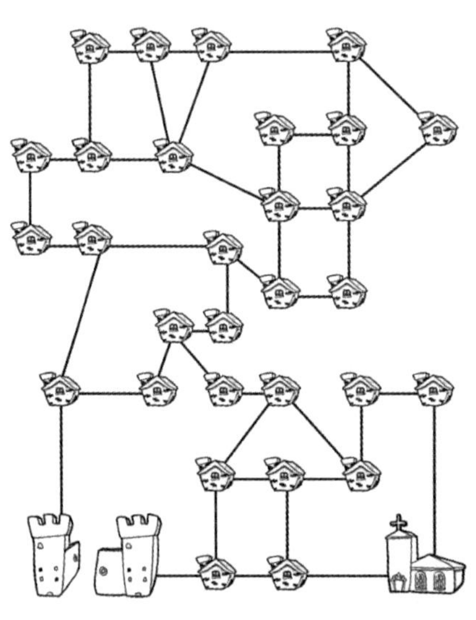

136 点与直线

一天吃过晚饭，爸爸给小明出了一个问题：在9个点上画10条直线，要求每条直线上至少有3个点，这9个点应该怎么排列？小明想了想就答出来了。你知道答案是什么吗？

137 迷路的队员

有一名探险队员，从某地开始出发，先向南走了1000米，然后向东走了1000米，然后又向北走了1000米，这时他发现自己回到了原点。你知道这是为什么吗？

138 柯克曼女生散步问题

这个女生散步问题是由英国数学家柯克曼于1850年提出来的。具体问题表述如下：

一个学校有15名女生，她们每天要做三人行的散步，要使每个女生在一周内的每天做三人行散步时，与其他同学彼此只有一次相遇在同一三人小组内，应怎样安排？

139 奇怪的钟

明明家里的钟一天慢一小时。有一天，明明的同学看到这座钟，说：“接下来的几天，它都不会再慢了。”明明在这段时间并没有去碰这座钟，这是怎么回事呢？

140 与魔鬼的比赛

有个人不小心走到了魔鬼的属地，魔鬼要把他的灵魂留下，让他永世不得超生，这个人争辩道：“我是不小心走到这里的。”魔鬼便说：“那我们做个游戏吧，你要赢了我，我就放你走。这里有一个圆盘，我可以随时变大或者变小，还有无数的圆形棋子，我也可以随时把它们一起变大或者变小。我们轮流拿棋子放到圆盘上，每人放一次，棋子不能重叠，如果轮到一个人放棋子时圆盘上剩余的空间已经不允许再放一个棋子时，他就输了。”这个人问：“你要变棋子的大小时，是不是圆盘上的和没在圆盘上的一起变大或变小？”魔鬼说：“是的。并且棋子一定不会大过圆盘。”这个人选择第一个先下，魔鬼同意了。后来不管魔鬼怎么变化，这个人还是会赢。即使魔鬼要赖再来一盘，只要这个人先下，他都会赢。你知道为什么吗？

141 赊玉米

村子里有5户人家关系不错，春季播种时，他们互相赊了一些玉米种子，约定到秋收时按借的玉米种的2倍归还玉米，已知5户人家玉米种赊借的关系如下：A借给B了10斤玉米种，B借给C了20斤玉米种，C借给D了30斤玉米种，D借给E了40斤玉米种，E借给A了50斤玉米种。秋收了，你能不能想一个法子，动用最少的玉米，且移动最少的次数进行结算呢？

142 灯的编号

小明家有100盏灯，他将这一批灯依次编为1～100号，然后使所有开关朝上，使所有灯处于开着的状态。接着依次进行以下操作：

凡是编号是1的倍数，反方向按一次开关；

2的倍数，反方向又按一次开关；

3的倍数，反方向又按一次开关；

……

依此类推。

问：最后为熄灭状态的灯的编号是哪些？

 143 数字魔术

有如下图所示的五张表，你在心里想一个数，这个数不能超过31，并请你指出，你想的这个数，都在哪个表中有，那么我就会知道你想的数是多少。

请问这个表是怎么制作出来的呢？

1	9	17	25
3	11	19	27
5	13	21	29
7	15	23	31

A

2	10	18	26
3	11	19	27
6	14	22	30
7	15	23	31

B

4	12	20	28
5	13	21	29
6	14	22	30
7	15	23	31

C

8	12	24	28
9	13	25	29
10	14	26	30
11	15	27	31

D

16	20	24	28
17	21	25	29
18	22	26	30
19	23	27	31

E

你会选哪个

爷爷有两只钟，一只钟两年只准一次，而另一只钟每天准两次，爷爷问小明想要哪只。如果你是小明，你会选哪只呢？当然，钟是用来看时间的。

策略博弈

蜈蚣博弈是这样一个博弈：

两个参与者A、B轮流进行策略选择，可供选择的策略有“合作”和“背叛”（即“不合作”）两种。

假定A先选，然后是B，接着是A，如此交替进行。

A、B之间的博弈次数为有限次，比如10次，假定这个博弈各自的收益如下：

A → B → A ········ A → B → A → B → (10,10)

A	B	A	········	A	B	A	B
↓	↓	↓	········	↓	↓	↓	↓
(1, 1)	(0, 3)	(2, 2)		(8, 8)	(7,10)	(9, 9)	(8,11)

博弈从左到右进行，横向箭头代表合作策略，向下的箭头代表不合作策略。每个人下面对应的括号内的数字代表相应的人采取不合作策略，博弈结束后，各自的收益，括号内左边的数字代表A的收益，右边代表B的收益。

现在的问题是：A、B会如何进行策略选择？

9 根火柴

取9根火柴，将其排成一行，其中只有1根头朝上。现要求每次任意调动7根，到第4次时所有的火柴头都要朝上。试试看，你能做到吗？

147 抽卡片

有24张卡片，上面分别写着1～24这24个数。

有甲、乙二人，按以下规则选取卡片：轮流选取一张卡片，然后在数字前加一个正负号。卡片全部抽完后，将这24个数相加会得到其和，设为S。

甲先开始，他选取卡片和添加符号的目的是使S的绝对值尽量小；乙的目的则和他相反，是使S的绝对值尽量大。

假如二人足够聪明，那么最后得到的S，其绝对值是多少呢?

148 运动会开幕式

今天是星期二，运动会开幕式的倒计时牌上显示是200天。

请问：运动会开幕式那天应该是星期几?

149 运动会奖杯

有10名同学在运动会中的成绩都是满分，但是奖杯只有一个，所以大家决定用报数的方式来确定奖杯归谁。于是这10名同学站成一排，之后从头起，“1、2、1、2”地报数，凡是报出“1”的都可以离开，最后剩下的那个就可以拥有奖杯。那么，几号是最幸运的同学呢?

150 字母颜色

依照下图中的逻辑，Z应该是白色还是黑色呢？

A	B	C	D	E
F	G	H	I	J
K	L	M	N	O
P	Q	R	S	T
U	V	W	X	Y

151 夜晚过河

有4个女人站在桥的某一边，她们要在17分钟内全部通过这座桥。

此时是晚上，可她们只有一个手电筒，最多只能两个人同时过桥。不管是谁过桥，不管是一个人还是两个人，必须要带着手电筒。手电筒只能传来传去，不能扔过去。每个女人过桥的速度不同，两个人必须以较慢的那个人的速度过桥。

第一个女人：过桥需要1分钟。

第二个女人：过桥需要2分钟。

第三个女人：过桥需要5分钟。

第四个女人：过桥需要10分钟。

比如，如果第一个女人与第四个女人首先过桥，等她们过去时，已经过去了10分钟。如果让第四个女人将手电筒送回去，那么等她到达桥的另一端时，总共用去了20分钟，行动也就失败了。

怎样让这4个女人在17分钟内都过桥?

152 蘸墨水

如果用毛笔写数字，每写一个数字（0、1、2、3、4、5、6、7、8、9十个数字中的一个）需蘸一次墨水，那么要把0～15这些数连续写出，共需蘸多少次墨水?

153 转换数字

如果6千、6百、6可以写成6606，那么11千、11百、11可以写成多少?

154 三个指针

现在许多时钟在钟面上还有秒针，那么你留意过没有，在一天24小时内，时针、分针和秒针三针完全重合的时候有几次?

155 做清洁的机器人

机器人专家想用机器人清扫他们家周围的深沟，所以，他按图示安装了1～4号四台机器人。首先由1号机器人边清扫边向前行走，到达下个拐角处由它打开2号机器人的开关，然后自己停下，2号机器人清扫至另一边，然后启动3号机器人的开关……这位专家相信，这样一来周围的深沟就时刻有机器人在清扫，不会留下落叶和垃圾。果真如此吗?

156 三脚架

有个摄制组带着质量非常不好的三脚架出去拍摄，由于质量问题，三脚架的每个腿只能用4次，他们一共带了8个三脚架的腿。到了目的地，摄制组接到通知，需要拍摄10次。该如何使用这8个腿，才能把拍摄任务顺利完成呢？

157 奇怪的等式

在什么情况下，下列等式成立？

24+36=1；

11+13=1；

158+207=1；

46+54=1；

2-1=1。

158 推算数字

你能推出问号处代表什么数吗?

1、3、4、7、11、18、29、?

159 动物密码

经过破译商业对手的密码，已经知道了“猴子猩猩大青蛙”的意思是“星期四交易股票”，“长颈鹿猩猩蝴蝶”的意思是“操盘手交易基金”，“猴子蜜蜂长耳兔”的意思是“星期四期货大跌”。那么“大青蛙”的意思是什么?

160 父亲和女儿

一个公司的经理有三个女儿。一天，经理与下属聊天，让下属猜自己三个女儿的年龄，并告诉下属：三个女儿的年龄加起来等于13，并且三个女儿的年龄乘积恰好等于经理的年龄。这个下属知道经理的年龄，但是仍不能确定经理三个女儿的年龄。这时，经理又补充了一个条件：只有1个女儿是读托儿所的年龄。这时这个下属就知道了经理三个女儿的年龄。

请问：你在不知道经理年龄的情况下，是否可以算出经理三个女儿的年龄？经理今年的年龄是多少岁？为什么?

161 报数字

婧婧和妮妮玩一种叫“抢报30”的游戏。

游戏规则很简单:

两个人从数字1开始轮流报数，第一个人从1开始，按顺序报数，他可以只报1，也可以报1、2。第二个人接着第一个人报的数再报下去，他可以报一个数，也可以报两个数，但是最多也只能报两个数，不能一个数都不报。

例如，如果第一个人报的是1，第二个人可报2，也可报2、3，然后轮到A接着报数……

若第一个人报了1、2，则第二个人可报3，也可报3、4，然后轮到A接着报数……

如此轮流报下去，谁能抢到报30这个数字，则谁胜利。

婧婧很大度，每次都让妮妮先报，但每次都是婧婧胜。妮妮觉得其中肯定有猫腻，于是坚持要婧婧先报，结果每次还是以婧婧胜居多。

你知道婧婧有什么必胜的策略吗?

第四篇

演绎法

演绎法，是以一般性的逻辑假设为基础，得出特定结论的推理过程。

玻璃是易碎的，而石头是不易碎的。从这个结论出发，你可进行演绎推理，从而得出其他不易碎的东西（像木棍）也会打破玻璃，而石头也会打破其他易碎的东西（像冰块）。

| 实例解析 |

在一次演讲中，著名物理学家费米向大家提了这样一个问题："芝加哥需要多少位钢琴调音师？"

大家对费米的提问都感到很奇怪，因为大家觉得这个问题根本无从下手。但是费米却不这样认为，他向大家解释道："假设芝加哥的人口有300万，每个家庭4口人，全市1／3的家庭有钢琴。那么芝加哥共有25万架钢琴。一般来说，每年需要调音的钢琴只有1／5，那么，一年需要调音5万次。每个调音师每天能调好4架钢琴，一年工作250天，共能调好1000架钢琴，是所需调音量的1／50。由此可以推断，芝加哥共需要50位调音师。"

这就是一个典型的演绎法。得出这个推论需要提前知道很多知识，比如，你应该知道芝加哥的人口数、有钢琴的家庭所占的比例、每年需要调音的钢琴所占比例、调音师的工作效率及工作时间等。如果你不知道这些知识，这个问题显然是无法回答的。

162 分配消毒手套

一所乡村医院接到了一个从传染病区送过来的患有急性肠炎的病人。三位医生轮流上阵给这位病人做手术。因为当时有瘟疫的存在，任何人都有可能带有病毒，所以这个病人和三位医生之间，以及三位医生之间都不能有直接或间接的接触，以防止感染。但是，此时医院里只剩下了两双消过毒的手套，怎么分配手套才是最安全的呢?

163 挖水池

一群人在挖水池。如果挖1米长、1米宽、1米深的池子需要12个人干2小时，那么6个人挖一个长、宽、深是它两倍的池子需要多长时间?

164 全部中靶

在奥运会的射击比赛中，有三名运动员进了总决赛。在最关键的一轮比赛中，甲、乙、丙三名运动员各打了四发子弹，全部中靶，其命中情况如下：

（1）每人的四发子弹所命中的环数各不相同；

（2）每人的四发子弹所命中的总环数均为17环；

（3）乙有两发命中的环数分别与甲其中两发一样，乙另两发命中的环数与丙其中两发一样；

（4）甲与丙只有一发环数相同；

（5）每人每发子弹的最好成绩不超过7环。

问：甲与丙命中的相同环数是几环?

165 一家人过河

有一家人，有两个女儿、两个儿子、一个爸爸、一个妈妈、一个管家、一只狗。一次他们出门旅行，要过一条河，河上只有一条小船，小船每次只能乘坐两个人（狗也占一个位子），其中只有爸爸、妈妈和管家会划船。

但是当妈妈不在的时候，爸爸会打女儿；爸爸不在的时候，妈妈会打儿子；而狗只要管家不在谁都会咬。

为了让他们之间不起任何矛盾，他们要怎样过河呢?

166 巧分座位

一家中有六个兄弟，他们的排行从大到小分别是老大、老二、老三、老四、老五和老六，每个人都跟与他年龄最近的人关系不好。例如，老三与老二、老四关系不好。他们围着一个圆形的桌子吃饭，每个人一定不会跟和自己关系不好的人相邻而坐。现在又出了点事情，老三和老五因为一点小事吵了起来，这回排座位就更难了。你能帮助他们排一下座位吗?

167 巧移棋子

王大爷退休在家没事干，每天坐在公园里，在石桌上如下图摆上10颗棋子，然后规定：只能移动其中的3颗，让这10颗棋子连成5条直线，并且每条线都要经过4颗棋子。你能达到王大爷的要求吗?

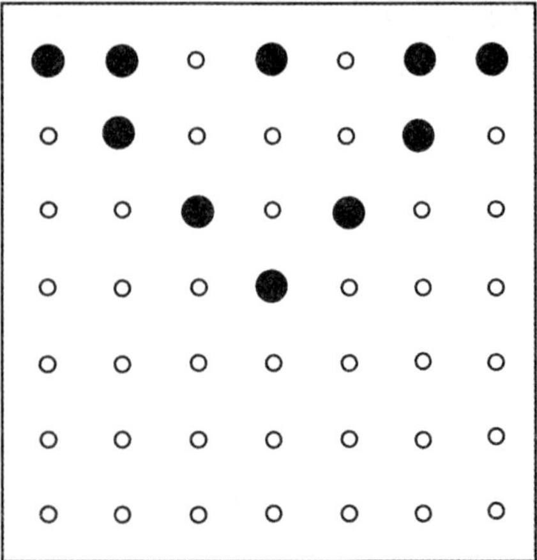

168 数字测试题

皮皮和琪琪在同一班，都非常聪明，每次考试都并列第一。他们非常想分出高下，于是就请老师帮忙，老师出了一道测试题考皮皮和琪琪。

老师写了两张纸条，对折起来后，让皮皮、琪琪每人拿一张，并说："你们手中纸条上写的数都是一个自然数，两个数相乘的积是8或16。现在，你们能通过手中纸条上的数字，推出对方手中纸条的数字吗？"

皮皮打开看了看自己手中纸条上的数字后，说："我猜不出琪琪的数字。"

琪琪也打开看了看自己手中纸条上的数字，也说："我猜不出皮皮的数字。"

听了琪琪的话后，皮皮又推算了会儿，说："我还是推不出琪琪的数字。"

琪琪听了皮皮的话后，重新推算了会儿，也说："我同样推不出来。"

听了琪琪的话后，皮皮很快地说："现在我知道琪琪手中纸条的数字了。"说着他报出了一个数字，果然不错，正是琪琪手中纸条上的数字。

你知道琪琪手中纸条上的数字是多少吗？皮皮是如何推理出来的？

169 推理游戏

老师从全校挑选出100名最聪明的同学参加一个推理游戏。

首先，老师给这100个人每人戴一顶帽子，然后在每顶帽子上写一个数字（这个数字是随机的，限制在0～99之间的整数），当然，这些数字有可能重复。

这100个人，每个人都只能看到其他99个人帽子上的数字，而看不到自己帽子上的数字。

这时，老师要求大家在同一时间每人说出一个数字，使得至少有一个人说出的是自己头上帽子的数字。

当然，这需要大家事先构造出一个每人都知道的策略，然后，每个人都按照策略说出自己该说的数字。

现在请问：这样的策略是否存在？如果存在，请构造出具体的推算方法；如果不存在，请给出严密的证明。

170 抓豆子

有5个海盗抢得一份财宝，五个人一起分的话，每个人得到的宝物有限，所以他们决定抽签。首先他们按1～5号的顺序在装有100颗绿豆的麻袋中抓绿豆，每人至少抓一颗，多者不限。但是抓得最多和最少的人将被处死，而且，他们之间不能交流。但在一个人抓的时候，可以摸出剩下的豆子数。问：他们中谁的存活概率最大?

（1）他们都是很聪明的人；

（2）他们的原则是先求保命，再去多杀人；

（3）100颗不必都分完；

（4）若有重复的情况，不管是不是最大最小，都一并处死。

171 满分科目

一次，期末考试后，老师对三个学生说："你们在这次语文、数学、英语考试中，取得了很好的成绩，并且你们三个各有一门成绩获得满分，你们能猜出来吗？"

甲想了想说："我语文考满分。"

乙说："丙考满分的应该是数学。"

丙说："我考满分的不是英语。"

老师说："你们刚才的猜测中只有一个人是正确的，其实有一门科目，你们三个人中，有两个人都是满分。"

你能判断出这三名学生哪一门科目考了满分吗?

172 长针和短针

从前有一位老钟表匠，为火车站修理一只大钟。但是由于他年老眼花，修钟的时候不小心把长短针装反了。修完的时候是上午6点，他就把长针指在"6"上，短针指在"12"上。完成以后，钟表匠就回家去了。

人们看到这座钟一会儿7点，过了不一会儿就8点了，都很奇怪，立刻去找老钟表匠。等老钟表匠赶到，已经是下午7点多了。他掏出怀表一对，钟准确无误，怀疑大家是有意捉弄他，一生气就回去了。

这钟还是8点、9点跑得飞快，人们只好又去找钟表匠。这时老钟表匠已经休息了，于是他决定第二天再去。等到第二天早晨到了火车站已经是早上8点多了，他拿出怀表一对，时间仍旧准确无误。

请你想一想，老钟表匠第一次对表的时间是7点零几分？第二次对表又是8点零几分呢?

173 手心的名字

春游的时候，老师带着四名学生A、B、C、D 一起做猜名字的游戏。游戏很简单：

首先，老师在自己的手上用圆珠笔写了四个人中一个人的名字。然后他握紧手，在此过程中，不让四名学生中的任何一个人看到。最后，老师对他们四人说：“我在手上写了你们四个人其中一个人的名字，猜一猜，我写了谁的名字？”

A回答说：是C的名字。

B回答说：不是我的名字。

C回答说：不是我的名字。

D回答说：是A的名字。

四名学生猜完之后，老师说：“你们四人中只有一个人猜对了，其他三个人都猜错了。”

四人听了以后，都很快猜出老师手中写的是谁的名字了。

你知道老师手中写的是谁的名字吗？

174 田忌赛马

齐国的大将田忌很喜欢赛马，有一回，他和齐威王约定，要进行一场比赛。

他们商量好，把各自的马分成上、中、下三等分别比赛。由于齐威王每个等级的马都比田忌的马强，所以比赛了几次，田忌都失败了。田忌觉得很扫兴，比赛还没有结束，就垂头丧气地离开赛马场。好朋友孙膑对他说：“我刚才看了赛马，威王的马比你的马快不了多少呀。”孙膑还没有说完，田忌就瞪了他一眼：“想不到你也来挖苦我！”孙膑说：“我不是挖苦你，我是说如果你再同他赛一次，我就有办法能让你赢。”田忌疑惑地看着孙膑："你是说另换一批马来？"孙膑摇摇头说："一匹马也不需要更换。"田忌毫无信心地说："那还不是照样得输！"孙膑胸有成竹地说："你就按照我的安排办吧。"

齐威王屡战屡胜，正在得意扬扬地夸耀自己的马，看见田忌和孙膑迎面走来，便站起来讥讽地说："怎么，莫非你还不服气？"田忌说："当然不服气，咱们再赛一次！"说着，"哗啦"一声，把一大堆银钱倒在桌子上，作为赌注。齐威王一看，心里暗暗好笑，于是吩咐手下，把前几次赢得的银钱全部抬来，另外又加了一千两黄金，也放在桌子上。齐威王轻蔑地说："那就开始吧！"

一声锣响，比赛开始了。奇迹出现了，田忌真的赢了比赛。你知道他们是如何获胜的吗？

175 轮盘赌的输赢

轮盘赌是一种很简单的游戏，每个人都有一定的赌注，而在圆盘上则标着譬如"奇数""偶数""3的倍数""5的倍数"等字样。只要你把自己的任意多赌注放在对应的格子里即可。如果你猜对了数字，你就可以从庄家那里得到相应倍数的钱。

在一次赌局中，已经到了最后决定胜负的关键时刻。

排名第一位的是赌圣周星星先生，他非常幸运地赢了700个金币。排名第二位的是赌神丽莎小姐，她赢了500个金币。其余的人都已经输了很多。所以这最后一局就只剩下周星星先生和丽莎小姐一决胜负了。

周星星先生还在犹豫着，考虑怎样才能赢得这次赌局。

如果将手上筹码的一部分或全部押在"奇数"或者"偶数"上，赢的话，他的赌金最多也只会变成现在的两倍，也就是1400金币。但是这时，丽莎小姐已经把所有的筹码都押在了"3的倍数"上，那样如果她赢了的话，赌金就会变成现在的三倍，即如果够幸运，赌金就可以变成1500个金币，那样

就可能反败为胜了。

想想，如果你是周星星先生，你应该怎么下注，才能完全没有输的风险，而确保能赢呢?

176 动物过河

大老虎、小老虎、大狮子、小狮子、大狗熊、小狗熊要过一条河，其中任何一种小动物少了自己同类大动物的保护，都会被别的大动物吃掉。6个动物之中，只有大老虎、小老虎、大狮子、大狗熊会划船，可现在只有一条船，一次只准坐2个动物，怎样才能保证6个动物顺利到达彼岸而不被吃掉?

177 狼、牛齐过河

在河的任何一岸， 只要狼的个数超过牛的个数， 那么牛就会被狼吃掉；而狼的个数等于或者少于牛的个数，则没事。现在有三只狼和三头牛要过河，只有一艘船，一次只能两个动物搭船过河。假设狼和牛都会划船，且没有渡船人，如何才能让所有动物都安全过河?

178 接领导

一位领导到北京开会，会议的主办方派司机去火车站接人。本来司机算好了时间，可以与那列火车同时到达火车站，但是不巧的是，领导改变了行程时间，坐了前一趟火车到了北京，而司机还是按照预计时间出发的。领导一个人在车站等着也无事可做，就打了一辆出租车往会场赶,并通知了司机。出租车开了半个小时，出租车和司机在路上相遇了。领导上了司机的车，一刻也不耽误地赶到了会场，结果比预计时间早了20分钟。

请问：领导坐的车比预计的车早到了多长时间?

179 取走硬币

监狱里有两个囚犯，他们的生活很无聊，于是就用简单的道具发明各种有趣的小游戏。

其中一个游戏是这样的：

他们准备了一堆硬币，共500枚。玩游戏的双方轮流从中取走一枚、两枚或四枚硬币，

谁取最后一枚硬币谁输。

当然，双方总是尽可能采取能使自己获胜的步骤，如果无法取胜，就尽可能采取能促成和局的步骤。

问：玩这个游戏的两人中是否必定会有一人赢？如果可以，是先拿的人会赢，还是后拿的人会赢？

180 借锄头

甲、乙两个农民是邻居，乙到甲家里去借锄头，甲不想借，又不好意思直接拒绝，就说："如果你能猜出来我现在在想什么，我就把锄头借给你。"乙非常想借到这个锄头，否则就错过播种时机了，绞尽脑汁之后，他想出了个绝妙的答案，甲听到后，说了声："对。"然后就把锄头借给了乙。

你知道乙说了什么吗？

181 火中逃生

美国有一种火灾救生器，其实就是在滑轮两边用绳索吊着两个大篮子。

把一个篮子放下去的时候，另一个篮子就会升上来，如果在其中的一个篮子里放一件东西作为平衡物，则另一个较重的物体就可以放在另外的篮子里往下送。

假如一只篮子空着，另一只篮子里放的东西不超过30磅，则下降时可保证安全；假如两只篮子里都放着重物，则它们的重量之差也不得超过30磅。

一天夜里，威尼的家里突然发生火灾。除了重90磅的威尼和重210磅的妻子之外，他们还有一个重30磅的孩子和一只重60磅的宠物狗。

现在知道每只篮子都大得足以装进3个人和一只狗，但别的东西都不能放进篮子里。而且狗和孩子如果没有威尼或他的妻子的帮助，不会自己爬进或爬出篮子。

你能想出好办法尽快使这3个人和一只狗安全地从火中逃生吗?

182 四名旅客

四个人坐同一架飞机去旅行，在飞机上他们相互认识了，并且很愉快地聊着天。最后，他们知道了四个人的职业和国籍都各不相同。

现在已知：他们四个人分别来自英国、法国、德国、美国四个国家。而且还知道：

（1）德国人是医生；

（2）美国人年龄最小且是警察；

（3）C比德国人年纪大；

（4）B是法官且是英国人的朋友；

（5）D从未学过医。

根据以上信息，你能推理出C是哪国人吗?

183 鲁班考徒弟

鲁班有两个聪明的徒弟：S和P。

一天，鲁班想考考他们，他将徒弟带进仓库，里面有11种规格的木板：8×10、8×20，10×25、10×30、10×35，12×30，14×40，16×30、

16×40、16×45，18×40。

这里需要说明的是，×号前的数字表示木板的长度，×号后的数字表示木板的宽度（因为木板有条纹，所以长与宽不能互换），单位是厘米。

他把徒弟S、P叫到跟前，告诉他们说：“我将把我所需要的木板的长与宽分别告诉你们，看你们谁能最先挑出我要的那块木板。”于是，他悄悄地把这块木板的长度告诉了徒弟S，把宽度告诉了徒弟P。

徒弟S和徒弟P都沉默了一阵。

徒弟S说：“我不知道是哪块木板。”

徒弟P也说：“我也不知道是哪块。”

随即徒弟S说：“现在我知道了。”

徒弟P也说：“那我也知道了。”

然后，他们同时走向一块木板。鲁班看后，高兴地笑了，原来那块木板正是自己需要的那一块。

你知道鲁班要的木板是哪块吗？

184 巧分桶装酒

四个酒鬼合伙买了两桶8斤装的酒，他们打算平分喝掉这些酒。但是他们手上没有量具，只有一个可以装3斤酒的空酒瓶。

如何用这个没有刻度的空酒瓶，使四人平分这些美酒呢？

185 纸牌游戏

爸爸和儿子二人玩一种纸牌游戏，规则如下：双方先后各出一张牌为一圈。后手在每一圈中都必须按先手出的花色出牌，除非后手手中没有相应的花色，而先手则可以随意出牌。每一圈的胜方即为下一圈的先手。

开始的时候，双方手中各有四张牌，其花色分布是：

爸爸手中：黑桃—黑桃—红心—梅花

儿子手中：方块—方块—红心—黑桃

（1）双方都各做了两次先手；

（2）双方都各胜了两圈；

（3）在每一圈中先手出的花色都不一样；

（4）在每一圈中两人出了两种不同的花色。

在打出的这四圈牌中，哪一圈没有出黑桃？

注：王牌至少胜了一圈。（王牌，又叫主牌，游戏开始时选定某一种花色，这种花色的牌中的任何一张牌都叫王牌，它可以：①在手中没有先手出的花色的情况下，出王牌，这样，一张王牌将击败其他三种花色中的任何牌；②与其他花色的牌一样，如果先手出王牌，其他人只能用王牌，如没有王牌，则可以给出任何一张牌。）

提示：从先手和胜方的可能序列中判定王牌的花色，然后判定在哪一圈时先手出了王牌并取胜，最后判定在哪一圈时出了黑桃。

186 巧用砝码

小明家有一架没有横标尺的天平，只能用砝码称量。现在有10克、20克、40克和80克的砝码各一个。那么：

（1）在这四个砝码中任意选择两个进行组合，可以称出多少种不同的重量？

（2）由于丢失了一个砝码，用这架天平没有办法称出70克和120克的物品，那么丢失的砝码是哪一个呢？

187 错乱的号牌

某日，某饭店里来了三对客人：两个男人，两个女人，还有一对夫妇。他们开了3个房间，门口分别挂上了标有“男男”“女女”“男女”的牌子，以免互相进错房间。但是爱开玩笑的饭店服务员，却把牌子调换了位置，弄得房间里的人和牌子全对不上号。

在这种混乱的情况下，据说只要敲其中一个房间的门，听听里边的一声回答，就能全部搞清楚3个房间里的人员情况。

你认为要敲的该是挂有什么牌子的房间呢?

188 摆火柴

小明很喜欢用火柴摆各种图形，用3根火柴很容易摆一个等边三角形，现在有6根火柴，怎样可以摆成四个一样的等边三角形?

189 圣诞聚会

小明家举行了一场圣诞聚会。

在这次聚会上，包括小明一共有12个小孩相聚在一起。他们来自A、B、C三个不同的家庭，每4个小孩同属一个家庭。

有意思的是，这12个小孩的年龄各不相同，但都不超过13岁。换句话说，在1至13这十三个数字中，除了某个数字外，其余的数字都恰好是某个孩子的年龄。而且，小明的年龄最大。

如果把每个家庭的孩子的年龄加起来，可以得到以下结果。

家庭A：年龄总和为41，包括一个12岁的孩子；

家庭B：年龄总和为22，包括一个5岁的孩子；

家庭C：年龄总和为21，包括一个4岁的孩子。

而且，只有家庭A中有2个孩子只相差1岁。

请回答下面两个问题：

小明属于哪个家庭?

每个家庭中的孩子各是多大?

190 真假交替

甲（男）、乙（男）、丙（女）、丁（女）、戊（女）五人有亲戚关系。

现在知道：

其中凡有兄弟姐妹并且有儿女的人总说真话；

凡只有兄弟姐妹或只有儿女的人，所说的话真假交替；

凡没有兄弟姐妹，也没有儿女的人总说假话。

他们各说了以下的话。

甲：丙是我的妻子，乙是我的儿子，戊是我的姑姑；

乙：丁是我的姐妹，戊是我的母亲，戊是甲的姐妹；

丙：我没有兄弟姐妹，甲是我的儿子，甲有一个儿子；

丁：我没有儿女，丙是我的姐妹，甲是我的兄弟；

戊：甲是我侄子，丙是我的女儿，丁是我的侄女。

根据题干给定的条件，能推出下面五项中哪一个是真的（ ）

A. 甲说的是真话，丙是他的妻子

B. 乙说的真假交替，他的母亲是戊

C. 丁说的都是假话，她是甲的姐妹

D. 戊说的是真话，丙是她的姐妹

E. 丙说的真假交替，她是甲的母亲

191 电话线路

直到现在，在一些偏远的地区还没有普及电话，有的镇与镇之间只能靠人传递信息，某个地区就是这样。该地区一共有六个小镇，这些小镇之间的电话线路还很不完备。现在已知：

A镇同其他五个小镇之间都有电话线路；

B镇、C镇只与四个小镇之间有电话线路;

D、E、F三个镇则只同三个小镇之间有电话线路。

而且，这些镇之间的电话线路都是直通的，也就是无法中转。

如果在A镇装个电话交换系统，A、B、C、D、E、F六个小镇都可以互相通话。但是，电话交换系统要等半年之后才能建成。在此之前，两个小镇之间必须装上直通线路才能互相通话。

另外，我们还知道D镇可以打电话到F镇。

请问：E镇可以打电话给哪三个小镇呢?

192 心理测试

甲、乙两个人在进行一场心理测试。

测试内容如下:

首先，甲准备了两个盒子A盒和B盒，然后甲在A盒里不放钱，在B盒里放1000元钱。这时，甲让乙进行选择，乙可以选择A盒（空），也可以选择B盒（1000元），但不能两者都选。并且甲向乙承诺：如果乙做出了一个不合理的选择，那么甲将给乙奖励10000元。

甲和乙两个人都是理性的人，也都是很聪明的人。我们假定甲一定可以兑现自己的诺言。

请问：如果你是乙，你会如何选择?

193 能承受的重量

（1）一座桥长100米，承重100.999斤，一名杂技演员重99斤，提了2瓶酒，每瓶重1斤，那么此人如何把酒带过桥?

（2）一座桥长2米，承重2.599吨，一辆卡车重2.6吨，那么卡车如何过桥?

194 舀酒

一人去酒店买酒，他明明知道店里只有两个舀酒的勺子，分别能舀7两和11两酒，却硬要老板娘卖给他2两酒。老板娘很聪明，用这两个勺子倒来倒去，居然量出了2两酒，你能做到吗？

195 筒测油体积

一个人想去店里买4升油，可是正巧店里的秤坏了。店里只有一个3升的桶，一个5升的桶，而且两只桶的形状上下都不均匀。只用这些工具，你能想办法准确地称出4升油吗？

196 天平巧称重

小明家里有140克面粉，他想把它分成50克、90克各一份。现在他手中只有7克、2克砝码各一个，天平一只，如何只用这些物品三次就能将140克的面粉分成两份？

197 池塘取水

小明家前面有一个池塘，里面有很多水。现在爸爸拿出2个空水壶，容积分别为5升和6升，他想只取3升的水，如何只用这2个水壶就做到呢？

198 带钢管上火车

铁路系统规定，旅客可以携带长、宽、高都不超过1米的物品上火车。你有一根钢管，它的直径虽然只有2厘米，但是长度却达到了1.7米，是禁止携带的物品。你能想个办法合理合法地携带这根钢管吗？

199 酒的规格

有一个商人用一个大桶装了12升酒到市场上去卖，两个酒鬼分别拿了5升和9升的小桶，其中一个要买1升，另一个买5升。这时，又来了一个人，什么也没拿，说剩下的6升酒连同桶在内他都要了。奇怪的是，他们之间的交易没有用任何其他的称量工具，只是用这三个桶倒来倒去就完成了。你知道他们是怎么做的吗?

200 打折的醋

张大娘和李二婶一起去超市买醋，一种8斤装的醋在打折，于是她们决定一起买下来然后平分。不过她们手上只有一个5斤装和一个3斤装的空瓶。两个人倒来倒去，总是分不均匀。这时来了一个小孩，用一种方法，很快就把这些醋平分了。你知道他是怎么分的吗?

201 两桶白酒

超市里有两桶装满的白酒，各是50斤。一天，来了两个顾客，他们分别带来了一个可以装5斤酒和一个可以装4斤酒的瓶子。他们每人只买2斤酒。如果只用这四个容器，你可以给他们两个的瓶子里各倒入2斤的酒吗?

202 旁边坐着谁

A、B、C、D、E、F六个人围着一个六边形的桌子而坐（如下图）。图中已经填好了A和B的位置，请根据下面的提示依次把其他的空位填满。

（1）A坐在B右手边隔一个空位的位子上;

（2）C坐在D的正对面;

（3）E坐在F左手边隔一个空位的位子上。

那么，如果F不是坐在D的隔壁，A的右边会是谁呢？

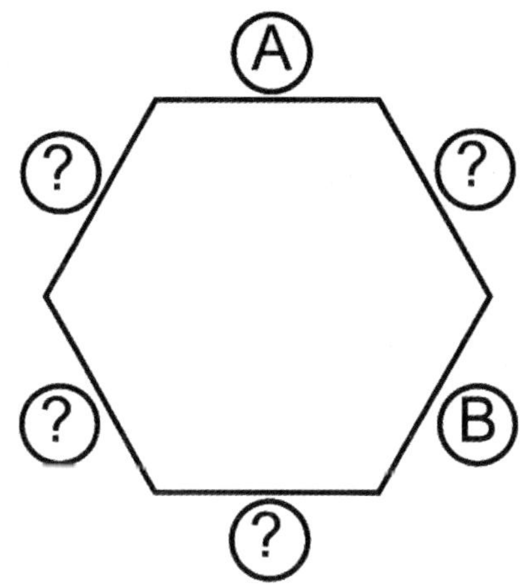

203 一天的行程

张先生平时工作很忙，他想休息一个星期，但是下个星期他还有一些活动必须安排：陪儿子参观博物馆，去税务所缴税，去医院陪妈妈做体检，还要去宾馆见一个朋友。住宾馆的朋友下周三外出办事，其他时间都在；税务所星期六休息；博物馆只有在周一、周三、周五开放；体检医生每逢周二、周五、周六值班。张先生想在一天之内完成所有的事，然后剩余时间休息，那么他应该在星期几做这些事情呢？

204 测验排名

在一场测验中，A、B、C、D、E、F、G、H八个人的名次关系如下：B、C、D三人中B最高，D最低但不是第八名；F的名次为A、C名次的平均数，F比E高四个名次；G是第四名；A比C的名次高。那么，你可以判断出他们分别是第几名吗？

205 谁是明明

在一场百米赛跑中，明明得了倒数第一名，他告诉妈妈这样的情形：

（1）丙没有获得第一名；

（2）戊比丁高了两个名次，但戊不是第二名；

（3）甲不是第一名也不是最后一名；

（4）丙比乙高了一个名次。

你能判断出在甲、乙、丙、丁和戊中谁是明明吗?

206 谁和谁配对

有三个男青年A、B、C即将与甲、乙、丙三位姑娘结婚。有好奇者想知道他们谁和谁是一对，于是前去打听。

他先问A，A说他要娶的是甲姑娘。他又去问甲，甲说她将嫁给C。再去问C，C说他要娶的是丙。这可把这个人弄晕了，原来三个人都没有说真话。

你能推出谁和谁结成了夫妻吗?

207 宿舍同学

某大学中，甲、乙、丙三人住同一间宿舍，他们的女朋友A、B、C也都是这所学校的学生。据知情人介绍说：“A的男朋友是乙的好朋友，并在三个男生中最年轻；丙的年龄比C的男朋友大。”依据这些信息，你能推出谁和谁是男女朋友吗?

208 他们都来自哪里

北京大学有很多来自不同国家的留学生。莉莉、娜娜和拉拉三名学生，一个是法国人，一个是日本人，一个是美国人。现已知：

（1）莉莉不喜欢吃面条，拉拉不喜欢吃饺子；

（2）喜欢面条的不是法国人；

（3）喜欢饺子的是日本人；

（4）娜娜不是美国人。

请推测出这三名留学生分别来自哪个国家。

209 男女数量

一家人共有兄弟姐妹7人，年龄从大到小依次为甲、乙、丙、丁、戊、己、庚。现在知道7个人情况如下：

（1）甲有3个妹妹；

（2）乙有1个哥哥；

（3）丙是女的，她有2个妹妹；

（4）丁有2个弟弟；

（5）戊有2个姐姐；

（6）己也是女的，但她和庚没有妹妹。

请问：这7个人中谁是男性谁是女性?

210 推算时间

在早晨列队检查时，警长问身边的秘书现在几点了。精通数学的秘书回答道："从午夜到现在这段时间的四分之一，加上从现在到午夜这段时间的一半，就是现在的确切时间。"

你能算出这段对话发生的时间吗?

211 哪种说法是正确的

桌上放着红桃、黑桃和梅花三种牌，共20张。

（1）桌上至少有一种花色的牌少于6张；

（2）桌上至少有一种花色的牌多于6张；

（3）桌上任意两种牌的总数将不超过19张。

上述论述中正确的是（ ）

A. （1）、（2）

B. （1）、（3）

C. （2）、（3）

D. （1）、（2）和（3）

212 钱找错了吗

一家水果店里出售两种苹果，一种10元2斤，一种10元3斤。每天这两种苹果都可以卖30斤，一共收入250元。因为两种苹果的外表是完全一样的，一天，老板一不小心把两种苹果混到了一起，每种各30斤。于是他就以20元5斤的价格一起出售这堆混合的苹果。但是，到晚上结账的时候，发现只卖了240元，而不是250元，那么，那10元钱哪里去了？难道是老板找错钱了吗?

213 三家房客

一幢三层的公寓刚刚落成，每层只有一套房间。沃伦夫妇最先搬进来，住进了顶层。莫顿夫妇和刘易斯夫妇则根据抽签的结果，分别住进了下面两层。莫顿夫妇对公寓环境和邻居都非常满意。整幢楼里唯一有点意见的是珀西，他希望住在他家楼上的那对夫妇不要每天早上就开始大声放音乐，这会影响他睡眠。除此之外，这三家邻居之间的关系都很融洽。罗杰每天早上下楼路过吉姆家时，总要进去坐一会儿，然后两个人一起去上班。到了11点，凯瑟琳总要上楼去和刘易斯夫人一起喝茶。丢三落四的诺玛觉得住这种公寓非常方便，因为每当她忘了从商店买回什么东西时，她可以下楼向多丽丝去借。

这三对夫妇分别叫什么名字？姓什么？住哪一层？

214 换还是不换

一档娱乐节目邀请一些嘉宾去参加一个抽奖活动，活动很简单也很有趣：他们准备了三个信封，里面都放着钱，让你挑选其中一个，你选了哪个就送给你哪个。当然，这些钱都是支票，所以信封没有厚度的差别，而且外边完全一样。

现在主持人告诉你，其中一个信封里装着10000元，而另两个信封里面装的都是100元。选择开始了，当你选中一个之后，主持人并没有让你把它打开，而是把你没有选择的两个信封中的一个打开了，不是10000元！

这时，主持人拿着手里剩下的一个信封对你说："现在我给你一个重新选择的机会，你要不要和我换一下信封呢？"

难题交给你了，如果你是那个嘉宾，你是换还是不换呢？

215 酒杯与球

用4根火柴可以摆成两种小酒杯样。"杯"中放一个"球"。不论哪只酒杯，只要移动2根火柴，就可以使"酒杯"中的"球"移出"杯"外。你试试看。

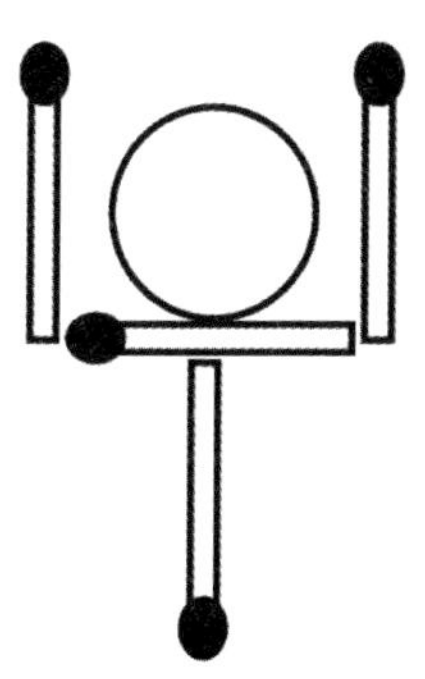

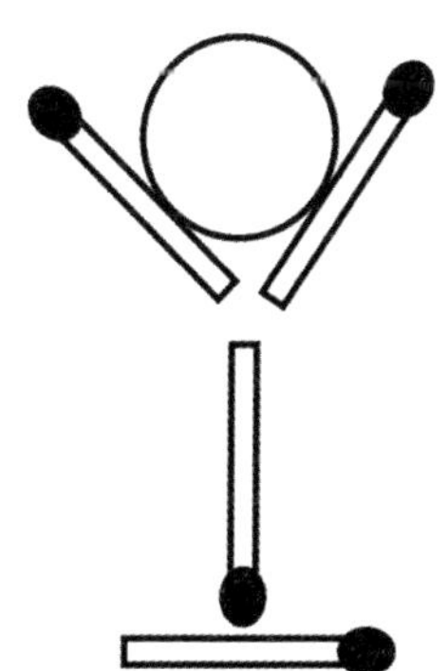

216 房间路线

这是一幅从办公室上方看到的平面图。你能只转向2次就通过所有的房间吗?

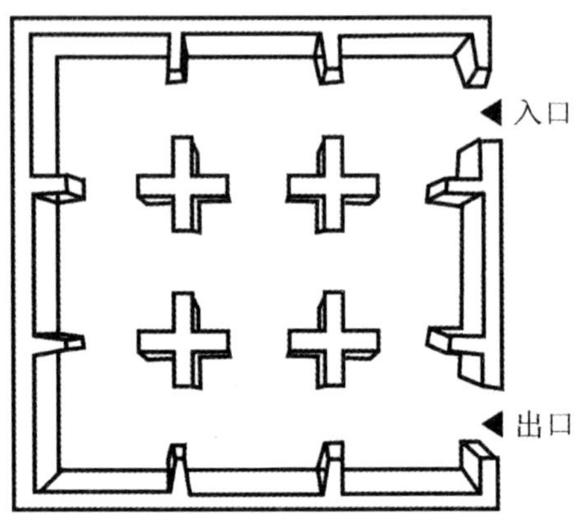

217 改变方向

移动最少的火柴，让鱼往反方向游，让猪往反方向走。

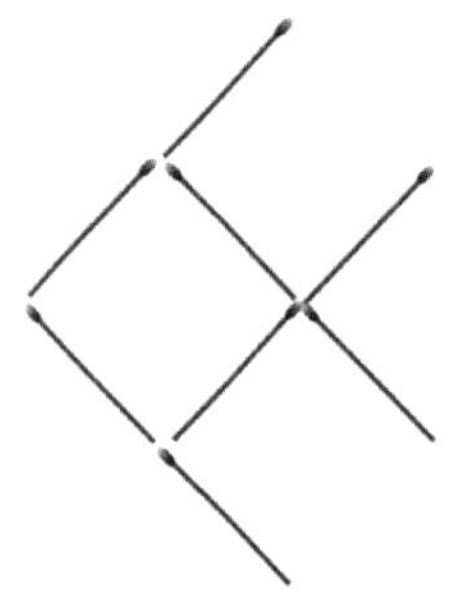

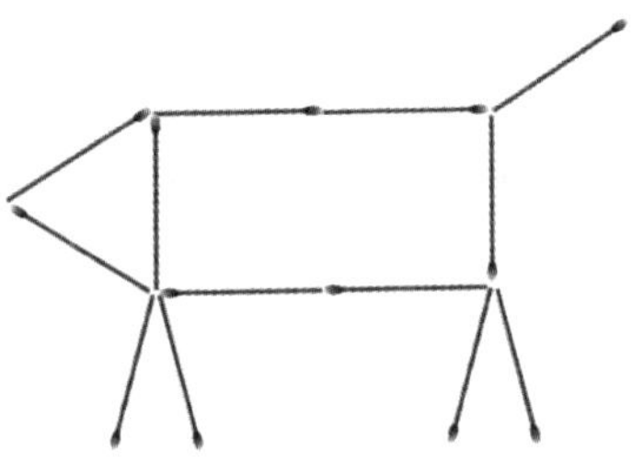

第五篇

假设法

假设法，是对给定的问题先做一个或一些假设，然后根据已给的条件进行分析。如果出现与题目给的条件相矛盾的情况，说明假设错误，可再做另一个或另一些假设。直到最后只剩下一种可能了，那么问题就解决了。在科学史上，假设法曾起到了极大的作用。

假设法是科学研究中常用的一种思维方法，也是数学中的一个重要思想。通过假设，可以使复杂的问题简单化，使所要解决的问题明朗化，这样我们就可以更快地找到解决问题的突破口了。

实例解析

桌子上摆着甲、乙、丙三个盒子。甲盒上写着一句话："珠宝不在此盒中。"乙盒上写着一句话："珠宝在甲盒中。"丙盒上写着一句话："珠宝不在此盒中。"现在知道，这三句话中，只有一句话是真的，那么珠宝在哪?

这种题型在推理过程中前提不够充分，不足以推出结论，要求我们确定合适的前提，去补充原来的前提，从而

合乎逻辑地推出结论。因此，做这类题的基本思路是紧扣结论，简化推理过程，从因果关系上考虑。从前提到结论，中间一定要有适当的假设，来寻找断路或是补充省略掉的论述，也就是要“搭桥”。

假设珠宝在甲盒中，那么第一句是错的，第二句是对的，第三句也是对的，这样就有了两句真话，所以可以断定，珠宝不在甲盒中。然后再换乙重新进行假设，这样依次下来就可以找到正确的答案了。

由于假设仅仅是推理成立的一个必要条件，所以我们做一个假设，并不能够肯定这个推理必然成立。我们只有找到了推理成立的所有必要条件，才能得出一个确定性的结论，推理才能够成立。

218 口出谎言

甲、乙、丙三人。甲说乙在说谎，乙说丙在说谎，丙说甲和乙都在说谎。

请问：到底谁在说谎?

219 小红帽脱险

小红帽去看外婆，但不幸落入了大灰狼的魔爪。大灰狼得意之际对小红帽说："你可以说一句话。如果这句话是真话，我就煮了你吃；如果这句话是假话，那我就把你炸了吃。"小红帽不想被大灰狼吃掉，她应该怎么说这句话呢?

220 真假分不清

小李家有三个孩子A、B、C，他们三人的名字一个叫真真，一个叫假假，一个叫真假，真真只说真话，假假只说假话，而真假有时说真话有时说假话。

有一个人遇到了他们，于是问A："请问，B叫什么名字？"A回答说："他叫真真。"

这个人又问B："你叫真真吗？"B回答说："不，我叫假假。"

这个人又问C："B到底叫什么？"C回答说："他叫真假。"

请问：你知道A、B、C中谁是真真，谁是假假，谁是真假吗?

221 逃离食人族

一位探险者去非洲探险，被当地的食人族抓了起来。食人部落有个传统，就是崇尚聪明的人。于是他们准备了三张纸条，两张上面写着“死”，一张上面写着“活”。然后他们偷偷地将三张纸条扣在三个碗下面，并在碗上分别写了一句话作为提示：第一个碗上写着“选择此碗必死”，第二个碗上写着“选择第一个碗可以活命”，第三个碗上写着“选这个碗也会死”。并且告诉探险者，这三句提示中，只有一句话是真的。

如果你是这个探险者，你会选择哪个碗呢?

222 谁去了南非

小李、小王和小张3人都非常喜欢四处旅游。一年，他们每个人都恰好去了3个不同的国家。

（1）两个人去美国，两个人去日本，两个人去荷兰，两个人去泰国，一个人去南非。

（2）对于小李来说，下面说法是正确的：

A. 如果他去泰国，那么他也去日本

B. 如果他去日本，那么他不会去美国

（3）对于小王来说，下面说法是正确的：

A. 如果他去泰国，那么他也去美国

B. 如果他去美国，那么他也去日本

（4）对于小张来说，下面说法是正确的：

A. 如果他去日本，那么他也去荷兰

B. 如果他去荷兰，那么他不会去泰国

谁去了南非?

提示：判定每个人去的国家组合，然后分别假定小李、小王和小张去了南非。只有在一种情况下，不会出现矛盾。

223 杰克逊之死

杰克逊死了，是中毒死的。警察抓到了两名嫌疑人甲和乙，他们受到了警察的传讯。

甲：如果这是谋杀，那肯定是乙干的。

乙：如果这不是自杀，那就是谋杀。

警察做了如下的假定：

（1）如果甲和乙都没有撒谎，那么这就是一次意外事故；

（2）如果甲和乙两人中有一人撒谎，那么这就不是一次意外事故。

最后的事实表明，这些假定都是正确的。

杰克逊的死究竟是意外事故，还是自杀，或者是谋杀?

提示：根据甲、乙的供词是真是假，判定杰克逊之死的性质，然后判定警察的哪个假定能够适用。

224 零用钱

悦悦每周会从妈妈那里拿到10元钱的零花钱，但是这周不到三天，她就把自己的零花钱用完了，只好腆着脸跟妈妈要。妈妈说：“那你去隔壁屋里待五分钟再回来。”五分钟后，悦悦看到妈妈面前摆了三只碗，第一只碗上写着：“这个碗里没有钱。”第二个碗上写着：“钱在第一个碗里。”第三个碗上写着：“反正我这里没钱。”妈妈说：“我把钱放到其中一个碗里了，你只有一次掀开碗的机会，如果你正好掀开的是有钱的碗，那这些钱就是你的零花钱。提示你一下，我写的三句话中只有一句话是真的。”

如果你是悦悦，会掀开哪只碗呢?

225 匿名捐款人

某公司有人爱做善事，经常捐款捐物，而每次都只留公司名不留人名。一次该公司收到感谢信，要求找出此人。公司在查找过程中，听到以下六句话：

（1）这钱或者是赵风寄的，或者是孙海寄的；

（2）这钱如果不是王强寄的，就是张林寄的；

（3）这钱是李强寄的；

（4）这钱不是张林寄的；

（5）这钱肯定不是李强寄的；

（6）这钱不是赵风寄的，也不是孙海寄的。

事后证明，这六句话中只有两句是假的，请根据以上条件，确定匿名捐款人。

226 六人队

某大学新生入学，老师组织六个学生站在校门口，为新生解答疑问。第一大，老师发现自己不记得原先A、B、C、D、E、F六名同学排队的顺序了。已知：

（1）C在E的前面；

（2）A在F的后面；

（3）E不在第五位；

（4）D和A之间隔着两个人；

（5）B在E的后面，并紧挨着E。

请问：第四位是谁？

227 几个人去

公司组织周末外出游玩，让每个部门上报出去的人数，好订车。营销部秘书就问他们部门几个人的意见，意见汇总后如下：

小杜：我可能会去。

小刘：小杜去的话，我就不去了；他不去的话，我再去。

小黄：我看小刘，他去我也去，他不去，我也不去。

小冯：小杜去的话，我就去。

小郭：小黄和小冯都不去，我才去。

营销部会有几个人去呢？

228 避暑山庄

甲、乙、丙和丁四个人分别在上个月不同时间入住避暑山庄，又在不同的时间分别退了房。现在只知道：

（1）滞留时间（比如从7日入住，8日离开，滞留时间为2天）最短的是甲，最长的是丁，乙和丙滞留的时间相同。

（2）丁不是8日离开的。

（3）丁入住的那天，丙已经住在那里了。

四人入住时间分别是：1日、2日、3日、4日。

四人离开时间分别是：5日、6日、7日、8日。

根据以上条件，你知道他们四人各自的入住时间和离开时间吗？

229 四对亲兄弟

一个大院里住着四户人家，每家各有两个男孩。这四对亲兄弟中，哥哥分别是甲、乙、丙、丁，弟弟分别是A、B、C、D。

一次，有位过路人问：“你们究竟谁和谁是亲兄弟呀？”

乙说："丙的弟弟是D。"

丙说："丁的弟弟不是C。"

甲说："乙的弟弟不是A。"

丁说："他们3个人中，只有D的哥哥说了实话。"

丁的话是可信的，过路人想了好半天也没有把他们区分出来。

聪明的你能区分吗？

 230 谁参加了运动会

甲、乙、丙、丁四名同学在同一个班级，他们聚在一起议论本班参加运动会的情况。

甲说："我们班所有同学都参加了。"

乙说："如果我没参加，那么丙也没参加。"

丙说："我参加了。"

丁说："我们班所有同学都没有参加。"

已知四人中只有一人说的不正确，请问：谁说的不正确？乙参加了吗？

 231 三位青年

张大妈想给自己的女儿找男朋友，于是询问三位青年的年龄，得到如下回答：

小刘说："我22岁，比小陈小两岁，比小李大1岁。"

小陈说："我不是年龄最小的，小李和我相差3岁，小李是25岁。"

小李说："我比小刘年龄小，小刘23岁，小陈比小刘大3岁。"

这三位青年爱开玩笑，在他们每人说的三句话中，都有一句是假的，请帮助张大妈判断他们三人的年龄。

232 排名次

A、B、C、D、E、F、G按比赛结果的名次排列如下（其中没有相同名次）：

（1）E得第二名或第三名；

（2）C没有比E高4个名次；

（3）A比B低；

（4）B不比G低两个名次；

（5）B不是第一名；

（6）D没有比E低3个名次；

（7）A不比F高6个名次。

上述说明只有两句是真实的，是哪两句呢？

试列出七人的名次顺序。

233 谁偷了珠宝

一件价值连城的珠宝在展厅里被盗，甲、乙、丙、丁四名国际大盗都有嫌疑。经过核实，发现是四人中的两个人合伙作案。在盗窃案发生的那段时间，四个人的行动是有规律的：

（1）甲、乙两人中有且只有一个人去过展厅；

（2）乙和丁不会同时去展厅；

（3）丙若去展厅，丁一定会同去；

（4）丁若没去展厅，则甲也没去。

根据这些情况，你能判断出是哪两个人作的案吗？

234 石门上的按钮

一位探险家在山洞里探险的时候，发现了一个石门，里面可能藏着很多宝藏。在旁边有一排按钮，上面写着："A在B的左边，B是C右边的第三个，C在D的右边，D紧靠着E，E和A中间隔一个按钮。"旁边还有一个提示，只有按A、B、C、D、E、F的顺序才能打开石门。你能帮他找到每个按钮的位置吗?

235 动物的数量

一条巷子里住着5户人家，家家都爱养小动物。

他们每户至少有1只兔子、1只猫和1只狗，但所养的任何一种动物都不会超过5只，而且没有任何两家所养动物的总数一样，就是连每一种动物的数量也各不相同。

其中：

（1）李家养了2只兔子，动物总数名列第三；

（2）王家养猫最多，有5只，罗家养了3只猫，狗和兔子更多；

（3）刘家养的兔子和狗要比曾家养的兔子和王家养的狗要多。

请问：每家养的动物各有多少?

236 年龄排序

一家有3个孩子A、B、C，其中A和B的年龄差3岁，B和C的年龄差两岁，并且A不是长子。那么这三个孩子年龄的排序应该是怎样的呢?

237 错误的结论

一个正方体的六个面，每个面的颜色各不相同，并且只能是红、黄、绿、蓝、黑、白这六种颜色。如果满足：

（1）红色的对面是黑色；

（2）蓝色和白色相邻；

（3）黄色和蓝色相邻。

那么下面结论错误的是（ ）

A. 红色与蓝色相邻

B. 蓝色的对面是绿色

C. 黄色与白色相邻

D. 黑色与绿色相邻

238 公司面试

A、B、C、D、E、F六人去一家公司参加面试，但公司只招一个人，究竟谁被录用了呢？

公司的四位领导做了如下预测：

甲：我看A或者B有希望。

乙：不对，应该是A、C中的一个。

丙：是E或者F有希望。

丁：不可能是A。

而结果证明，四个人只有一个人的预测是正确的。

请问：谁被录用了？

239 他们是做什么的

一次聚会上，你遇到了甲、乙和丙三个人，你想知道他们三人分别是干什么的，但三人只提供了以下信息：三人中一位是律师，一位是推销员，一位是医生；丙比医生年龄大，甲和推销员不同岁，推销员比乙年龄小。

根据上述信息可以推出的结论是（ ）

A. 甲是律师，乙是推销员，丙是医生

B. 甲是推销员，乙是医生，丙是律师

C. 甲是医生，乙是律师，丙是推销员

D. 甲是医生，乙是推销员，丙是律师

240 重组地毯

小明家有一个房间需要铺地毯，这个房间的地面是一个三边各不相等的三角形。但是当爸爸去买地毯的时候，不小心把地毯搞错了。如果把这块地毯翻过来，正好可以铺在这块地上，但是大家知道，地毯是有正面和反面的。没有办法，他们只好把地毯剪开，重新组合成这块地的形状。

请问：怎么裁剪这块地毯，才能使地毯正面朝上，并且裁剪的块数最少呢?

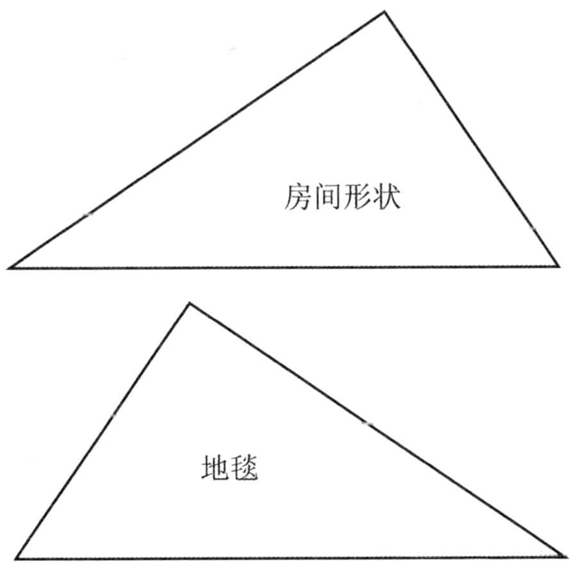

241 连接电路

你能否画5条线来连接5对有颜色的电路?所有的连线必须沿着方格的黑线，而且任意两条连线不能相交。

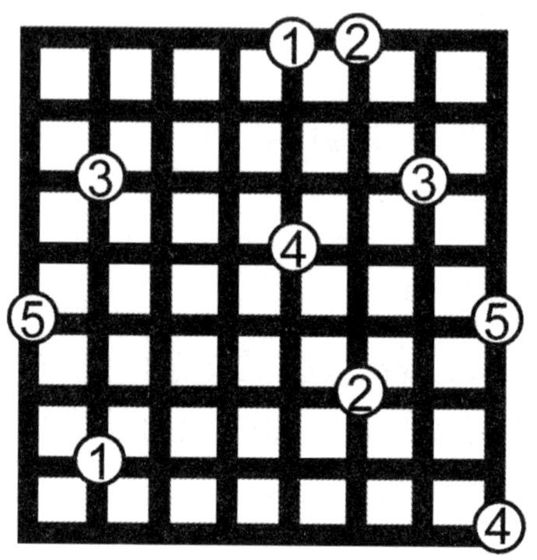

242 巧辨兄弟

有兄弟二人，哥哥上午说实话，下午说谎话，而弟弟正好相反，上午说谎话，一到下午就说实话。有一个人问这兄弟二人：“你们谁是哥哥？”较胖的说：“我是哥哥。”较瘦的也说：“我是哥哥。”那个人又问：“现在几点了？”较胖的说：“快到中午了。”较瘦的说：“已经过中午了。”

请问：现在是上午还是下午？谁是哥哥?

243 真假部落

在一个岛上有两个奇怪的部落，一个部落叫诚实部落，一个部落叫说谎部落。诚实部落的人只说实话，而说谎部落的人只说假话。一个路人要找一个诚实部落的人问路，他遇到两个人，就问其中的一个：“你们两个人中有

诚实部落的人吗？”被问者回答了他的话，路人根据这句话，很快就判断出哪一个是诚实部落的人了。

你知道，被问者回答的是什么吗？

244 真假难辨

师生聚会中，老师小刘突然问学生，上学的时候，谁向他说过谎。大家各说了一句话：

张三：李四说谎。

李四：王五说谎。

王五：张三和李四都说谎。

问：谁说谎？谁没说谎？

245 大小正方形

一天，小明在练习剪纸。妈妈拿出一个大的正方形白纸，要小明用它剪出6个小正方形（不需要同样大小），但是不能有浪费。聪明的小明很快就做到了，你知道怎么做吗？

246 猴子摘桃

猴子妈妈有三个孩子，它们分别是大猴子、中猴子和小猴子。

一天，猴子妈妈有事，就只好让三只猴子单独去果园里摘桃。现在知道，它们都摘到了桃，但是都没有超过3个。

回来的路上，三只猴子说了以下3句话。

大猴子：“中猴子摘到了2个桃。”

中猴子：“小猴子摘到的不是2个桃。”

小猴子：“大猴子摘到的不是1个桃。”

现在已知：

如果某只猴子说的话里涉及的猴子比自己摘的桃多，那么这句话就是假的，否则就是真的。

请问：这三只猴子各自摘了多少个桃？

247 骰子构图

小明在一张如下方左图中的纸片上画了一些点，然后将它做成骰子。

请问：在右图A、B、C、D、E五个骰子中，哪一个是左边的骰面无法构成的？

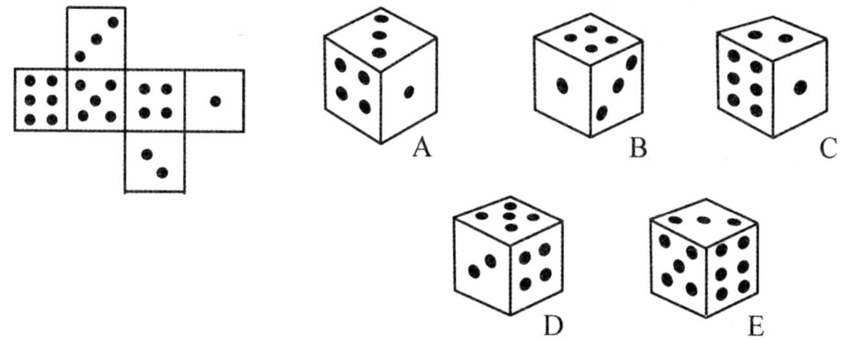

248 巧救兔宝宝

大灰狼从兔妈妈手中抢走了兔宝宝，它要吃掉这个小兔子，又想找个名正言顺的理由，于是就对兔妈妈说："我问你一个问题，如果你答对了，我就将孩子还给你。如果回答错了，我就吃了你的孩子。"兔妈妈无可奈何，只好答应了。

大灰狼问："我会不会吃掉你的孩子？"

兔妈妈应该怎样回答，来保住自己的孩子呢？

 249 巧摆棋子

下图是一个棋盘，棋盘上放有6颗棋子，请你再在棋盘上放8颗棋子，使得：每条横线和每条竖线上都有3颗棋子，且9个小方格的边上都有3颗棋子。

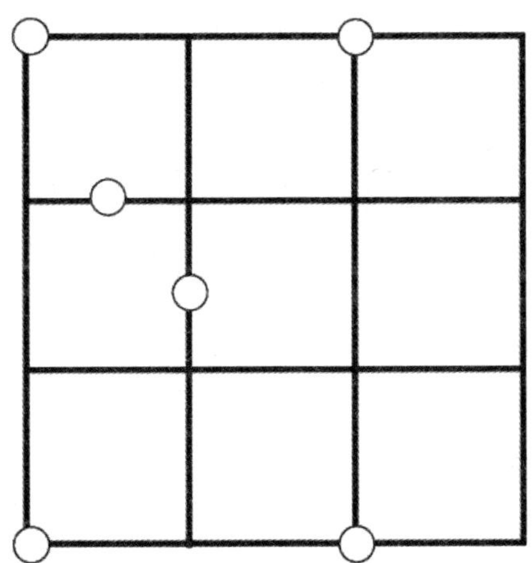

 250 标点符号

请试着在下面的三段文字里加入适当的标点符号，使三段文字能读通。

（1）是不是不是是不是不是是不是是

（2）是是不是不是不是是是不是不是是

（3）不是是不是是不是是是不是是不是不是是

提示：可以设计成某一场景下两个人之间的对话，只要能说得通，符合场景要求即可。

 251 火柴与梯形

一天，妈妈买回来一包火柴，小明看到后非要拿去玩。妈妈说：“我给你出个题吧，你要是能答出来，我就给你玩，要是答不出来，就不许玩。”

于是妈妈用23根火柴摆成了如下图所示的含有12个小三角形的梯形，这个梯形上面窄，下面宽。

妈妈要求小明把这个梯形翻转过来，让它变成上面宽、下面窄的梯形。

你知道最少要移动几根火柴才可以让它倒转过来吗？

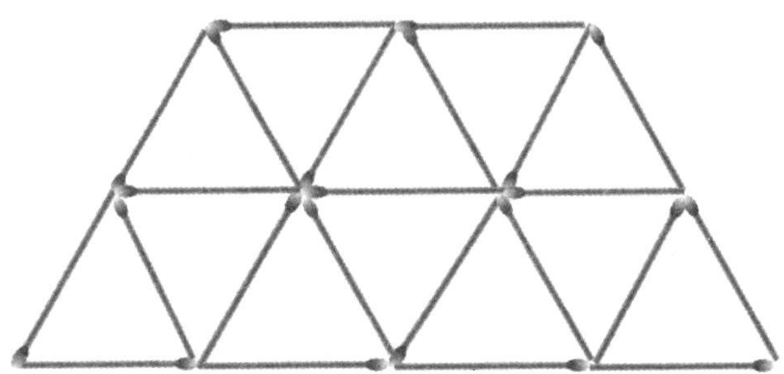

252 天使与魔鬼

天使只说真话，魔鬼只说假话。一个天使和一个魔鬼结婚以后生下了四个儿子，其中老大和老三继承了魔鬼的特性，只说假话，老二和老四继承了天使的特性，只说真话。

下面是他们关于各自长幼的对话。

甲：“乙比丙年龄小。”

乙：“我比甲小。”

丙：“乙不是三哥。”

丁：“我是长兄。”

你能判断出他们的长幼顺序吗？

253 手中的火柴棒

四个人在一起玩游戏，这个游戏的规则是这样的：有一个人变换着把6根火柴棒握在手中，然后让另外的人猜测他左手中可能握的火柴棒的根数。

甲猜测说：“你左手中的火柴棒不是1根就是2根。”

乙说："你左手中的火柴棒不是3根。"

丙说："你左手中的火柴棒是3根、4根、5根或者6根。"

结果他们中只有一个人的猜测是正确的，那么，那个人左手中的火柴棒到底有几根呢？

 254 yes or no

大家知道，英语中的"yes"是"是的"的意思，而"no"是"不是"的意思。但是有一个部落，他们却恰好相反，"yes"是"不是"的意思，而"no"是"是的"的意思，其他的单词都和英语是一致的。

在这个部落里，你遇到两个人，当你问他们"今天天气好吗？"时，他们的回答是一个说"yes"，一个说"no"，无论怎么问，他们两个的回答总是相反的。你能想想办法，使你提出一个问题后，他们的回答都是"yes"吗？

 255 区分

在一个奇怪的岛上，住着两种居民：人和吸血鬼。

有一年，这里发生了一场大瘟疫，有一半的人和一半的吸血鬼都生了病而变得精神错乱。这样一来，这里的居民就分成了四类：神志清醒的人、精神错乱的人、神志清醒的吸血鬼、精神错乱的吸血鬼。

从外表上是无法将他们区分开的。他们的不同在于：凡是神志清醒的人总是说真话的，但是，一旦精神错乱了，他就只会说假话了；吸血鬼同人恰好相反，凡是神志清醒的吸血鬼都是说假话的，但是，他们一旦精神错乱，反倒说起真话来了。

这四类居民，讲话都很干脆，他们对任何问题的回答，只用两个词："是""不是"。

有一天，有位逻辑学博士来到这个岛上，他遇见了一个居民P。逻辑学博士很想知道P是属于四类居民中的哪一类，于是他就向P提出一个问题。他根据P的回答，立即就推定P是人还是吸血鬼。后来，他又提出了一个问题，又推定出P是神志清醒的，还是精神错乱的。

逻辑学博士先后提的是哪两个问题呢?

256 灵机一动

逻辑学博士的女儿是位绝色美人，很多小伙子都对她动心了。不过，这位小姐生性羞怯，如果直截了当地请她吃饭，可能会遭到谢绝。

但是，她毕竟是逻辑学博士的女儿，对逻辑推理很感兴趣。一个逻辑学爱好者想追求这位女孩子，他突然想起了哈佛大学数学家吉尔比·贝克的锦囊妙计，顿时心花怒放，喜上眉梢。

于是他对这位漂亮的女孩子说："亲爱的，我有两个问题要问你，而且都只能回答'是'或'不是'，不准用其他语句。但在正式提问以前，我要预先跟你讲好，你一定要听清楚之后再郑重回答，而且两个问题的答案都必须在逻辑上是完全合理的，不能自相矛盾。"

女孩子略微想了一下，感到非常有趣，于是，她爽快地说："好吧！那就请你发问吧！"

请问：如果你是这个男孩子，你该怎样提问，才能达到请这位小姐吃饭的目的呢?

257 天堂和地狱

一个岔路口分别通向天堂和地狱。路口站着两个人，已知一个来自天堂，另一个来自地狱，但是不知道谁来自天堂，谁来自地狱，只知道来自天堂的人永远说实话，来自地狱的人永远说谎话。现在你要去天堂，但不知道应该走哪条路，需要问这两个人。只许问一句，应该怎么问?

 258 哪四个数字

老师在一张纸上写了四个数字，对甲、乙、丙、丁四位同学说：“你们四位是班上最聪明、最会推理演算的学生。今天，我出一道题考考你们。我手中的纸条上写了四个数字，这四个数字是1、2、3、4、5、6、7、8中的任意四个。你们先猜猜各是哪四个数字。”

甲说：2、3、4、5。

乙说：1、3、4、8。

丙说：1、2、7、8。

丁说：1、4、6、7。

听了四人猜的结果后，老师说：“甲和丙两位同学猜对了两个数字，乙和丁同学只猜对了一个数字。”

你能推导出纸条上写了哪几个数吗?

 259 谁做对了

王英、李红、张燕三个人在讨论一道数学题，当她们都把自己的解法说出来以后，王英说：“我做错了。”李红说：“王英做对了。”张燕说：“我做错了。”老师看过她们的答案并听了她们的上述意见后说：“你们三个人有一个做对了，有一个说对了。”那么，谁做对了呢？（ ）

A. 李红

B. 王英

C. 张燕

D. 不能确定

260 谁是间谍

国际警察在某飞机场的候机厅发现了三个可疑的人。这三个人中有一个是国际间谍，讲的全是假话；一个是从犯，说起话来真真假假；还有一个是好人，句句话都是真的。在问及他们来自哪里时，得到如下回答：

甲：我来自阿拉伯，乙来自刚果，丙来自墨西哥。

乙：我来自南非，丙来自荷兰，甲呀，你要问他，他肯定说他来自阿拉伯。

丙：我来自荷兰，甲来自墨西哥，乙来自刚果。

请问：谁是永远说假话的国际间谍？

261 猜出真相

过节的时候，甲、乙、丙、丁、戊五位亲戚聚到了一起，他们开始谈论自己和其他人的亲属关系，他们所谈论到的人，都在这五个人中间。有四个人分别说：

（1）乙是我父亲的兄弟。

（2）戊是我的岳父。

（3）丙是我女婿的兄弟。

（4）甲是我兄弟的妻子。

那么，你知道这些话分别是谁说的吗？并且五人之间的亲属关系又如何呢？

262 语言不通的村庄

你是一个探险家，四处探险。

一天，你来到一个小村庄，遇到了A、B、C三个精灵。这三个精灵各有不同：其中一个只说真话，另外一个只说假话，还有一个随机地决定何时说

真话，何时说假话。

你的任务是确定这三个精灵谁只说真话，谁只说假话，谁是随机答话。

你可以向这三个精灵提出三道是非题，但是你每次只可以选择其中一个精灵问话，问的问题可以取决于上一题的答案。

这个题最困难的地方在于：这些精灵可以听懂你说的话，但是只会以“Da”或“Ja”来回答你的问题。你只知道其中一个词代表“对”，另外一个词代表“错”，但你并不知道它们哪个代表“对”，哪个代表“错”。

为了达到你的目的，你应该如何设计这三个问题呢？该如何发问呢？

263 打扫卫生

甲、乙两个人都不愿意打扫卫生，于是甲对乙说：“我们掷骰子决定吧，现在这里有两个骰子，我们每人掷一次，如果两个骰子上显示的数之和在1～6之间，就算你赢，如果两个数之和在7～12之间，就算我赢。输的那个人打扫卫生，怎么样？”乙同意了。掷完骰子，乙输了，于是他就打扫了卫生。第二天，乙发现自己上了甲的当，这种掷法不公平。

请问：为什么这种掷法不公平呢？两人赢的概率差了多少？

264 真假命题

某办公室共有3人，主任1人，副主任1人，办事员1人。

（1）主任懂日语；

（2）有人不懂日语；

（3）有人懂日语。

在上述三个判断中只有一个是真的，由此可见（ ）

A. 副主任懂日语

B. 副主任不懂日语

C. 主任懂日语

D. 主任不懂日语，但办事员懂日语

第六篇

排除法

排除法，就是根据题目的要求，结合所学知识，排除题干中的冗余信息或者所给选项中的错误选项。把一些无关的问题先予以排除，可以确定的问题先确定，尽可能缩小未知的范围，从而降低解题难度，缩小选择范围，快速明确答案，以便于问题的分析和解决，提高命中率。

| 实例解析 |

有三位旅客 A、B 和 C。已知他们三人一个去荷兰，一个去加拿大，一个去英国。据悉 A 不去荷兰，B 不打算去英国，而 C 则既不去加拿大，也不去英国。问：三个人分别去哪个国家？

本题需要用排除法，就是对可能的答案逐一排除，最后留下的就一定是正确答案。因为 C 既不去加拿大，也不去英国，排除了这两种可能后，他只能去荷兰。而 B 不去英国，也不可能去荷兰（因为 C 已经确定去荷兰了），所以只能去加拿大。最后 A 只能去英国了。这样答案就出来了。

这种方法看似笨拙，但在解题时特别有用。正确运用这种方法，往往会收到意想不到的效果。这种思维方法在我们的工作和生活中都是很有用处的，它对于提高大家的逻辑思维能力、推理能力，也有很大的作用。

265 被隔开的夫妇

某日，是A夫人的生日，所以A夫妇举办了一次生日聚会。他们邀请了三对夫妇来家里吃饭，他们分别是B夫妇、C夫妇和D夫妇。

为了方便区分，我们将每对夫妇分别用字母来表示，其中大写字母代表丈夫，小写字母代表妻子。例如：A夫妇，A代表丈夫，a代表妻子，其他人依此类推。

在安排用餐座位时，A夫妇犯了一个小错误：他们八个人均匀地围坐在一张圆桌旁，只有一对夫妇是被隔开的（即丈夫和妻子没有挨着坐）。

现已知：

（1）a对面的人是坐在B左边的先生；

（2）c左边的人是坐在D对面的一位女士；

（3）D右边的人是位女士，她坐在A左边第二个位置上的女士的对面。

请问：哪对夫妇被隔开了？

266 安然无事

在海拔1000米的高度，一架直升飞机在空中盘旋。这时，一个人从飞机上跳了下来，但他并没有带降落伞。落地后，他居然没有受一点伤，若无其事地走了。请问：这是为什么？

267 有错误的数学题

数学老师出了一道数学题："一个人建一间房子需要10天，那么10个人建同样一间房子需要多少天？"答案是1天。可是小明觉得这个数学题有错误。你知道错误在哪里吗？

268 什么时候去欢乐谷

晚上10点，家住北京的明明看着外面的瓢泼大雨，对爸爸说："如果明天天晴了，你带我去欢乐谷玩吧。"爸爸说："明后两天我都要加班。这样吧，如果再过72个小时，天上出太阳了，我就带你去好不好？"

他们会去欢乐谷玩吗？

269 点菜

小张、小王和小李三人是好朋友，经常一起去餐馆吃饭。一次，他们去了一家餐馆，而且每个人要的不是鱼香肉丝就是宫保鸡丁。

已知：

（1）如果小张要的是鱼香肉丝，那么小王要的就是宫保鸡丁。

（2）小张或小李要的是鱼香肉丝，但是不会两人都要鱼香肉丝。

（3）小王和小李不会两人都要宫保鸡丁。

小张和小李分别点了什么菜？

270 野餐

三个好朋友小丽、小新、小楠一起去野炊，到了既定地点之后，三人写下几句话：

（1）小丽拿了吃的。

（2）有人没有拿吃的。

（3）有人拿了吃的。

如果上面三句话中只有一个是真的，由此可知（ ）

A. 小新拿了吃的

B. 小新没拿吃的

C. 小丽拿了吃的

D. 小丽没拿吃的，但是小楠拿了吃的

271 谁考上了研究生

甲、乙、丙、丁和戊是大四同班同学，都参加了研究生考试。

甲说：“我们五个人都考上了研究生。”

乙说：“丁没有考上。”

丙说：“戊考上了研究生。”

丁说：“我们五个人有人没有考上研究生。”

戊说：“乙也没有考上。”

已知只有一个人说假话，那么以下判断中肯定是真的一项为（ ）

A. 说假话的是甲，乙没有考上研究生

B. 说假话的是丁，乙没有考上研究生

C. 说假话的是乙，丙没有考上研究生

D. 说假话的是甲，丙没有考上研究生

272 留学生

勺园住进了四名留学生，他们的国籍各不相同，分别来自英、法、德、美四个国家。而且他们入学前的职业也各不相同，现已知德国人是医生，美国人年龄最小且是警察，C比德国人年纪大，B是法官且与英国人是好朋友，

D从未学过医。

由此可知C是哪国人？

到底谁结婚了

大学毕业三年后，某班级第一次举行聚会，有四个老师也被邀请了，四个老师讨论道：

张老师：咱们班的同学刚毕业三年，应该没有人结婚。

李老师：不一定吧，以前我们班就有几对，他们应该已经结婚了。

刘老师：班长应该已经结婚了。

丁老师：如果班长结婚的话，那一定是和学习委员结婚的。

结果发现三个老师只有一个人说对了，由此可以推出以下哪一项肯定为真（ ）

A. 全班所有人都还没有结婚。

B. 班里已经有人结婚了。

C. 班长结婚了。

D. 学习委员结婚了。

是否去游泳

小明说："如果天晴，我明天就去游泳；如果气温低，就不去；如果小红找我玩，就不去。"

假如以上说法正确，小明去游泳了，那以下哪些说法是正确的（ ）

（1）天气晴朗；

（2）气温高；

（3）小红来找他玩

A. （1）

B. （2）

C. （3）

D. （1）和（2）

275 夏日的午后

夏日的午后，一家四口人分别在做不同的事情。他们当中有一个人在乘凉，一个人在洗澡，一个人打电话，还有一个人在看书。

（1）爸爸没有在乘凉，也没有在看书；

（2）妈妈没有打电话，也没有在乘凉；

（3）如果爸爸没有打电话，那么弟弟没有在乘凉；

（4）姐姐既没有在看书，也没有在乘凉；

（5）弟弟没有在看书，也没有打电话。

他们各自在做什么呢?

276 谁得了大奖

公司年底联欢会上有个抽奖环节，经理把得大奖人的名字抽出来后，对离他最近的一桌上的五个人说："大奖就出在你们五个人中。"

甲说：我猜是丙得了大奖。

乙说：肯定不是我，我的运气一直不好。

丙说：我觉得也不是我。

丁说：肯定是戊。

戊说：肯定是甲，他运气一直很好。

经理听了他们的话说："你们五个人只有一个人猜对了，其他四个人都猜错了。"

五个人听了之后，马上意识到是谁得了大奖。

你知道了吗?

277 谁说的对

有个狱警说:“我们监狱里的犯人都是男人，有些犯人不是杀人犯。”他的四个朋友听到他说的话，于是做出了以下推断。

甲：有些男人是杀人犯。

乙：有些男人不是杀人犯。

丙：有些杀人犯是男人。

丁：有些杀人犯不是男人。

谁说的对?

278 招聘要求

一家公司的招聘要求是：3年工作经验，性格外向开朗，本科以上学历。

一天，王威、吴刚、李强、刘大伟四位男士前来面试，其中有一位符合公司所要求的全部条件被录取了。

现在已知:

（1）四位男士中，有三人有3年工作经验，两人本科以上学历，一人性格外向开朗;

（2）李强和吴刚都是本科以上学历;

（3）刘大伟和李强性格大体相同;

（4）李强和王威并非都是3年工作经验。

请问：谁被这家公司录取了？（ ）

A. 刘大伟

B. 李强

C. 吴刚

D. 王威

279 左邻右舍

张先生、李太太和陈小姐三人住在一幢公寓的同一层上。一人的房间居中，另外两人分别在两旁。

（1）他们每人都只养了一只宠物，不是狗就是猫；每人都只喝一种饮料，不是茶就是咖啡；每人都有一种体育爱好，不是网球就是篮球。

（2）张先生住在打网球者的隔壁。

（3）李太太住在养狗者的隔壁。

（4）陈小姐住在喝茶者的隔壁。

（5）没有一个打篮球者喝茶。

（6）至少有一个养猫者打篮球。

（7）至少有一个喝咖啡者住在一个养狗者的隔壁。

（8）任何两人的相同嗜好不超过一种。

谁的房间居中?

提示：判定哪些嗜好组合可以符合这三人的情况，然后判定哪一个组合与住在中间的人相符合。

280 四兄弟吃饭

兄弟四人刚刚在一家餐馆吃完午餐，正在付账。已知：

（1）这四人每人身上所带的硬币总和各为1美元，都是银币，而且枚数相等；

（2）其中25美分的硬币，老大有3枚，老二有2枚，老三有1枚，老四没有；

（3）四人要付的款额相同，其中3人能如数付清，不必找零，但另一个

人却需要找零。

请问：谁需要找零?

注：银币是指5美分、10美分、25美分和50美分的硬币。

提示：先判定每个人所带硬币的枚数，然后判定是什么款额不能使四个人都不用找零。

281 谁是肇事者

一辆肇事汽车被警察拦了下来，车上下来三个人，警察没有看清谁是司机。

甲说："我不是司机。"

乙说："甲开的车。"

丙说："反正我没开车。"

一个过路人看到了这一幕，他知道是谁开的车，就说了句："你们仨只有一个人说了真话。"

那么谁是肇事司机呢?

A. 甲　B. 乙　C. 丙　D. 不知道

282 陈述的前提

张翔：王辉是苹果电脑公司的高级副总裁之一。

刘丽：怎么可能? 他的所有电子产品都是IBM生产的。

对话中，刘丽的陈述隐含的一个前提是（ ）

A. IBM是苹果公司的子公司。

B. 王辉在IBM公司做兼职。

C. 一般情况下，高级副总裁只用本公司的数码产品。

D. 王辉在苹果电脑公司表现不佳。

283 决赛

如果某人得了冠军，那么他一定参加了决赛。由此，我们可以推出（ ）

A. 张三参加了决赛，所以他是冠军。

B. 李四没有参加决赛，所以他不是冠军。

C. 王五不是冠军，所以他没有参加决赛。

D. 赵六没有参加决赛，但他是冠军。

284 前提条件

所有得了A的同学都可以得到一根钢笔，结论是高三（2）班有的同学没有得到钢笔，中间缺少了什么条件？

285 出租司机

有个出租车司机喜欢到火车站去接刚来这个城市的客人。该城市与A、B两个城市都开通了城际列车，这个火车站也主要是接送城际旅客。A、B两个城市的列车都是每小时到达一趟。唯一不同的是，A城市的列车首班车是6点30分到达，B城市首班车是6点40分到达。一个月下来，这个司机发现他接的A城市的客人明显比B城市的多得多。你知道这是为什么吗？

286 比赛成绩

在一次体育比赛中，甲、乙、丙、丁四名运动员进行了4场比赛，他们每次比赛的成绩各不相同。其中，甲比乙成绩高的有三次，乙比丙成绩高的有三次，丙比丁成绩高的有三次。那么，丁会不会也有三次成绩比甲高？

287 几个孩子

甲说："我有一个妹妹和一个哥哥，我们家有几个孩子？我既是姐姐，又是妹妹，我们家有几个男孩？几个女孩？"

乙说："我有两个弟弟和一个姐姐，我是哥哥又是弟弟，我们家有几个男孩？几个女孩？"

丙说："我比甲少一个哥哥，多一个姐姐，我既是姐姐，又是妹妹，我们家有几个男孩？几个女孩？"

288 血缘关系

甲是乙的哥哥，丙是丁的妹妹，丙是甲的妈妈，那么丁是乙的什么人？

289 新手表

婧婧买了一块新手表，她与家中的挂钟时间做了一个对照，发现新手表每天比挂钟慢3分钟，她又将挂钟与电视上的标准时间做了一个对照，挂钟每天比电视快3分钟。于是，她认为新手表的时间是标准的。

下面几个推断中，哪一个是正确的（ ）

A. 由于新手表比挂钟慢3分钟，而挂钟又比标准时间快3分钟，所以，婧婧的推断是正确的，她的手表上的时间是标准的。

B. 新手表当然是标准的，因此，婧婧的推断是正确的。

C. 婧婧不应该拿她的手表与挂钟对照，而应该直接与电视上的标准时间对照。所以，婧婧的推断是错误的。

D. 婧婧的新手表比挂钟慢3分钟，是不标准的3分钟，而挂钟比标准时间快3分钟，是标准的3分钟。这两个"三分钟"不是一样的，因此，婧婧的推断是错误的。

E. 无法判断婧婧的推断正确与否。

290 怎么坐的

一家人在一起吃饭，爷爷先在圆形的餐桌前坐了下来，然后问其他四个人分别坐在哪儿。

妈妈说：“我坐女儿旁边。”

爸爸说：“我坐儿子旁边。”

女儿说：“妈妈在弟弟的左边。”

儿子说：“那我右边是爸爸或姐姐。”

请问：他们一家人到底是怎么坐的?

291 走得慢的闹钟

有一个闹钟每小时总是慢5分钟，在4点的时候，将它按标准时间对准，当闹钟第一次指向12点时，标准时间应是几点?

292 三张扑克牌

有三张扑克牌牌面朝下放成一排。已知：

（1）有一张Q在一张K的右边。

（2）有一张Q在一张Q的左边。

（3）有一张黑桃在一张红心的左边。

（4）有一张黑桃在一张黑桃的右边。

试确定这三张牌是什么牌。

293 成绩排名

期中考试结束后，公布成绩。小明不是第一名；小王不是第一名，也不是最后一名；小芳在小明后面一名；小丽不是第二名；小刚在小丽后面两名。那么，你知道这五人的名次各是怎样的吗？

 294 最少有几个人

教授有10名学生，他们中有6名是北京人，7名年龄超过了20岁，8名是北大毕业的，9名是男性。据估计，这10个人中，出身北京、年龄20岁以上、北大毕业的男性最多有6名，那么最少有几名？

 295 店里是卖什么的

一条街道上有1、2、3、4、5、6六家店，每边各有3家。其中1号店在中间，且和其他店有着这样的位置关系：

（1）1号店的旁边是书店；

（2）书店的对面是花店；

（3）花店的隔壁是面包店；

（4）4号店的对面是6号店；

（5）6号店的隔壁是酒吧；

（6）6号店与文具店在道路的同一边。

那么想一想，1号店是什么店呢？

 296 排座位

领导要来公司视察，有一个局长，一个副局长，一个主任，还有一个秘书共四个人。要吃饭了，陪同的小王就去问自己的老板该怎么排四个人的座位。老板说："让局长在副局长的左边，主任在局长的左边，副局长在秘书的左边。"小王被老板的话搞晕了。你能告诉他从左到右四个人的位置是怎么样的吗？

297 现在是几月

一天，7个小朋友在一起讨论现在是几月。

小红：我知道下下个月是三月。

小华：不对，这个月是三月。

小刘：你们错了，下个月是三月。

小童：你们错了，上个月是三月。

小明：我确信上上个月是三月。

小芳：不对，现在既不是一月、二月，也不是三月。

小美：不管怎么样，上个月不是十月。

他们之中只有一个人讲对了，是哪一个呢？现在到底是几月？

298 两个水缸

又到了一年收租子的时候了，由于水灾，长工老牛家今年麦子歉收，拿不出麦子交租，便到地主家求情。

地主说："如果我就这么放了你，那岂不是别人都不给我交租了？我给你出道题，你能答出来，就推迟一年时间交租子。我这里有两个水缸，每个水缸能装7桶水，左边这个已经装满了，右边那个只装了4桶水。拿着这个水桶，只准你用一次，在不搬动水缸的情况下，让右边水缸里的水比左边水缸里的水多。你要是做不到，就别说我没有给你机会。"

别的长工听到这个题目，都觉得老牛这下完蛋了，因为谁都知道，如果只允许用水桶舀一次的话，那么两个水缸里的水将是7-1=6和4+1=5，后者怎么可能比前者多呢？

老牛一筹莫展的时候，老牛媳妇儿想出了一条妙计，地主不得不放过了老牛。

你知道她是怎么做到的吗？

299 鞋店

兄弟两人每人开了个鞋店，正好对门开着。哥哥的招牌上写着：“与对面鞋店老板手艺相比，我是他手艺的1000倍。”弟弟的招牌上写着：“我的手艺是对面鞋店老板手艺的10000倍。”有个人看了两家的招牌，就选择了弟弟的店做鞋，谁知道做得一塌糊涂，这人一怒之下，将弟弟告到县衙，县长听了之后直摇头说：“既然人家已经明明白白写了，给你做成这样，你也只能接受了。”这到底是怎么回事呢?

300 学生籍贯

有一个学校有2000名学生和180名教职工。

如果以下关于学生的判断只有一个是真的，即：

（1）有学生是广东人；

（2）有学生不是广东人；

（3）会计系大一班班长不是广东人；

（4）有教职工不是广东人；

（5）校长不是广东人。

问：以下哪项为真？（ ）

A. 2000名学生都是广东人

B. 2000名学生都不是广东人

C. 只有1个学生不是广东人

D. 只有1个学生是广东人

301 时晴时雨

冬天放寒假的时候，红红来到住在海南的外婆家度假，这几天的天气时晴时雨，具体来说：

（1）上午或下午下雨的情况有7次；

（2）凡是下午下雨的那天上午总是晴天；

（3）有5个下午是晴天；

（4）有6个上午是晴天。

想一想，红红在外婆家一共住了几天？

302 猜明星的年龄

甲、乙、丙、丁四个人在讨论一位明星的年龄。

甲说：她不会超过25岁。

乙说：她不超过30岁。

丙说：她绝对在35岁以上。

丁说：她的岁数在40岁以下。

实际上只有一个人说对了。

那么下列选项正确的是（ ）

A. 甲说的对

B. 她的年龄在40岁以上

C. 她的岁数在35～40岁之间

D. 丁说的对

303 猜颜色

有五个外表一样的药瓶，里边分别装有红、黄、蓝、绿、黑五色的药丸，现在由甲、乙、丙、丁、戊五个人来猜药丸的颜色。

甲说：第二瓶是蓝色，第三瓶是黑色。

乙说：第二瓶是绿色，第四瓶是红色。

丙说：第一瓶是红色，第五瓶是黄色。

丁说：第三瓶是绿色，第四瓶是黄色。

戊说：第二瓶是黑色，第五瓶是蓝色。

事实上，五个人都只猜对了一瓶，并且每人猜对的颜色都不同。

请问：每瓶分别装了什么颜色的药丸？

各自的体重

甲、乙、丙、丁四人特别注意自己的体重。一天，她们根据最近称量的结果说了以下的一些话。

甲：乙比丁轻。

乙：甲比丙重。

丙：我比丁重。

丁：丙比乙重。

有趣的是，她们说的这些话中，只有一个人说的是真实的，而这个人正是她们四个人中体重最轻的一个。

请将甲、乙、丙、丁按由轻到重的顺序排列。

北美五大湖

中国有五大湖，北美也有五大湖，它们分别是：苏必利尔湖、休伦湖、密歇根湖、伊利湖和安大略湖。吉姆拿出五大湖的图片，标上数字1～5，让甲、乙、丙、丁、戊五人来辨认。

甲说：2号是苏必利尔湖，3号是休伦湖。

乙说：4号是密歇根湖，2号是伊利湖。

丙说：1号是密歇根湖，5号是安大略湖。

丁说：4号是安大略湖，3号是伊利湖。

戊说：2号是休伦湖，5号是苏必利尔湖。

核对答案后，发现每个人都只说对了一个，那么正确的结果是怎样的呢？

306 汽车的颜色

听说娜娜买了一辆新的跑车，她的三个好朋友在一起猜测新车的颜色。

甲说："一定不会是红色的。"

乙说："不是银色的就是黑色的。"

丙说："那一定是黑色的。"

以上三句话，至少有一句是对的，至少有一句是错的。

根据以上提示，你能猜出娜娜买的车是什么颜色的吗？

第七篇

分析法

分析法，是把事物分解为各个属性、部分和方面，对它们分别研究和表述的思维方法。分析法是一种最基本的思维方法，其他各种方法常常都要用到分析法。可以说，分析能力是一个人智力水平的体现。分析能力不仅是先天性的，在很大程度上还取决于后天的训练，应养成对客观事物进行分析的良好习惯。逻辑分析题的解题关键是要把条件用尽，即必须边读题，边把题目所给出的条件在草稿纸上逐一列出，同时要善于分析隐含条件。

| 实例解析 |

一个人花 8 块钱买了一只鸡，9 块钱卖掉了，然后他觉得不划算，花 10 块钱又买回来了，11 块卖给另外一个人。他赚了多少钱?

这个问题看似很复杂，其实只要你换种方式思考，就会发现它非常简单。只要你把它当成两次交易，第一次 8 块钱买 9 块钱卖，赚了 1 块钱，第二次 10 块钱买 11 块钱卖，又赚了 1 块钱。所以一共赚了 2 块钱。

逻辑分析偏重于缜密的推理以及对具体事物的抽象思维能力，解这类问题要从宏观的角度对大局和整体进行认识。

307 装睡技巧

小明每次装睡的时候都会被哥哥发现，小明觉得很奇怪，就问哥哥原因。

哥哥说：“那是因为我有特异功能！”

真的是这样吗?

308 立鸡蛋

1492年，哥伦布发现了新大陆。从海上回来，他成了西班牙人民心目中的英雄。国王和王后也把他当作上宾，封他做海军上将。可是有些贵族瞧不起他，他们鼻子一哼，说：“这有什么稀罕的？只要坐船出海，谁都会到那块陆地上的。”在一次宴会上，哥伦布又听见有人在讥笑他了：“上帝创造世界的时候，不是就创造了海西边的那块陆地了吗？发现？哼，又算得了什么！”

哥伦布听了，沉默了好一会儿，忽然从盘子里拿了个鸡蛋，他站了起来，提出一个古怪的问题：“女士们，先生们，谁能把这个鸡蛋立起来？”

鸡蛋从这个人手上传到那个人手上，大家都把鸡蛋扶直了，可是一放手，鸡蛋立刻倒了。最后，鸡蛋回到哥伦布手上，满屋子鸦雀无声，大家都要看他怎样把鸡蛋立起来。

只见哥伦布不慌不忙，一下子就把鸡蛋立起来了。

你知道他是怎么做到的吗?

309 变化的体重

“我最重的时候是75公斤，可是我最轻的时候却只有3公斤。”当明明向别人说这件事的时候，别人都不相信。

大家想一想，明明说的这句话可能吗？

310 赢家

俱乐部的成员们玩一个游戏，从90个竖排抽屉里找出藏的东西，看谁最快找到。大家发现，不管是谁都赢不了小张。有人问小张原因，小张说：“我有诀窍。”

你能想到他是用什么诀窍赢得比赛的吗？

311 精明的守门人

某市教育局下发文件，要求本市所有中学职工减员10%。消息传开后，大家议论纷纷，每个人都怕裁员裁到自己头上。某中学的看门人却并不着慌，反而在自己所在的传达室门口写上“教员休息处”五个字，并为教职员工提供免费茶水和咖啡。

你知道他为什么这么做吗？

312 遇见上帝

有一个人遇见上帝。上帝说：“现在我可以满足你任何一个愿望，但是你的邻居会得到双份的报酬。”那个人高兴不已，但他仔细一想：如果自己得到一份田产，邻居就会得到两份田产；如果自己得到一箱金子，那邻居就会得到两箱金子；更要命的是，如果自己得到一个绝色美女，那么那个看来要打一辈子光棍的家伙就会同时得到两个绝色美女……

他想来想去，也不知道提什么要求才好，他实在不甘心被邻居白占便宜。最后，他终于琢磨出了一个自以为绝妙的主意，你知道是什么吗？

313 钻汇率的空子

从前有A、B两个相邻的国家，它们的关系很好，不但相互之间贸易往来频繁，而且货币可以通用，汇率也相同，也就是说A国的100元等于B国的100元。可是两国关系因为一次事件而破裂了，虽然贸易往来仍然继续，但两国国王却都宣布对方货币的100元只能兑换本国货币的90元。有一个聪明人，他手里只有A国的100元钞票，却借机捞了一把，发了一笔横财。

请你想一想：这个聪明人是怎样发财的？

314 将兵游戏

在做游戏时，你是司令，你手下有两名军长、五名团长、十名排长和二十五名士兵，那么请问他们的司令今年几岁了？

315 相互提问

一个大人和一个小孩做一个游戏。

大人这样对小孩说：“我们来玩一个互相提问的游戏。我问你一个问题，你若答不出，你给我一元；而你问我一个问题，我答不出，我就给你一百元。如何？”

小孩眨眨眼睛，说：“行啊！”

“那你说说我的体重是多少？”大人先问道。

小孩想了一下，掏出一元钱给了大人。

轮到小孩提问了，你认为小孩应该问什么问题才能赢大人吗？

316 判断材质

两个空心球，大小及重量相同，但材质不同，一个是金，一个是钢。空心球表面涂有相同颜色和材质的涂层。现在要求在不破坏表面涂层的条件下用简易方法指出哪个是金的，哪个是钢的。

317 巧过独木桥

有个农民挑了一对竹筐，赶集去买东西。当他来到一座独木桥上，对面来了个孩子，他想退回去让孩子先过桥，但是回身一看，后面也来了个孩子。正在进退两难之际，农民急中生智，想了个巧办法，使大家都顺利地通过了独木桥，而且三人之中谁也没有后退过一步。

问：农民用的什么办法?

318 相同的试卷

在一个小教室中进行着一场考试，共有三个监考老师，考试的题量很大，很多人都是一直在做题，没有时间顾及其他，所以他们根本不可能作弊。

但是，老师在改卷子的时候，还是发现有两张完全相同的试卷，你知道这是怎么回事吗?

319 如何开宾馆房间门

某科研小组12个人到外地去考察，住了某宾馆的12个房间。已知每个房间有两把钥匙。由于工作关系，大家都是单独行动的，但是这12个人随时可能需要别人的数据，大家约定把数据都放在自己的房间里。

临行前，组长说：“在外出作业期间，我们12个人一起回来是不可能的，如果有组员回来需要查看别人的资料就困难了。”

现在怎样才能使任何一个人回来都能打开其他任意一个人的房间呢？当然，这些资料非常重要，不能把所有钥匙都交给宾馆服务员代管。你有什么好办法吗？

320 火柴公式

一天，爸爸发现三岁的小明用火柴棒在地上摆成了这样一个式子：Ⅰ + Ⅹ = Ⅸ（1 + 10 = 9），这显然是错的。于是爸爸让小明用最少的移动次数，让这个式子正确。你知道他最少要移动几根火柴吗？

321 方形游泳池

小明家有一个正方形的游泳池，游泳池的四个角上分别栽着一棵古树。现在要把水池扩大，使它的面积增加一倍，并且要求还是一个正方形。但是四棵古树就这样铲除实在可惜，你有什么好办法吗？

322 牙膏

有一家牙膏厂，产品优良，包装精美，深受顾客的喜爱，厂里营业额连续10年递增，每年的增长率都在10%～20%。可到了第11年，业绩停滞下来，此后两年也如此。

公司经理召开高级会议，商讨对策。会议中，公司总裁许诺说："谁能想出解决问题的办法，让公司的业绩增长，重奖10万元。"

有位年轻的经理站起来，递给总裁一张纸条，总裁看完后，马上签了一张10万元的支票给了这位经理。

你知道这位年轻的经理想出的办法是什么吗?

323 两根金属棒

小明家有两根外表一样的金属棒，其中一根是磁铁，一根是铁棒。一天，爸爸问小明，能否不用任何工具，将它们分辨出来?

324 滚球游戏

古代丹麦有一种滚球游戏，据说现代的保龄球就是从它演变而来的。这种游戏玩的时候，将13根木柱在地上排成一行，然后用一只球猛击其中一根木柱或相邻的两根木柱。由于击球者距离木柱极近，玩这种游戏无须什么特殊技巧，即可随心所欲地击倒任一木柱或相邻的两根木柱。比赛者轮流击球，谁击倒最后一根木柱，谁就是赢家。

同瑞普进行比赛的是一位身材矮小的山神，他刚刚击倒了第2号木柱。

瑞普应该在22种可能性中做出抉择：要么击倒12根木柱中的一根，要么将球向10个空当中的任一个投去，以使一次同时击倒两根相邻的木柱。为了赢得这一局，瑞普应该怎么做才好？假定比赛双方都能随便击倒其中一根或相邻的一对木柱，而且双方都是足智多谋的游戏老手。

325 欧洲篮球锦标赛

在一次欧洲篮球锦标赛上，保加利亚队最后一场小组赛，他们必须净胜对手5分才能确保出线，在比赛即将结束时，对方投中，由保加利亚队开端线球，这时他们只领先对手2分，当时的规则还没有3分球，时间显然不够了。这时，如果你是教练，你肯定不会甘心认输，如果允许你有一次叫停机会，你将给场上的队员出个什么主意，才有可能赢对手5分以上？

326 八个三角形

想要用2根火柴拼出8个三角形，你能做到吗？不准把火柴折断。

327 谁能猜中花色

在一档电视节目里，一名主持人找了几个很聪明的嘉宾一起玩一个游戏。

主持人先拿出12张扑克牌，然后将这12张扑克牌亮给大家看，其中有3张黑桃、4张红桃、5张方块。

接着，主持人请大家背对着桌子站立，然后主持人从刚才的12张牌里随机挑出10张，正面朝上放在桌子上，并藏起剩下的两张牌。

这时游戏正式开始。

主持人先从桌子上的10张牌中拿走一张，然后让一个人转过身来，问他能否根据桌上的牌推测出刚才主持人拿走的是什么花色。

如果他推测不出来，主持人就再从桌上拿走一张牌，并请下一个人转过身来，让他根据桌上的牌和前面人的回答来推测主持人最近一次拿走的那张牌的花色。

……

请大家想一想，有可能直到10张牌都被拿走，也没人能推测出最近一次

被主持人拿走的牌是什么花色吗?

328 巧妙排列球

小明有一个粗细均匀的长管子，两端开口，里面有4个白球和4个黑球，球的直径与这个管子的内径一致，现在白球和黑球在管子里的排列顺序是wwwwbbbb（“w”表示白球，“b”表示黑球），小明想让这些球的排列顺序变为bbwwwwbb，但是又不想取出任何一个球，你能做到吗?

329 看电影

刚结婚的小两口想带着父亲去看电影，凑巧小区门口刚开了个可以看4D电影的电影院，他们想带父亲去“尝尝鲜”。到了售票处一问，票价不算太贵、上映的电影也合适，得到的答复却是：“实在对不起，现在虽然我们还有空座，但影院规定，只能向带孩子的顾客售票。”小两口听了之后，一时不知道如何是好，只好默默地走开了。那个年迈的父亲把事情的经过从头至尾都看在了眼里。他想：真的没办法了吗?他不顾小两口的劝阻，又来到售票处。这时，小夫妻俩已经走出5米来远，都回头望着。

父亲说了一句话，售票处那边便传来阵阵笑声，当时他们就卖了三张票给父亲。你知道这个父亲说了句什么话吗?

330 布袋里的粮食

王阿姨去市场买了10斤大米，又替张奶奶买了10斤小麦。但是由于只带了一个布袋，所以她将小麦放在了布袋里，然后扎紧，又将大米装在了布袋扎紧后的上半截里。她准备回家以后把大米倒出来，然后用布袋把张奶奶的小麦送过去。可是就在王阿姨往家走时，正好遇到了拿着布袋的张奶奶。

请问：在没有任何其他容器的情况下，怎样才能把两人各自的粮食装到自己的布袋里？

331 硬币

市场上有个人拿出一枚一元硬币、一枚五角硬币以及一枚一角硬币。他告诉你，只要你讲一句真话，他就给你一枚钱币，可是没有说是哪一枚。但是如果你说的是假话，就不给你钱币。请问：你要讲什么话，那个人一定会给你一元硬币？

332 打气筒和香烟

有一位老者在某工厂门口摆摊卖香烟。一天，他突然在摊位上挂了个打气筒，并挂出“免费为自行车打气”的招牌。你知道老者为什么要这样做吗？

333 体操员的编号

奥运会上，得奖的三名体操运动员都是中国队的，他们衣服上的编号分别为1、2、6。一位小朋友看到后，对爸爸说：“把这三个人排列一下，他们衣服上的编号可以组合成一个能被43整除的数字。”你知道该怎样组合吗？

334 盒子中的水

一天外面下起了大雨，爸爸叫小明去接一升雨水。家里只有一个两升装的规则的立方体盒子，看着盒子里的雨水越来越多，爸爸说：“盒子里的水超过一半了。”

小明说：“盒子里的水还不到一半。”

在不把水倒出来的前提下，你如何用最简单的办法知道水有没有一半呢？

335 角度数的变化

一天，小明拿着一个放大镜在观察蚂蚁。爸爸看见了，就问小明："这个放大镜可以把蚂蚁放大几倍？"小明回答说放大2倍。爸爸接着问："用这只可以放大2倍的放大镜去看一个30°的角，看到的角是多少度呢？"要是用可以放大10倍的放大镜看这个角，又是多少度呢？

336 菠萝肉和菠萝皮

妈妈去市场卖菠萝，一箱菠萝有10斤重，1元钱一斤。

有个买菠萝的人说："我全都买了，做罐头，麻烦你帮我把皮削下来，里面部分7角钱一斤。另外，不会让你亏的，皮我也要，算3角钱一斤。这样加起来还是1元，对不对？"

妈妈一想，7角加3角正好等于1元，没错，就同意了。

她把菠萝皮削了下来，里面部分一共8斤，皮2斤，加起来10斤。8斤里面的部分是5.6元，2斤皮6角钱，共计6.2元。

事后，妈妈越想越不对，之前算好的，10斤菠萝可以卖10元，怎么只卖了6.2元呢？到底哪里算错了呢？

337 帽子的颜色

小白兔、小黑兔、小花兔分别买了一顶帽子，帽子的颜色也分别是白色、黑色和花色。回家的路上，一只小兔说："我最喜欢白色了，所以才买的白帽子。"说到这里，它好像发现了什么，惊喜地对同伴们说："今天我们可真有意思，白兔买的不是白帽子，黑兔买的不是黑帽子，花兔买的不是花帽子。"

小黑兔看了一圈说："真是这样的，你要是不说，我还真没注意呢！"

你能根据它们的对话，猜出小白兔、小黑兔和小花兔各买了什么颜色的帽子吗?

印刷电路

印刷电路是二维的图。图中的交点能实现电子操作，电线可以将电信号从一处传送到另一处。如果电线相交，就会发生短路，装置也将失灵。

你能连接这块电路板上标有相同数字的5对电路，而不让任何电线相交吗?

连接的电线必须都在区域内，不能连到外面去。

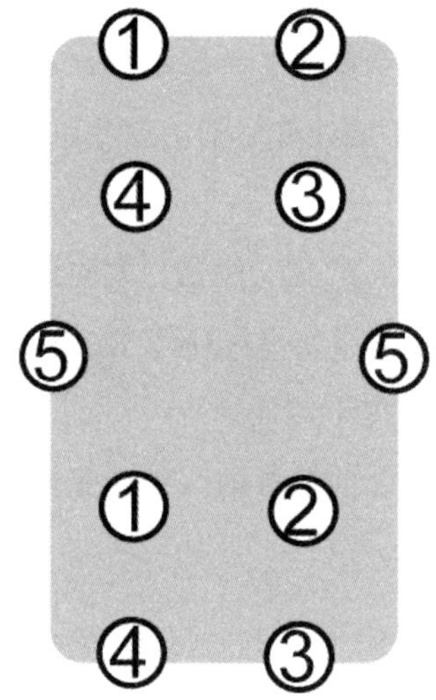

刁钻的顾客

高尔基从小就是一个十分聪明的孩子。在童年时，他曾在一家食品店干过活。

有一次，一个刁钻古怪的顾客送来了一张奇怪的订货单，上面写着："定做9块蛋糕，但要装在4个盒子里，而且每个盒子里至少要装3块蛋糕。"

老板和大伙计伤透了脑筋，碰坏了好几块蛋糕，也没有办法照订单上的要求装好盒子，眼看取货时间就要到了，可他们依然一筹莫展。

在一旁干杂活的高尔基拿起那张订货单，认真读了一遍，笑着对老板和大伙计说："这有什么难的？让我来装吧！"说完，他挑选了4个盒子装起来，刚把蛋糕装好，订货的顾客已经来到柜台前。这个顾客以挑剔的眼光仔细检查一遍，什么问题也没有，就提着蛋糕走了。 老板和大伙计终于松了一口气，并且开始对聪明的高尔基刮目相看。

你知道高尔基是怎样分装这9块蛋糕的吗?

340 聪明的阿凡提

阿凡提小时候非常聪明。他的爸爸养了10只羊。

一天，爸爸对小阿凡提说："如果你能让4个栅栏里都有10只羊，我就把这些羊全部送给你。"阿凡提并没有去别的地方买羊，却很快就使4个栅栏里都有了10只羊。

你知道他是怎么做到的吗?

341 切割金链

某首饰店需要一条15环的金链，可是现在只有5截，每截3个环的金链，这5截金链连起来的长度正好是所需要的长度。不过想把它们连起来，就需要切断一些环，而每切断一个环就要损失一些环，为了最大限度地避免损失，该怎样切割呢?

342 六个和尚来分粥

在一个庙里有六个和尚，他们每天轮流派一个人分粥。慢慢的，大家发现那个分粥的人总会有些偏心，会给自己或者关系比较好的朋友多分一些。

所以他们决定改变这种方式，另外派一个人监督。刚开始的时候，效果挺好，但过一段时间后，发现监督的人出现受贿问题，分粥的人会给监督者多分一些粥，监督者就不会再管粥分得是否公平。于是他们又决定轮流监督，但是问题依然存在。后来他们决定成立一个三人的监督小组，粥终于分得公平了，可是每天为分粥的事情，大家忙得不可开交，等到吃饭的时候粥早就凉了。

怎么办呢？最后有一个香客，提出了一个很简单的方法，使得他们分粥不但能公平，而且不费功夫。其实有的时候，简单的才是最有效的。你能想出这个方法吗？

343 孙膑与庞涓吃饼

一天，鬼谷子想考验一下自己的两个弟子孙膑与庞涓的智力，他拿出5个饼放在桌上，让他们两人取着吃。规则是：每人一次最多拿2个饼，并且拿的饼必须全部吃完后才能再拿，最后看谁吃的饼多，谁就是赢家。鬼谷子刚一说完，庞涓迫不及待地就拿了2个饼。如果你是孙膑，要想取得胜利，你该如何吃饼呢？

344 面积

有人拍卖一块土地，说是土地形状为正方形，南北长100米，东西宽也是100米。等到有人买下来以后，一量，这块土地的面积却只有5000平方米，为什么会这样呢？那5000平方米土地哪儿去了？

345 地毯上的飞机

亮亮把一个小玩具飞机投掷到铺满地毯的房间中间了。爷爷走过来对亮亮说：“不准你踩着地毯，不准你使用任何工具，不用别人帮忙，你能把飞机从房间中间拿出来吗？”

“那我不踩地毯，爬进去拿行吗？”亮亮望着地毯说。

“不行。”爷爷答道。

“我知道该怎么做了。”亮亮眼珠一转，突然有了主意。他用自己想出的办法，按爷爷的要求取出了玩具。

请你想一想，亮亮用的是什么办法？

346 称重的正确姿势

一个人用四种姿势称自己的体重，哪种姿势最准确？是蹲着、双脚站立、单脚站立还是直挺挺地平躺着？

347 树上的人工鸟窝

一个人工鸟窝挂在大树上，离地8米，这棵树高20米。当这棵树长高到25米的高度时，这个鸟窝离地多少米？

348 地球和太阳

一个宇航员骄傲地对他的父亲说，他已经绕行地球20圈了。他父亲说：“这有什么稀奇，我还绕太阳50圈了呢！”你说，他的父亲是在吹牛吗？

349 去世年龄

一个人在公元前10年出生，在公元10年的生日前一天死去。请问：这个人去世时是多少岁？

350 禁止吸烟

某工厂的一位车间主任看见工人小王上班时在车间里吸烟，就批评他说：“厂里有规定，工作时禁止吸烟！”

但是狡猾的小王马上说了一句话，让主任无话可说。

你知道小王说了句什么话吗?

351 立等可取

一天上午，小李到一家国营钟表修理店修表，修表师傅接过手表看了看说：“下午来取。”

小李说：“怎么还要下午取呢? 店门外挂的牌子上不是写着‘立等可取’吗? ”

你知道修表师傅是如何辩解的吗?

352 负债累累

某人负债累累。有一天，他家里来了许多讨债的人，家里凳子上坐满了人，还有人坐在门槛上。这个欠债的人便俯在坐在门槛上那人的耳朵边悄悄地说：“请你明天早点来。”那人听了十分高兴，于是站起来把其他讨债的人都劝说走了。

第二天一大早，那人就急急忙忙来到欠债人家里，一心认为对方能单独还债，岂知见面后，欠债人对他说了一句话，气得他一句话也说不出来。

你知道对方说了什么吗?

353 猜数字

一天放学后，明明问爸爸：“一个数字，去掉第一个数，是13，去掉最

后一个数，是40，这个数字是什么？”爸爸想了半天也没猜出来。你知道这个数字是什么吗？

354 接满雨水的时间

干旱地区非常缺水，人们都用水桶接雨水用。没风的时候，雨点竖直落下，用30分钟可以接满一桶水。一次下雨时，刮起了大风，雨水下落时偏斜30°，如果这次雨的大小不变，那么需要多长时间可以接满一桶水呢？

355 滚动的圆木

古时候，人们曾用圆木做的滚车移动重物。两根相同的圆木并排放在一起，上面放上石块，向前滚动。如果圆木的周长是1米，那么圆木滚动一圈，石块将前进多少米的距离？

356 鸡的重量

“这两只鸡一共重20斤，”小贩说，“小的比大的每斤贵2角钱。”一个顾客花了8元2角买了那只小的，而另一名顾客花了29元6角买了那只大的。

问：两只鸡各重多少斤？

357 四人的位置

5个孩子在做游戏，其中1个孩子闭着眼睛，另外4个孩子分别是A、B、C、D。只听A说：B在我的正前方。B说：C在我的正前方。C说：D在我的正前方。D说：A在我的正前方。

请问：有这种可能吗？他们的位置关系是什么样的？

358 聪明的男孩

有个小男孩，有一天妈妈带着他到杂货店去买东西，老板看到这个小孩很可爱，就打开一个糖果罐，让小男孩自己拿一把糖果，但是这个男孩却没有拿。几次邀请之后，老板亲自抓了一大把糖果放进他的口袋中。

回到家中，母亲好奇地问小男孩：为什么自己不去抓糖果而要老板抓呢?

你知道小男孩是怎么回答的吗?

359 剪出多少个洞

如果把一张纸对折一下，然后用剪刀在折痕的中间剪一个洞，当你把纸片展开后，纸上就会出现一个洞。如果你把纸对折一下，再呈直角对折一下，按照此方法对折6次，然后在最后折的一边中间剪一个洞，当把纸片展开后，会得到多少个洞？在剪之前先动脑子想一想。

360 庙宇的算命先生

有一个人在庙宇的外面遇到了算命先生，他很想算一次命，但是算命先生的招牌上写着：“每问一个问题要5元钱。”这个人身上只有12元，所以他对算命先生说：“是不是很短的一句话也是一问？”算命先生回答：“是的。”他又说：“如果我这一问中包含很多嵌套的问句，是不是也算一问？”算命先生回答：“是的。”

于是他苦思冥想，想找出一种最有效的提问方式。他能如愿以偿吗?

361 遵照遗嘱

传说有一个古罗马人，在他临死时，给怀孕的妻子写了一份遗嘱：生下

来的如果是儿子，就把遗产的2/3给儿子，母亲拿1/3；生下来的如果是女儿，就把遗产的1/3给女儿，母亲拿2/3。结果这位妻子生了一男一女，该怎样分配，才能接近遗嘱的要求呢？

362 断裂的绳子

我把一根细绳子扎在一本很重的书上，上下拉住绳子的两端，问一个朋友哪端的绳子会先断，我的朋友答是上面的绳子。于是我开始拉它们，结果下面的绳子先断了。你知道我是怎么控制的，才让两端绳子的任意一端先断吗？

363 一位智者

一对夫妇特别喜欢和人打赌。一天，他们遇到一位智者，三人在一起猜测次日的天气，并愿意为之打赌。

丈夫先对智者说："如果明天不下雨，我给你200元；如果明天下雨，你给我100元。"

在丈夫心里，明天不下雨的可能性小，而明天下雨的可能性大。可是妻子却觉得明天不下雨的可能性大，而明天下雨的可能性小。

于是，妻子对智者说："如果明天下雨，我给你200元；如果明天不下雨，你给我100元。"

如果你是智者，是否愿意与这对夫妇打赌？

364 聚餐

周末，爷爷家举行聚餐，一共有10个人。他们想炸东西吃，但每个人想要的老嫩程度不同，奶奶问了一遍之后，每个人的需求如下：爷爷想要吃炸7分钟的小黄鱼，爸爸想要吃炸3分钟的春卷，妈妈想吃炸9分钟的花生米，姑姑想要吃炸16分钟的土豆丝，叔叔想要吃炸8分钟的油条，大伯想要吃炸3分钟的豆腐，姑父想要吃炸2分钟的小黄鱼，婶婶想要吃炸5分钟的土豆丝，伯母想要吃炸6分钟的春卷，而奶奶想要吃炸10分钟的土豆丝。

如果这家人只有一个炸锅，那么做这顿饭至少需要多长时间？

365 奇妙的数字

在什么情况下可以得到12的一半是7？（当然，算错的情况不算。）

366 聪明的孩子

小明的妈妈是化学老师。一天，小明来到实验室做作业，做完后他想出去玩。这时，小明的妈妈叫住他，说："等等，妈妈还要考你一个题。"妈妈接着说："你看这儿有6只用来做实验的玻璃杯，前面3只盛满了水，后面3只是空的。你能只动1只玻璃杯，就使盛满水的杯子和空杯子之间相互隔开吗？"爱动脑筋的小明是学校里有名的"小机灵"，他只想了一会儿就做到了。

你知道他是怎样做的吗？

367 怎样戒烟

小明的爸爸吸烟多年，肺出了毛病。他想戒烟，却戒不掉。小明对爸爸说："我有一个好办法，保证能让你戒掉烟。一包烟有20根，请你点燃第一根香烟，抽完后，间隔1秒再点第二根香烟。抽完第二根后，过2秒再点燃第三根。抽完第三根后，等4秒再点第四根。之后等8秒，如此下去，每次等待的时间加倍就行。只要爸爸遵守规则，我保证，抽不完两包烟，你就能有效戒烟。"

你知道这是为什么吗？

368 奇怪的比赛

爸爸给哥哥和弟弟分别买了一辆跑车，从此两人开始疯狂地飙车比赛，爸爸为此感到十分头疼。有一天，爸爸想了一个好主意，对两个儿子说："现在你们两人进行一次赛车，但是和以往的规则不同，晚到的那辆车的车主将获得胜利，奖励是一次出国旅游的机会。"爸爸以为这样就可以阻止他们飙车，没想到比赛开始后，两兄弟的车速比以前更快了。你知道这是为什么吗？

369 硬币中间的孔

一枚硬币中间钻了一个孔，如果将硬币加热，孔径是变大还是变小？有人说："金属受热后膨胀，就把有孔的地方挤小了。"你说，他说的对吗？

370 上 8 层楼

一天，小明和小芳一起爬楼梯，小明从第1层爬到第4层用了48秒，那么请问：以同样的速度，他从第1层爬到第8层需用多少时间？

371 两只蜗牛

两只蜗牛进行百米赛跑。甲蜗牛到达终点线时，乙蜗牛才跑了90米。现在如果让甲蜗牛的起跑线退后10米，这时两蜗牛再同时起跑，若两只蜗牛的速度都不变，问甲、乙两蜗牛是否能同时到达终点？

372 新同学

小明的班级新转进两名同学，这两个人相貌几乎相同，出生日期相同，连父母亲的名字也相同。但当别人问他们是不是双胞胎的时候，他们却异口同声地说："不是！"你知道他们是什么关系吗?

 373 牌子上的规定

在某路边不远的一个僻静处立了一块牌子，上面写着："行路人等不得在此大小便。"其本意是：行路人等，不得在此大小便。

一天，一个人实在等不及了，就在这里小便，但很快被人抓住，要罚款。这个人灵机一动，指着牌子上这句没有标点符号的话，解释了一番，说自己遵守了牌子上的规定，不应该被罚款。

你知道他是怎么解释的吗?

 374 哪样更多

桌子上放着同样大小的两个瓶子，一瓶装着酒精，另一瓶装着水，两个瓶子里的液体一样多。如果用小勺从第一个瓶子中取出一勺酒精，倒入第二个瓶子中，搅匀后，再从第二个瓶子中取一勺混合液，倒回第一个瓶子中，那么这时是酒精中的水多呢，还是水中的酒精多?

 375 镜子里的数字

有一天，一个过路人看见路边一个小孩赶着一群鸡和鸭，就好奇地问他鸡和鸭各有多少只。小孩想难为一下过路人，就说："将鸡的只数乘以鸭的只数，这个乘积放在镜子里照一下，得到的数正好是鸡的只数和鸭的只数的总和。"过路人一听愣住了，这该怎么算呢? 你知道吗?

376 五个齿轮

小明买了一个劣质手表，里面有5个组合的联动齿轮（如下图），每个齿轮的齿数都标在旁边。如果转动1号齿轮两圈，5号齿轮会转动几圈呢?

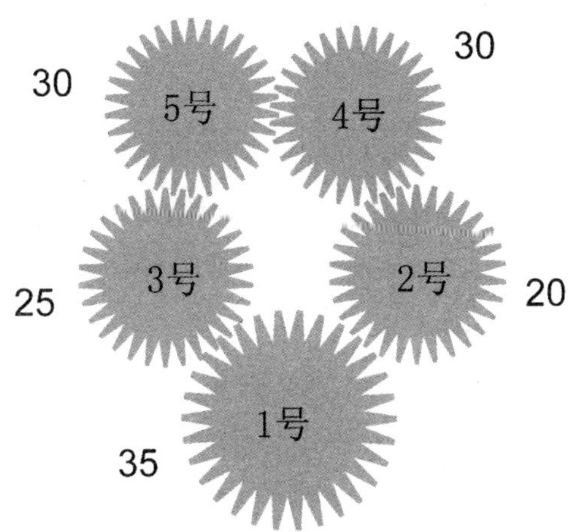

377 切去四角

一个正立方体，切去一个面的四只角。现在考考你：还剩多少只角？多少个面？多少条棱?

378 变成什么

莫比乌斯带就是把一条纸带的一端翻一个面和另一端粘在一起所形成的环。从莫比乌斯带中间沿着带子边缘将它剪成三条，你知道它会变成什么吗?

379 有力的理由

下水道的盖子为什么是圆的？请给出至少三条理由。当然，“因为下水道口是圆的”这类答案不算。

380 广告

有人写了这样一条横幅广告挂在门前：酿酒缸缸好做醋坛坛酸。

广告没有加标点符号，其原意是：酿酒缸缸好，做醋坛坛酸。岂知有一个不怀好意的人看了广告后，顺手加了一个标点，把广告的意思改变了。

你知道他是怎么加的吗？

381 什么情况下成立

这是几个很奇怪的不等式：0>2，2>5，5>0。它在什么情况下成立？

382 能否避开子弹

一个猎人远远地看见一只猴子，于是举起猎枪瞄准，并扣动了扳机。恰恰在此时，猴子觉察到了危险，聪明的猴子马上从树枝上往下落，想以此躲开子弹。假设枪响和猴子放开树枝在同一时刻，不考虑空气阻力，猴子能逃脱厄运吗？

383 七个苹果

明明过生日时，家里来了11位同学。明明的爸爸想将苹果分给12位小朋友，可是家里只有7个苹果。怎么办呢？不分给谁也不好，应该每个人都有份，那就只好把苹果切开了，可是又不好切成碎块，明明的爸爸希望每个苹

果最多切成4块。应该怎么切苹果才合理呢?

384 木匠家的婚礼

有个木匠要给儿子娶媳妇，他请了40个客人，打算在婚礼前亲自做四张桌子，用来安排客人，每个桌子设计4条腿。但是直到婚礼前一天，他才发现，目前只有12条桌子腿，只能装好3个桌子。借桌子是来不及了，让40个人挤在3张桌子上也不现实，他该怎么办呢?

385 纠结的母亲

古时候有这样一个故事，一位母亲有两个儿子，大儿子开染布作坊，小儿子做雨伞生意。每天，这位老母亲都愁眉苦脸，天下雨了怕大儿子染的布没法晒干，天晴了又怕小儿子做的伞没有人买。如果你是这位母亲的邻居，你要怎么开导她呢?

第八篇
发散法

发散思维又称扩散思维、多向思维或辐射思维，它是从同一个思维出发点开始，沿着各种不同的途径去思考，探求出多种不同答案的思维过程和方法。

发散思维法的特征就是在思维过程中充分发挥人的想象力，突破原有的思维定式，从一点向四面八方扩散，沿着不同方向、不同角度进行思考，通过知识、观念的重新组合，找出更多更新的答案或解决办法。像“一题多解”“一物多用”等，都是发散思维的具体体现。

实例解析

甲、乙二信徒都酷爱吸烟。

甲问神父：“我祈祷时可以吸烟吗？”

神父说：“那怎么行？”

没有办法，甲只好忍住自己吸烟的欲望。这时，乙也想吸烟。他对神父说了一句话，神父就答应他可以吸烟。

你知道乙是如何跟神父说的吗？

乙问神父：“我走路时想上帝，吃饭时想上帝，吸烟

时想上帝，可不可以？”

神父说：“当然可以。”

于是乙信徒堂而皇之地叼着烟斗走进了教堂。

有时候，事情本身并不重要，关键是，要学会换个思路。这就是发散思维。

386 啤酒瓶的容积

爱因斯坦想知道啤酒瓶的容积，如果是空瓶，只要灌满水，用量筒量出水的体积即可。可是他手里只有一瓶没有开封的啤酒，里面的啤酒不超过瓶肩的位置。

于是他叫来助手，说：“我给你一把普通的尺子，你能量出瓶子的容积吗？当然不能打开或损坏瓶子（瓶子本身的厚度忽略不计）。”

助手想了想，竟然真的做到了，你知道他是怎么做到的吗？

387 让路

一次，诗人歌德在一条只能容一人通过的小路上散步，正巧碰见一位对他很有成见的批评家从对面走来。批评家傲慢地说：“我决不给傻瓜让路。”

你知道歌德是怎样处理这个尴尬的吗？

388 裁缝的招牌

在老上海滩，同一条街道上住着三个才艺不相伯仲的裁缝。一天，其中一个裁缝在招牌上写道：上海最好的裁缝。另一个写道：中国最好的裁缝。如果你是第三个裁缝，你会在招牌上写什么呢？

389 考试及格

小磊放学回家，刚进门就喊道：“妈妈，今天考试了。”

妈妈闻言从厨房出来，问道：“哦？那你考了多少分？”

“六十分。”

“啪”，一个巴掌。

小磊顿时哭了起来，委屈地说道：“全班只有一个人及格。”

“这点儿分数你还觉得很光荣？”妈妈更生气了，忍不住又一巴掌过去……

如果你是小磊，遇到这种情况，你会怎么做，才能不让妈妈打自己呢？

390 比萨斜塔

小明去参观著名的比萨斜塔，回来之后给同学们展示他站在斜塔旁边的照片。可是同学们怎么看也看不出照片中的塔是斜的，虽然有地面和小明做映衬，仍然看不出塔是倾斜的。 你知道这是怎么回事吗？

391 帽子

俄国有位著名的诗人叫马雅可夫斯基。有一次，他戴着一顶破帽子外出，遇到几个游手好闲的人嘲笑他：“喂，你脑袋上的那个东西是什么玩意？是帽子吗？”

马雅可夫斯基看了他们一眼，问了一句话，顿时说得他们哑口无言。你知道他说了什么吗？

392 骗人的妙语

每年的愚人节，小明都会上当受骗。今年他打算报复一下，也骗骗别人。

可是他思来想去也不知道该怎样才能骗到别人。其实，只要说一句很简单的话就可以达到这个目的。你知道这句话是什么吗?

393 德性

一位物理学家乘公共汽车回家，一个急刹车，物理学家没有扶稳，突然倒在前面一位女乘客的身上。女乘客出口便骂道：“什么德性！”你知道这位物理学家是如何解释的吗?

394 添加标点

有个背井离乡在外谋职的书生，逢年过节，便遥寄家书向爹娘报平安。这年，他的信是这样写的：“父母大人拜上新年好晦气全无人丁兴旺读书少不得五谷丰登。”

爹娘阅后老泪纵横，直咬牙跺脚不该让儿子孤身在外，以致沦落到如此下场，遂匆匆派人去千里之外寻儿归乡。

儿子好生奇怪，说：“我在信中不是已向父母禀明生活平安、万事如意了吗? 怎么父母还不放心? ”

家丁便把老父的信从怀中掏出展开，书生见老父在自己的信上加了几个标点：“父母大人拜上，新年好晦气，全无人丁兴旺，读书少，不得五谷丰登。”

书生读罢，恍然大悟，遂重新卷袖挥毫，在信上重又添了标点，让家丁带回。

读者朋友，你知道书生是怎样添加标点的吗?

395 被篡改的对联

有个横行乡里的富绅，父子俩用钱各买了一个进士功名，婆媳俩也被封

为“诰命夫人”。那年除夕，富绅按捺不住得意的心情，在门上贴了一副对联：

父进士，子进士，父子同进士；

妻夫人，媳夫人，妻媳同夫人。

可第二天，家丁开门再看对联时脸都白了，慌忙将老爷请了出来。富绅一看，气得当场晕死过去。原来，有人在对联上加了几个笔画，意思竟变成：父死了，子死了，父子同死了；妻没了男人，媳没了男人，妻媳都没了男人。

请你想想看，这副对联是怎样改的?

396 乌戴将军的幽默

有一次，乌戴将军受邀参加德国某空军俱乐部举行的招待空战英雄的宴会。宴会中，一位年轻的士兵在斟酒时，不小心将酒洒在了乌戴将军的秃头上。

这个士兵很惶恐，不知道等着他的将是什么后果。而会场也一下子静了下来，人们预感到将要发生一场不小的地震。然而，出人意料的是，乌戴将军却轻抚了一下士兵的肩头，幽默地说了一句话，顿时使会场又恢复了之前热闹的景象。你知道将军说的是什么吗?

397 吹牛

有一群人在聊天，其中一个人总是喜欢吹牛，他说：“我昨天刚发明了一种液体，无论是什么东西，它都可以溶解，这是世界上最好的溶剂。我明天就去申请专利，我很快就要发财了。”其他人听后感觉很惊讶，虽然不信，但是不知道如何反驳。这时一个小孩子说了一句话，那个人立刻傻眼了，谎言不攻自破。你知道小孩是怎么说的吗?

398 买佛像

佛祖下山游说佛法，在一家店铺看到一尊佛像，形体逼真，神态安然。佛祖大悦，想要购买，店铺老板要价5000元，分文不能少，加之见来人如此钟爱它，更加咬定原价不放。

佛祖回到寺里对众僧谈起此事，众僧问佛祖打算以多少钱买下它，佛祖说："500元足矣。"

众僧唏嘘不止："那怎么可能？"

佛祖说："天理犹存，当有办法，我佛慈悲，当让他赚到这500元！"

"怎样普度他呢？"众僧不解。

"让他忏悔。"佛祖笑答。

众僧更不解了。

最后，佛祖真的只花了500元就买到了那尊佛像。

你知道他是如何做到的吗？

399 语言的力量

在一次讲演中，一位著名演说家向一群青年学生提出忠告：要注意自己说话时的一言一词，因为语言具有无穷的力量。

这时，一位听众举手表达他的不同意见："当我说幸福、幸福、幸福时，我并不觉得有什么幸福；当我说不幸、不幸、不幸时，我也不会因此而不幸。所以，我认为语言只是我们使用的一种很普通的工具，并没有所谓的无穷的……"

如果你是这位演说家，你会如何做才能说服这名学生呢？

400 倒硫酸

大家知道硫酸有强烈的腐蚀性，所以在倒的时候需要格外小心。一次，小明需要5升硫酸，但是实验室里只有一个装有8升硫酸的瓶子。这个瓶子上有5升和10升两个刻度，请问：他该如何准确倒出5升硫酸呢?

希腊老师的辩术

有一天，两个学生去请教他们的希腊老师，他们问道："老师，究竟什么叫诡辩呢？"希腊老师望着两个学生，想了一会儿，说："我先给你们出个问题吧。有两个人到我这里做客，一个很爱干净，一个很脏，我请他们两个洗澡。你们想想，他们两人中谁会洗呢？"

关于这个问题，无论两个学生给出什么答案，老师都可以否定他们，从而教会他们什么是诡辩。你知道老师是怎么说的吗?

聪明的小男孩

佛瑞迪16岁了，在暑假即将来临的时候，他对父亲说："爸爸，我不要整个夏天都向你伸手要钱，我要找个工作。"

父亲从震惊中恢复过来之后，对佛瑞迪说："好啊，佛瑞迪，我会想办法给你找工作，但是恐怕不容易，现在正是经济不好的时候。"

"你没有弄清我的意思，我并不是要您给我找个工作，我要自己来找。还有，请不要那么消极，虽然现在经济不好，我还是可以找到工作，毕竟有些人总是可以找到工作的。"

"哪些人？"父亲怀疑地问。

"那些会动脑筋的人。"儿子回答说。

佛瑞迪在"事求人"广告栏上仔细寻找，找到了一个很适合他专长的工作。广告上说，找工作的人要在第二天早上8点钟到达42街的一个地方。佛瑞迪并没有等到8点钟，而在7点45分就到了那儿，可他看到已有20个男孩排在那里，他只是队伍中的第21名。

怎样才能引起特别注意而竞争成功呢？这是他急需解决的问题。

佛瑞迪告诫自己：只有一件事可做——动脑筋思考。只要认真思考，总是会想出办法的。

很快，佛瑞迪就想出了一个办法，他拿出一张纸，在上面写了一些东西，然后折得整整齐齐，走向秘书小姐，恭敬地对她说："小姐，请你马上把这张纸条转交给你的老板，这非常重要。"

秘书小姐是一名老手，如果他是个普通的男孩，她就可能会说："算了吧，小伙子，你回到队伍的第21个位子上等吧。"但是她的直觉告诉她，这不是一个普通的男孩，他散发着一种自信的气息。最终，她把纸条收下了。

"好啊！"她说，"让我来看看这张纸条。"她看了后不禁微笑了起来，立刻站起身，走进老板的办公室，把纸条放在老板的桌上。老板看了也大声笑了起来，并真的让他得到了这份工作。

你知道他在纸条上写了什么吗？

403 两家小店

学校里有两家粥铺，学生们上过晚自习后，喝点香甜的粥，吃两口开胃的小菜，然后入睡，实在是很好的享受。所以，这两家小店生意都不错。左边那家和右边那家每天的顾客相差不多，两家经常是人来人往的。我也是其中的常客。

然而晚上结算的时候，左边这家店总是比右边那家多出百十元来，天天如此。有一天，我听见右边那家的老板抱怨，也很好奇，所以这次我就留了心。

我先走进右边的那个粥店，服务小姐微笑着把我迎进去，给我盛好一碗粥，问我："先生，要不要加鸡蛋？"我说："好的。"于是她便给了我一个鸡蛋。经过我的细心观察，发现每进来一个顾客，服务员都会问同样的一句话。顾客中有说加的，也有说不加的，大概各占一半。

接着，我又走进了左边那个小店。服务小姐同样带着微笑把我迎了进去，给我盛好一碗粥，问了我一句话，我就知道他们的收入为什么会比另一家要好了。

你知道这是为什么吗?

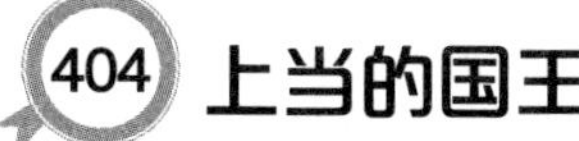

404 上当的国王

四个世纪之前，英国有个名叫阿奇·阿姆斯特朗的惯盗，他终于在一次盗窃王室珍宝的案件中被抓，法庭宣判，将他处以极刑。

当时英国国王是詹姆士六世，他因钦定《圣经》而闻名，同时他还善于倾听臣民的意见。罪犯阿姆斯特朗抓住了这个机会对狱卒说："听说国王钦定的英译《圣经》已经完成了，我到现在还没有见过《圣经》，我想把《圣经》读完后再死，请您替我向尊敬的国王说说看。"

狱卒把这件事报告了上级，这件事最终传到了国王的耳朵里。

"满足他的愿望吧。在他读完《圣经》之前，暂停执行死刑。"经国王许可，崭新的《圣经》送到了阿姆斯特朗手中。

接过《圣经》，他对老对头詹姆斯侦探讲了自己的阅读计划，詹姆斯侦探顿时醒悟了——国王上当了，阿姆斯特朗借此取消了自己的死刑判决。

他的阅读计划是什么呢?

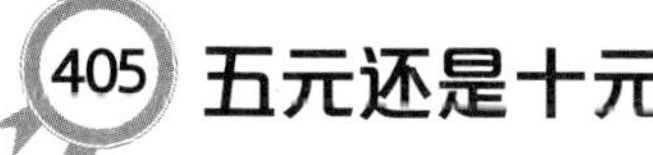

405 五元还是十元

有一个美国乡村小孩，有人拿出一张5元纸币和一张10元纸币让他挑，他挑了那张5元纸币。人们都说他笨，纷纷嘲弄他、笑话他。

这事传了出去，很多人都来找他试验，结果还是这样，这事也就传得越来越远了。

过了几十年，这个小孩成了美国总统。有记者提起这件事，问他："是不是真的？”

“是真的。”总统答。

你知道他为什么要5元而不要10元吗？

406 移动数字

一天，数学老师留了一个奇怪的作业，他让学生们在一个给定的公式中移动一个数字到另一个新的位置，使得这个公式成立。你能做到吗？（不允许移动运算符）

62-63=1

407 剪断围栏

假设你做了一次特工，完成任务后要逃离。面对一个蜘蛛网般的围栏，需要在最短的时间内从上到下剪开一个口子，网结你是剪不动的！观察一下，你最少要剪断多少根才能逃出？

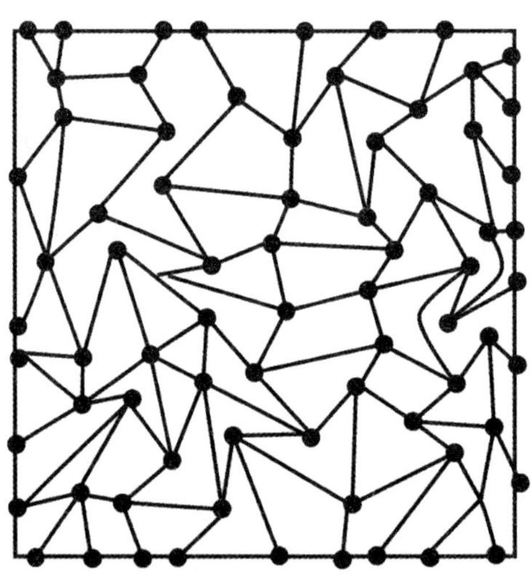

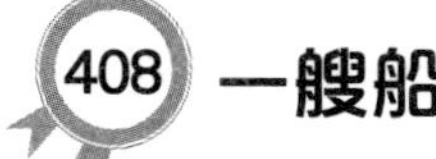

408 一艘船

渔民一家有三口人，爸爸、妈妈和儿子，三人都有可能出海，家里只有一艘船。平时为了防止船丢失，会用一根铁链锁在岸边的一个柱子上。现在家里的三口人每人有一把U型锁，且每把锁都只有一把钥匙。请问：三个人该如何做，才能确保每个人都可以单独打开和锁上这艘船呢？

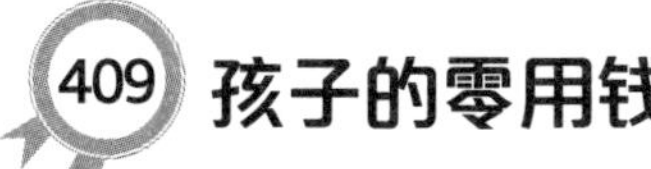

409 孩子的零用钱

一天，两个爸爸分别给自己的儿子零用钱，其中一个爸爸给了儿子2000元，另一个爸爸给了儿子1000元。但是，这两个儿子把钱放在一起的时候，却发现一共只有2000元钱。请问：这是为什么呢？

410 开关控制电灯

两个房子互为隔壁，一个房子中的三个开关控制另一个房子的三盏灯。你只能进入这两个房子各一次，那么你怎么来判断哪个开关控制哪盏灯呢？

411 丢失的螺丝

一位司机开着车去见朋友，半路上忽然有一个轮胎爆了。他把轮胎上的4个螺丝拆下来，然后从后备箱里把备用轮胎拿出来时，不小心把这4个螺丝都踢进了下水道。

请问：司机该怎么做才能将轿车安全地开到附近的修车厂呢？

412 男女比例

古时候，有一个国家的国王为了能有更多男子当兵打仗，就颁布了这样一条法律：一位母亲只有生了男孩以后才可以继续生孩子，如果生了女儿，她就立即被禁止再生小孩。这样的话，有些家庭就会有几个男孩而只有一个女孩，但是任何一个家庭都不会有一个以上的女孩，所以，用不了多久，男人的数量就会大大超过女人了。

你认为这条法律可以实现国王的愿望吗？

413 四棵大树

在一块正方形的土地上，住了兄弟四人，刚好这块土地上有四棵大树。怎样才能把土地平均分给兄弟四人，而且每家都有一棵树呢？

414 聪明的豆豆

豆豆要从A地运货物到B地，路上有数不清的关卡，都要向他征税。不过由于是在同一个国家，征税的标准是一定的：每过一个关卡就要缴纳货物的一半作为税费，但关卡会再退回1公斤的该货物。即使是这么苛刻的税收制度，路上仍然还有军队增设关卡。为了保证货物足量运到目的地，很多商人

都会拉着足够多的货物上路。不过豆豆想了个法子，他从A地到B地，经过15个关卡后，却一斤货物也没有失去，你知道这是为什么吗？

415 子弹的速度

一天，某空军飞行基地正在训练，战士们在飞机上练习射击，这时一名战士突发奇想，问道：飞机在天空飞行，水平向前、向后射出子弹，或者垂直丢下子弹，哪个先到达地面？ 你知道吗？

416 思维误区

有两个人，一个人脸朝向东，另一个人脸朝向西，请问：至少需要几面镜子，才能使这两个人相互看得见对方？

417 法官的妙计

一个牧场主养了许多羊。他的邻居是个猎户，院子里养了一群凶猛的猎狗。这些猎狗经常跳过栅栏，袭击牧场里的小羊羔。牧场主几次请猎户把狗关好，但猎户口头上答应，可没过几天，他家的猎狗又跳进牧场，咬伤好几只小羊。

最后，忍无可忍的牧场主找镇上的法官评理。听了牧场主的控诉，明理的法官说："我可以处罚那个猎户，也可以发布法令让他把狗锁起来，但这样一来，你就失去了一个朋友，多了一个敌人。你是愿意和敌人做邻居呢，还是和朋友做邻居？"

"当然是和朋友做邻居。"牧场主说。

"那好，我给你出个主意，按我说的去做，不但可以保证你的羊群不再受骚扰，还会为你赢得一个友好的邻居。"法官如此这般交代一番，牧场主连连称是。

你知道法官给他出的是什么好主意吗？

418 打棒球的男孩

有个小男孩头戴球帽，手拿球棒与棒球，全副武装地在校园棒球场上练习打棒球。

“我是世上最伟大的打击手。”他满怀自信地说完后，便将球往空中一扔，然后用力挥棒，却没打中。

他毫不气馁，继续将球拾起，又往空中一扔，然后大喊一声：“我是最厉害的打击手。”他再次挥棒，可惜仍旧落空。

他愣了半晌，然后仔仔细细地将球棒与棒球检查了一番。

之后他又试了三次，并且仍告诉自己：“我是最杰出的打击手。”然而还是落空，但他转念一想，又高兴地跳了起来。你知道他为什么这么高兴吗?

419 聪明的禅师

佛教《金刚经》最后有四句话：一切有为法，如梦幻泡影，如露亦如电，应作如是观。

有一天，佛印禅师登坛说法，苏东坡闻讯赶来参加，现场已经坐满听众，没有空位了。禅师看到苏东坡时说：“人都坐满了，此间已无学士坐处。”

苏东坡一向好禅，马上针锋相对回答禅师说：“既然此间无坐处，我就以禅师四大五蕴之身为座。”

禅师看到苏东坡与他论禅，就说：“学士，我有一个问题问你，如果你回答得出来，那么我老和尚的身体就当你的座位，如果你回答不出来，那么你身上的玉带就要留给本寺，作为纪念。”

苏东坡一向自命不凡，以为必胜无疑，便答应了。

接着，禅师说了一句话，问得苏东坡哑口无言，只好把玉带留在了金山寺。

你知道禅师问的是什么问题吗？

420 一百元

一天，杂货店里来了一位顾客，他挑了25元的货，拿出100元，店主没零钱找不开，就到隔壁的店里把这100元换成零钱，回来给顾客找了75元零钱。

过了一会儿，隔壁的老板来找店主，说刚才的100元是假钱，店主马上给隔壁老板换了张真钱。

请问：这个店主赔了多少钱？

421 下地狱的和尚

有一个和尚和一个屠夫是好朋友。

他们都要早起。和尚要早起念经，屠夫要早起杀猪。为了不耽误早上的时间，他们相互约定，叫对方起床。

多年以后，两人相继去世。和尚下了地狱，而屠夫去了天堂。

你知道这是为什么吗？

422 找出错误

做事情不认真，不负责任，就会弄出很多错误。

有人说，这一问题中就有5个错误。请问：错误在什么地方呢？

423 气压计的故事

很久以前，我接到导师的一个电话，他问我愿不愿意为一个试题的评分做鉴定人。原因是他想给他的一个学生答的一道物理题打零分，而他的学生则声称应该得满分，这位学生认为，如果这种测验制度公平，他一定要争取满分。导师和学生同意将这件事委托给一个公平无私的仲裁人，而我被选中了……

我来到导师的办公室，并阅读这个试题。试题是："试说明怎么能够用一个气压计测定一栋高楼的高度。"

学生的答案是："把气压计拿到高楼顶部，用一根长绳子系住气压计，然后把气压计从楼顶向楼下放，直到放到街面为止，然后把气压计拉上楼顶，测量绳子放下的长度，这长度即为楼的高度。"

这是一个有趣的答案，但是这学生应该获得称赞吗？我指出，这位学生应该得到高度评价，因为他的答案完全正确。另一方面，如果高度评价这个学生，就可以给他的物理考试打高分，而高分就证明这个学生知道一些物理学知识，但他的回答又不能证明这一点……

我让这个学生用6分钟回答同一问题，但必须在回答中表现出他懂得一些物理学知识……在最后一分钟里，他赶忙写出自己的答案，它们是：把气压计拿到楼顶，把它斜放在屋顶边缘处，让气压计从屋顶落下，用秒表记下它落下的时间，然后用落下的距离等于重力加速度乘下落时间的平方的一半算出建筑物的高度。

看了这个答案之后，我问我的导师是否让步，他让步了，于是我给了这个学生几乎是最高的评价。正当我要离开导师的办公室时，我记得那位同学说他还有另外一个答案，于是我问是什么样的答案，学生回答说："利用气压计测出一个建筑物的高度有许多办法。例如，你可以在有太阳的日子在楼顶记下气压计的高度和它影子的长度，再测出建筑物影子的长度，就可以利用简单的比例关系，算出建筑物的高度。"

“很好，”我说，“还有其他答案吗？”

“有呀，”那个学生说，“还有一个你会喜欢的最基本的测量方法。你拿着气压计，从一楼登梯而上，当你登顶时，记下气压计上的水银柱变化度数，根据高度每升12m，大气压下降1mmHg，可以求出楼的高度。这个方法最直截了当。”

如果不限制用物理学方法回答这个问题，你知道还可以怎么做吗？

424 谁打碎盘子

晚饭后，母亲和女儿一块儿洗碗盘，父亲和儿子在客厅看电视。

突然，厨房里传来打碎盘子的响声，然后一片沉寂。

儿子望着父亲，说道：“一定是妈妈打破的。”

父亲：“你怎么知道？”

你知道儿子是怎么知道的吗？

425 你能这样折吗

把一张普通报纸对折。很简单，是不是？那么，你能把一张报纸对折10次以上吗？

426 化解尴尬

一次，英国王室温莎公爵为了招待印度当地居民的首领而主持了一场盛大的宴会。宴会快要结束的时候，服务员端来了洗手盆，印度客人们看到这个精巧的银制器皿里盛着亮晶晶的清水，以为是喝的水，端起来就一饮而尽。作陪的英国贵族顿时目瞪口呆，不知如何是好。温莎公爵想了想，轻而易举地就化解了这场尴尬。你知道他是怎么做的吗？

427 聪明的聋哑人

有个卖西瓜的老人在一间危房里避雨休息，一位聋哑人看见房子要塌了，就去告诉老人，可老人不懂他的手势，这位聋哑人突然想到了一个好办法，使老人跟着他跑出了危房。请你猜一猜，他用的是什么方法?

428 裁员还是减薪

在金融危机中，我们经常听到的名词就是“减薪”和“裁员”，那么企业在面临艰难困境时，到底是应该选择裁员还是选择减薪呢？两者会对企业产生怎样的影响呢?

如果你拥有一个公司，公司正面临着资金不足的窘境，就快没有足够的钱给雇员发放薪水了。这时候你有两个选择：一个是每人减薪15%，二是开除15%的雇员。

你会选择怎么做呢?

429 排队买麻花

某年秋天，我去了一趟重庆，那是我第一次到重庆。在去之前，朋友告诉我，到重庆一定要去磁器口转转。我在饭店安顿好之后，马上就去了磁器口。刚到那里，就看到有一条长龙似的队伍，我顿时感觉很兴奋，不知道是什么东西这么吸引人。这时，我远远地就闻到了麻花的香味。走近一看，果不其然，这么多人原来都是在买麻花。其中，陈麻花店前的队伍最长，因此我也就顺势排到队伍里面去了。百无聊赖中，我就把这个场景拍了下来。

终于轮到我的时候，不巧熟麻花卖完了，我只能再等下一锅。不过为了满足口福，我也只能忍受了。然而让我失望的是，在当地长大的一个朋友看了我的照片后告诉我，我买的并不是正宗的陈麻花，隔壁那个没有人排队的陈麻花才是正宗的，当地人都在那家买。

请问：那家冒牌的陈麻花为什么会招揽那么多顾客呢?

 430 聪明的弟子

苏格拉底的三个弟子曾向他请教这样一个问题：怎样才能找到理想的伴侣?

苏格拉底并没有正面回答他们，而只是让他们三人走进麦田，从一头出发到另一头，中途只许前进不许后退。期间他们可以摘取一株麦穗，但仅有一次机会。最后比一下谁摘的麦穗最大。田地里的麦穗有大有小，有挺拔光鲜的，也有低矮空瘪的，三人必须想好该如何做出自己的选择。

第一个弟子先行。他想：只有一次机会的话，那么一旦看到又大又漂亮的麦穗，我就应该立刻摘取它，这样绝对不会留下遗憾。这样想着，没走几步，这个弟子就发现一株既饱满又漂亮的麦穗，于是兴奋地将其摘到手，心中的得意无以复加。然而好景不长，当他继续前进时，发现前面有许多比他手中的麦穗更大更漂亮的，但他已经没有机会了，心情转瞬跌到了低谷，只能无奈又遗憾地走完了剩下的路程。

轮到第二个弟子时，因为有第一个弟子的前车之鉴，于是他想：麦田里的麦穗这么多，一开始看见的肯定不是最好的，后面一定有更好的，所以我不能急着摘取，机会只有一次，要谨慎再谨慎。带着这样的想法，他开始了行程。刚开始时，他果然也发现了又大又美丽的麦穗，但他忍住了没摘，他相信后面会看见更好的，于是继续前行。一路上他又发现了不少优质的麦穗，他依然没有下手，每一次他都想，后面会有更好的，不能急，要谨慎。就这样一直走到田地尽头，他的手中还是空空如也，他已经错过了所有好的麦穗，然而却无法回头了，只好随手摘了一株普通的麦穗。

第三个弟子最为聪明，他看到前两个人的惨淡收场，暗暗决定要吸取他们的教训。你知道他是如何做的吗?

431 天堂与地狱

一位行善的基督徒在临终后想知道天堂与地狱究竟有何差异，于是天使就先带他到地狱去参观。

到了地狱，在他们面前出现了一张很大的餐桌，桌上摆满了丰盛的佳肴，地狱的生活看起来还不错嘛。过了一会儿，用餐的时间到了，只见一群骨瘦如柴的饿鬼相继入座。每个人手上都拿着一双长十几尺的筷子。由于筷子实在是太长了，最后每个人都夹得到、吃不到。

到了天堂，同样的情景，同样的满桌佳肴，每个人同样用一双长十几尺的筷子，但是这里的人却个个身体健壮、满面红光、其乐融融。

你知道他们是如何吃到饭的吗?

432 货物

（1）一艘船顺水而下，当要通过一个桥洞时，发现货物比桥洞高出约1厘米，需要卸掉一些货物才能通过。无奈货物是整装的，一时无法卸下。有什么办法能够不卸货物，使船通过吗?

（2）有辆卡车，装着很高的货物，当要通过一处铁路桥时，发现货物高出桥洞1厘米，卡车无法通过。卸货重装很费事，你给想想办法，应该怎样才能顺利通过呢?

433 检验毒酒

一个国王有1000瓶红酒，并打算在他的六十大寿时打开来喝。不幸的是，其中一瓶红酒被人下了毒，凡是沾到者大约20个小时后就开始有异样并马上死亡（只沾到一滴也会死）。由于国王的大寿就在明天（假设离宴会开始只有24小时的时间），就算有千分之一的可能，国王也不想冒险，他要在宴会之前把有毒的酒找出来。所以，国王就吩咐侍卫用监牢里的死刑犯来检

验酒。

请问：最少需要多少个死刑犯才能检验出毒酒呢？

434 组织踢球

每到临近过年的时候，在外地上学的同学们从全国各地纷纷回到共同的老家，这时候便有好踢足球之人希望将很久没有见面的同学们叫到一起踢一场足球。在一场正规的足球比赛中，双方各需要11人，不过同学之间的非正规比赛，双方各有4～5人就可以进行了，也就是说，组织者只需要叫齐8～10个人就行。

然而还有一个难题，这些同学对是否能够组织起这么多人不抱信心，所以很可能会推托。请问：作为一个高明的组织者，有什么技巧可以快速又有把握地组织好一个球队呢？

435 双胞胎

两个小孩一前一后快乐地走着，每人手里拎着一袋糖果。有人看到俩小孩长得很像，就问前面的那个小孩："你们是双胞胎吗？"

"是的。"

"后面那个是你的弟弟吧？"

"是的。"

他又问后面的那个小孩："前面那个是你的哥哥吗？"

"不是。"

请问：这到底是怎么回事呢？

436 分钱的方案

在我大学时，有一次上博弈论的课程，老师提出了一个很有趣的游戏：

老师拿出自己钱包里的100元钱，然后随机叫起两名来上课的同学（由于这个课程不是必修课，来听课的同学并不是来自于一个班，所以这两个同学相互之间并不认识），老师让两名同学来分这100元钱。

但是分钱也是有要求的，那就是：

（1）一人提出方案，另外一人表决；

（2）如果表决的人同意，那么就按提出的方案来分；

（3）如果不同意，两人将一无所得；

（4）机会只有一次。

比如A提方案，B表决。

如果A提的方案是70∶30，即A得70元，B得30元。如果B接受，则A得70元，B得30元；如果B不同意，则两人将什么都得不到。

如果叫你来分这笔钱，你会怎样分？

437 钱去哪儿了

小王从老板手中接过来一个信封，上面写着98，里面装着他一天的兼职工资。回学校的路上，小王一共买了90元钱的东西，付款的时候才发现，他不仅没有剩下8元，反而差了4元。他打电话问老板，怀疑是老板把钱发错了，老板说没有错。这是怎么回事？

438 卖梳子

一个公司招聘业务员，面试题目是让他们用一天的时间去推销梳子，向和尚推销。

很多人都说这是不可能的，和尚是没有头发的，怎么可能向他们推销？于是很多人就放弃了这个机会，但还是有三个人愿意试试。

第二天，他们回来了。

第一个人卖了1把梳子，他对经理说："我看到一个小和尚，头上生了很多虱子，很痒，在那里用手抓。我就骗他说抓头用梳子抓，于是我就卖出了1把。"

第二个人卖了10把梳子。他对经理说："我找到庙里的住持，对他说，如果上山礼佛的人的头发被山风吹乱了，就表示对佛不尊敬，是一种罪过，假如在每个佛像前摆一把梳子，游客来了梳完头再拜佛就更好了，于是我卖出了10把梳子。"

第三个人卖了3000把梳子。

你知道他是怎么卖出去的吗？

439 谁比谁聪明

假日的动物园里，有一个爸爸带着孩子四处观看，孩子开心得又跑又跳。

到达猴子区时，爸爸转头跟他的孩子说："你想不想看猴子表演？"

"好耶！要怎么做呢？"孩子回答道。

爸爸拿走孩子手上的爆米花，然后高高地抛向猴子处，只见老猴子飞身一跃，在半空中接住了爆米花，然后轻巧地落到地面，将爆米花放入嘴中。

爸爸又拿出了一颗爆米花，抛向高空，老猴子又是一个跳跃……

孩子问爸爸："为什么要费力将爆米花丢那么高呢？丢在地上让猴子自己捡来吃不是一样吗？"

爸爸说："傻孩子，爸爸如果不将爆米花往高处抛，猴子会往上跳吗？你看猴子跳得多可爱，这样不是很好玩吗？"

围栏内，小猴子也在问老猴子："妈妈，你为什么要跳那么高去接爆米花呢？等爆米花掉在地上再去捡来吃，不也一样吗？"

你知道老猴子是怎么解释的吗？

440 报复

一艘轮船在海上航行了几个月，准备返航。船长和大副因为一些小事闹得很不融洽。这天，大副喝醉了，恰好又轮到他和船长一起写航海日志。只见船长毫不客气地写道：“今天大副大醉。”大副一看非常恼火，决定伺机报复，于是在轮到他写日志时，他写下了七个字来报复船长。

你知道他写的是哪七个字吗?

441 买烟

甲去买烟，烟29元，但他没火柴，就跟店员说：“顺便送一盒火柴吧。”店员没给。

乙去买烟，烟29元，他也没火柴，最终却从店员那里得到了火柴。

同样的情况，为什么一个得到了火柴而另一个却没有得到呢?

442 大名鼎鼎

盖达尔是俄罗斯著名的经济学家和政治家，还曾担任过总理职务。同时，他也是一名知名作家。一次，盖达尔在旅行时，被一名学生认了出来，便抢着替他提皮箱。学生看到他的皮箱已经破旧得不成样子了，便问他：“先生您大名鼎鼎的，为什么用的皮箱却这么随随便便的呢？”盖达尔笑了笑，说了一句话，你知道他是怎么说的吗?

443 后生可畏

小男孩问爸爸：“是不是做父亲的总比做儿子的知道得多？”

爸爸回答：“当然啦！”

如果你是这个小男孩，你会如何反驳爸爸的这句话呢?

444 爷爷有几个孩子

小明的爸爸是小红的妈妈的哥哥。有一天，小明说：“我的叔叔的数量和我的姑姑的数量是一样多的。”而小红说：“我的舅舅的数量却是小姨的数量的2倍。”你能知道小明的爷爷到底有几个儿子几个女儿吗?

445 一件旧大衣

一天，爱因斯坦在纽约的街道上遇见一位朋友。

“爱因斯坦先生，”这位朋友说，“你似乎有必要添置一件新大衣了，瞧，你身上这件多旧啊。”

“这有什么关系？反正在纽约谁也不认识我。”爱因斯坦无所谓地说。

几年后，他们又偶然相遇。此时，爱因斯坦已然名满天下，却还穿着那件旧大衣。他的朋友又建议他去买一件新大衣。

爱因斯坦依旧不去买，你知道这是为什么吗?

446 一休晒经

一休禅师在比睿山乡下时，看到一群群的信徒朝山上走去，原来是比睿山上的寺院在晒藏经。传说在晒藏经的时候，风从经上吹拂而过，如果人沐浴了这种风，就能够消病除灾，增长智慧，因此闻风而来的人不断地涌上山去。

一休禅师知道了事情的原委，说道：“我也来晒藏经！”然后就袒胸露肚地躺在草坪上晒太阳。许多要上山的信徒看到后议论纷纷，觉得作为禅师，这样实在太不雅观了。山上寺院的院主也跑下来劝一休，不要失了僧人的威仪。

你知道一休是怎么回答的吗?

447 学问与钱

一天，父子二人一起在街上走，他们看到一辆十分豪华的进口轿车。

儿子不屑地对他的父亲说："坐这种车的人，肚子里一定没有学问！"

作为父亲，他该怎么教育自己的孩子呢?

448 招聘司机

某大公司准备以高薪雇用一名小车司机，经过层层筛选和考试之后，只剩下三名技术最优良的竞争者。

主考官问他们："悬崖边有块金子，你们开着车去拿，你们觉得最近能在多远处拿到金子而又不至于掉落悬崖呢?"

"二公尺。"第一位说。

"半公尺。"第二位很有把握地说。

"我会尽量远离悬崖，愈远愈好。"第三位说。

你知道谁会被录取吗?

449 登上月球的航天员

第一次登上月球的航天员，其实共有两位，除了大家所熟知的阿姆斯特朗外，还有一位叫奥德伦。

当时阿姆斯特朗所说的一句话"我个人的一小步，是全人类的一大步"，早已是全世界家喻户晓的名言。

在庆祝登陆月球成功的记者会上，有一个记者突然问了奥德伦一个很特别的问题："由阿姆斯特朗先下去，成为登陆月球的第一个人，你会不会觉得有点遗憾?"

你知道奥德伦是如何回答的吗?

450 你有什么了不起的

从前有一个人，他的爸爸做了大官，儿子中了状元，唯独他什么官也没有做，因此，爸爸和儿子都看不起他，平时难免对他说些讥讽、嘲笑的话。

但此人颇有自我解嘲的本领，当他爸爸和他儿子嗤笑他的时候，他总能找出一些理由来反驳他们。你知道他是怎么说的吗?

451 狡诈的县官

从前有一个县官要买金锭，店家遵命送来两只金锭。县官问："这两只金锭要多少钱?"

店家答："太爷要买，小人只按半价出售。"

县官收下一只，还给店家一只。

过了许多日子，县官还不还账，店家便说："请太爷赏给小人金锭价款。"

县官装作不解的样子说："不是早已给了你吗?"

店家说："小人从没有拿到啊!"

你知道这个贪财的县官是如何说的吗?

452 天机不可泄露

从前，有三个秀才进京赶考，途中遇到一个人称"活神仙"的算命先生，便前去求教："此番我们能考中几人?"

算命先生闭上眼睛掐算了一会儿，然后竖起一根指头。

三个秀才不明白是什么意思，请求说清楚一点。

算命先生说："天机不可泄露，以后你们自会明白。"

后来，三个秀才只考中了一个，那人特来酬谢，一见面就夸奖说："先生料事如神，果然名不虚传。"还学着当初算命先生那样竖起一根指头说：

“确实只中一个。”

秀才走后，算命先生的老婆问他：“你怎么算得这么灵呢？”

算命先生嘿嘿一笑说：“你不懂其中的奥妙，无论结果如何我都能猜对。”

你知道这是为什么吗？

453 阿凡提的故事

有一个穷人找到阿凡提说：“咱们穷人真是难啊！昨天我在巴依财主开的一家饭馆门口站了一站，巴依说我闻了他饭馆里的饭菜香味，叫我付钱，我当然不给，他就到法官喀孜跟前告了我。喀孜决定今天判决，你能帮我说几句公道话吗？”

“行，行！”阿凡提一口答应下来，就陪着穷人去见喀孜。

巴依早就到了，正和喀孜谈得高兴。

喀孜一看见穷人，不由分说就骂道：“真不要脸！你闻了巴依饭菜的香气，怎么敢不付钱！快把饭钱算给巴依！”

“慢着，喀孜！”阿凡提走上前来，行了个礼，说道，“这人是我的兄长，他没有钱，饭钱由我付给巴依好了。”

你知道阿凡提是怎么帮穷人出气的吗？

454 父在母先亡

一个有迷信思想的人，请算命先生算一下自己父母的寿命。算命先生照例先问了一遍来人及其父母的出生年月日，然后装模作样地屈指掐算了一会儿，于是回答说：“父在母先亡。”

这个人听了以后沉思片刻，付钱而去。

为什么求卜者对算命先生的话不怀疑呢？

455 染布

阿凡提开了个染坊给乡亲们染布。镇上的法官来找茬，拿来一匹布要染。

阿凡提问他要染成什么颜色的，法官说：“我要染的颜色很普通，不是红的，不是黄的，不是蓝的，不是绿的，不是白的，不是黑的，不是紫的，不是灰的。明白了吧！”

阿凡提知道法官是要难为他，于是不动声色地说：“没问题！”

法官很疑惑，怎么连自己都不知道是什么颜色，阿凡提竟然说没问题？于是他又问道：“那我什么时候来取呢？”

你知道阿凡提是怎么回答他的吗？

第九篇

综合法

所谓综合法，就是综合各种方法（也包括除前面所述各种方法以外的方法）去解决某些问题。事实上，许多问题都要运用几种不同的方法才能解决。例如分析法是最常用的方法，几乎所有的问题都要用到；递推法和倒推法也经常是结合使用的，分析的时候用倒推法，解题的时候用递推法；排除法的应用，往往是以假设法为前提的，假设出一个条件之后，加以确定和排除，才能得到正确的答案；等等。综合运用这些方法，才是解决逻辑问题的关键。

解决逻辑问题的原则是：化繁为简，思维至上，以不变应万变。不管问题怎么千变万化，但是万变不离其宗，其特点和解题思路都逃不脱我们所归类总结的内容。

特别要指出的是，我们归纳的这九种解题方法及思路都是分解动作，目的是为了训练大 家的解题感觉，如果你感觉自己已熟练掌握了这九种方法，那么在正式解题时就应一气呵成，而不用拘泥于具体的思路、方法了。其实逻辑题的推理过程最重要，要从看似复杂的叙述中理清事物间的逻辑关系。关系理清了，推理过程清楚了，什么题型都好说，很多题型都是相通的。

456 找出重球

一个钢球厂生产钢球，其中一批货物出现了一点差错，使得8个球中，有1个略微重一些。找出这个重球的唯一方法是将两个球放在天平上对比，请问：最少要称多少次才能找出这个较重的球？

457 扑克牌智力题

现有扑克牌智力题如下。

甲方：1个2，3个K，3个J，2个Q，2个7，2个6，2个5，2个4，1个3。

乙方：2个A，2个10。

规定：

由甲方先出，先出完者为胜。

规则：

（1）2最大，3最小。

（2）符合一般出牌规则，单管单，双管双。

（3）可出三带双（如：3个J带2个4），但不可出三带一（如：3个K带1个3）。

（4）五连顺（34567）及五连顺以上可以出，但不可出四连顺（如：4567）及四连顺以下。

（5）不可出连对（如：4455等）或三连对（如：445566）。

问甲方如何才能胜出？

458 抉择

在一个综艺节目里曾经举行过一个抽奖游戏。

它的规则很有趣：

主持人准备了两个信封，里面有数额不等的钱。当然，谁也不能从信封的外在差别上看出哪个信封里的钱多，哪个信封里的钱少。

现在主持人将这两个信封让A、B两位嘉宾自行选择。两位嘉宾事先并不知道信封里钱的数额，只知道每个信封里的钱数总是5、10、20、40、80、160元中的一个，并且其中一个信封里的钱正好是另一个信封里的2倍。也就是说，若A拿到的信封中是20元，则B拿到的信封中要么为10元，要么为40元。

A、B两人选择完信封以后，各自看自己信封中钱的数额，但看不到对方信封中钱的数额。这时，主持人对两位嘉宾说："现在我给你们一个与对方交换信封的机会，你们会选择交换吗？"

请问：如果你是其中的一位嘉宾，你要如何判断是否交换？

459 聪明程度

1987年的某一天，伦敦《金融时报》刊登了一个很怪异的竞赛广告。这个广告要求参与者寄回一个0到100之间的整数，获胜条件是你选择的这个数最接近全体参与者寄回的所有数的平均值的2/3。获胜者将获得两张伦敦到纽约的飞机头等舱的往返机票。

如果你是这个竞赛的参与者，你会选哪个数呢？

460 三位授课老师

在一所高中里有甲、乙、丙三位老师，他们在同一个年级里，并且相互之间都是好朋友。

甲、乙、丙三位老师分别讲授数学、物理、化学、生物、语文和历史六门课程，但不知道哪个老师分别教什么课程。现在只知道，其中每位老师分别教两门课。

除此之外，我们还知道以下信息：

（1）化学老师和数学老师住在一起；

（2）甲老师是三位老师中最年轻的；

（3）数学老师和丙老师是一对优秀的象棋国手；

（4）物理老师比生物老师年长，比乙老师又年轻。

（5）三人中最年长的老师家离学校比其他两位老师远。

请问：三位老师分别教哪两门课？

461 英语竞赛

小王、小张、小李、小刘和小赵每人都参加了两次英语竞赛。

（1）每次竞赛只进行了4场比赛：小王对小张，小王对小赵，小李对小刘，小李对小赵；

（2）只有一场比赛在两次竞赛中胜负情况保持不变；

（3）小王是第一次竞赛的冠军；

（4）在每一次竞赛中，输一场即被淘汰，只有冠军一场都没输。

谁是第二次竞赛的冠军？

注：每场比赛都不会有平局的情况。

提示：从一个人必定胜的比赛场数，判定在第一次竞赛中每一场的胜负情况，然后判定哪一位选手在两场竞赛中输给了同一个人。

462 大有作为

鲁道夫、菲利普、罗伯特三位青年，一个当了歌手，一个考上大学，一个加入美军陆战队，个个未来都将大有作为。现已知：

（1）罗伯特的年龄比战士大；

（2）大学生的年龄比菲利普小；

（3）鲁道夫的年龄和大学生的年龄不一样。

请问：三个人中谁是歌手？谁是大学生？谁是士兵？

463 五本参考书

甲、乙、丙、丁、戊5人是好朋友，快高考了，他们需要5本参考书，但是都买回来有些浪费，于是他们决定每人买一本，读完后相互交换。这5本书的厚度和他们的阅读速度都差不多，因此5人总是同时换书。经数次交换后，5人每人都读完了这5本参考书。

现已知：

（1）甲最后读的书是乙读的第2本书；

（2）丙最后读的书是乙读的第4本书；

（3）丙读的第2本书甲在一开始就读了；

（4）丁最后读的书是丙读的第3本书；

（5）乙读的第4本书是戊读的第3本书；

（6）丁第3次读的书是丙一开始读的那一本。

根据以上情况，如果甲读书的顺序是1、2、3、4、5，请推出其他人的读书次序。

464 名字与职业

张三、李四、王五、赵二、孙六在上大学时住在同一个宿舍，大家关系很好。他们毕业以后，分别当上了老板、理发师、医生、教师和公司职员（名字和职业不是相互对应的）。

现在知道：

（1）老板不是王五，也不是赵二；

（2）教师不是赵二，也不是张三；

（3）王五和孙六住在同一栋公寓，对面是公司职员的家；

（4）李四、王五和理发师经常一起出去旅游；

（5）张三和王五有空时，就和医生、老板一起打牌；

（6）每隔十天，赵二和孙六一定要到理发店修个脸；

（7）公司职员则一向自己刮胡子，从来不到理发店去。

问题：请将这五个人的名字和职业对应起来。

465 谁养鱼

此题源于1981年柏林的德国逻辑思考学院，98%的测验者无法解答此题。

有五间房屋排成一列，所有房屋的外表颜色都不一样，所有的屋主都来自不同的国家，所有的屋主都养不同的宠物，喝不同的饮料，抽不同牌子的香烟。

（1）英国人住在红色房屋里；

（2）瑞典人养了一只狗；

（3）丹麦人喝茶；

（4）绿色的房子在白色的房子的左边；

（5）绿色房屋的屋主喝咖啡；

（6）吸PallMall香烟的屋主养鸟；

（7）黄色房屋的屋主吸Dunhill香烟；

（8）位于最中间房屋的屋主喝牛奶；

（9）挪威人住在第一间房屋里；

（10）吸Blend香烟的人住在养猫人家的隔壁；

（11）养马的屋主在吸Dunhill香烟的人家的隔壁；

（12）吸BlueMaster香烟的屋主喝啤酒；

（13）德国人吸Prince香烟；

（14）挪威人住在蓝色房子隔壁；

（15）只喝开水的人住在吸Blend香烟的人的隔壁。

问：谁养鱼？

466 谁偷了考卷

高三（二）班期末考试的试卷在考试前两天的时候被偷了，老师根据调查和一些线索找到了三个嫌疑人。对三个嫌疑人来说，下列事实成立：

（1）A、B、C三人中至少一人偷了考卷；

（2）如果A偷考卷，B、C肯定会与之同案；

（3）如果C偷考卷，A、B肯定会与之同案；

（4）如果B偷考卷，没有同案者；

（5）A、C中至少一人无罪。

根据以上信息，请问：是谁偷了考卷？

467 写信

已知：

（1）教室里标有日期的信都是用粉色纸写的；

（2）小王写的信都是以“亲爱的”开头的；

（3）除了小赵外，没有人用黑墨水写信；

（4）小李没有收藏他可以看到的信；

（5）只有一页信纸的信中，都标明了日期；

（6）未做标记的信都是用黑墨水写的；

（7）用粉色纸写的信都收藏起来了；

（8）一页以上信纸的信中，没有一封是做了标记的；

（9）小赵没有写一封以“亲爱的”开头的信。

根据以上信息，判断小李是否可以看到小王写的信。

468 副经理姓什么

一家公司有3名职员：老张、老陈和老孙。公司的经理、副经理和秘书恰好和这3名职员的姓氏一样。现在已知：

（1）职员老陈是天津人；

（2）职员老张已经工作了20年；

（3）副经理家住在北京和天津之间；

（4）领导老孙常和秘书下棋；

（5）其中一名职员和副经理是邻居，他也是一个老职工，工龄正好是副经理的3倍；

（6）与副经理同姓的职员家住北京。

根据上面的资料，你能知道副经理姓什么吗？

469 小王的老乡

小王寝室有5位室友，他们分别姓赵、钱、孙、李、周，其中一位是他的同乡。

（1）5位室友分为两个年龄档：3位是80后，2位是90后；

（2）2位在学校工作，另外3位在工厂工作；

（3）赵和孙属于相同年龄档；

（4）李和周不属于相同年龄档；

（5）钱和周的职业相同；

（6）孙和李的职业不同；

（7）小王的同乡是一位在学校工作的90后。

请问：谁是小王同乡？

470 排队

课间操时，小王、小张、小赵、小李、小吴、小孙6个人排成一排。他们的前后顺序如下：

（1）小孙没有排在最后，而且他和最后一个人之间还有两个人；

（2）小吴不是最后一个人；

（3）在小王的前面至少还有四个人，但他没有排在最后；

（4）小李没有排在第一位，他前后至少都有两个人；

（5）小赵没有排在最前面，也没有排在最后。

请问：他们6个人的前后顺序是怎么排的？

471 拼车

甲、乙两个人拼车。甲乘客坐了4公里，就要下车；乙乘客要继续走4公里才下车。车费一共是24元。请问：两个人该如何分担车费才最公平呢？

472 满分成绩

初三（二）班有三名同学，他们的成绩都非常好，在一次考试中，他们的成绩有如下特点：

（1）恰有两位数学满分，恰有两位语文满分，恰有两位英语满分，恰有两位物理满分；

（2）每名同学至多只有3科得了满分；

（3）对于小明来说，下面的说法是正确的：如果他数学满分，那么他物理也满分；

（4）对于小华和小刚来说，下面的说法是正确的：如果他们语文满分，那么他们英语也满分；

（5）对于小明和小刚来说，下面的说法是正确的：如果他们物理满分，

那么他们英语也满分。

哪一位同学的物理没有得满分?

提示：先判定哪几位同学的英语得了满分。

473 谁中了状元

古代科举考试考明经和进士两科。张三、李四和王五三人中，有一人中了状元。

张三如实地说：

（1）如果我没有中状元，我的明经成绩就不是满分；

（2）如果我得了状元，我的进士成绩就是满分。

李四如实地说：

（3）如果我没有中状元，我的进士成绩就不是满分；

（4）如果我得了状元，我的明经成绩就是满分。

王五如实地说：

（5）如果我没有中状元，我的明经成绩就不是满分；

（6）如果我中了状元，我的明经成绩就是满分。

同时，

（7）那位中了状元的人是唯一某一科考试考满分的人；

（8）那位中了状元的人也是唯一某一科考试没有考满分的人。

这三人中谁中了状元?

474 什么关系

有A、B、C、D、E五个亲戚，其中四人每人讲了一个真实情况，如下：

（1）B是我父亲的兄弟；

（2）E是我的岳母；

（3）C是我女婿的兄弟；

（4）A是我兄弟的妻子。

上面提到的每个人都是这五个人中的一个，例如，（1）中“我父亲”和“我父亲的兄弟”都是A、B、C、D、E五人中的一个，由此可以推出（ ）

A. B和D是兄弟关系

B. A是B的妻子

C. E是C的岳母

D. D是B的子女

475 什么花色最多

某人手中有13张扑克牌，这些牌有如下情况：

（1）没有大王、小王，但红桃、黑桃、方块、梅花四种花色都有；

（2）各种花色牌的张数不同；

（3）红桃和黑桃合起来共有6张；

（4）红桃和方块合起来共有5张；

（5）有一种花色只有两张牌。

问：这人手中的牌什么花色最多，有几张?

476 谁被雇用了

又到了毕业找工作的时节，甲、乙、丙、丁四人竞聘同一个职务，此职务的招聘条件是：

研究生毕业；

至少两年工作经验；

会用Office软件；

具有英语六级证书。

谁满足的条件最多，谁就被雇用。

又知道以下情况：

（1）把上面4个条件两两配对，可配成6对，每对条件都恰有1人符合；

（2）甲和乙具有同样的学历；

（3）丙和丁具有同样的工作年限；

（4）乙和丙都会用Office软件；

（5）丁具有六级证书。

你知道这四个人当中谁被雇用了吗？

477 教职员工

某大学的一名教职员工说：“我们系里的教职员工中，包括我在内，总共有16名教授和讲师。下面讲到的人员情况，无论是否把我计算在内，都不会有任何变化。”

在这些教职员工中，已知：

（1）讲师多于教授；

（2）男教授多于男讲师；

（3）男讲师多于女讲师；

（4）至少有一位女教授。

这位说话的人是什么性别和职务？

提示：确定一种不与题目中任何陈述相违背的关于男讲师、女讲师、男教授和女教授的人员分布情况。

478 六名运动员

要从编号为A、B、C、D、E、F的六名运动员中挑选若干人去参加运动会，但是人员的配备是有要求的，具体要求如下：

（1）A、B中至少去一人；

（2）A、D不能一起去；

（3）A、E、F中要派两人去；

（4）B、C都去或都不去；

（5）C、D中去一人；

（6）若D不去，则E也不去。

由此可见，被挑去的人是哪几个？

479 相识纪念日

汤姆和杰瑞是一对情侣，他们是在一家健身俱乐部首次相遇并相互认识的。

一天，杰瑞问汤姆，他们相识的日子是哪一天，可汤姆并没有记住确切的日期，他只知道以下这些信息：

（1）汤姆是在一月份的第一个星期一那天开始去健身俱乐部的。此后，汤姆每隔四天（即第五天）去一次。

（2）杰瑞是在一月份的第一个星期二那天开始去健身俱乐部的。此后，杰瑞每隔三天（即第四天）去一次。

（3）在一月份的31天中，只有一天汤姆和杰瑞都去了健身俱乐部，正是那一天他们首次相遇。

你能帮助汤姆算出他们的相识纪念日是一月份的哪一天吗？

480 点餐

赵、钱、孙、李、周、吴6个好朋友去餐馆吃饭。他们坐在一张长方形的桌子两边，一边坐了3个人。这6个人点了6种不同的菜，其中一位点了红烧牛肉，服务员忘记是谁了，她只记得以下这些信息：

（1）钱坐在孙旁边；

（2）孙坐在与周相邻的男孩的对面；

（3）李坐在赵对面，李点了鱼香肉丝；

（4）点了肉丸子的男孩坐在周的对面；

（5）坐在李和吴中间的女孩点了炒洋葱；

（6）吴没有点宫保鸡丁；

（7）点了宫保鸡丁的女孩坐在李的对面；

（8）坐在钱旁边的女孩点了土豆丝。

你能帮帮这个服务员，判断一下谁点了红烧牛肉吗？

参加舞会

在一次舞会上，尚未订婚的A先生看到一位女士B单独一人站在酒柜旁边。他很想知道这位女士是独身、订婚还是结婚。现在知道以下信息：

（1）参加舞会的总共有19人；

（2）有7人是单独一人来的，其余的都是一男一女成对来的；

（3）那些成对来的，要么已经结婚了，要么已相互订婚；

（4）凡单独前来的女士都是单身；

（5）凡单独前来的男士都不处于订婚阶段；

（6）参加舞会的男士中，处于订婚阶段的人数等于已经结婚的人数；

（7）单独前来的已婚男士的人数，等于单独前来的独身男士的人数；

（8）在参加舞会的已经结婚、处于订婚阶段和独身这三种类型的女士中，B女士属于人数最多的那种类型。

请问：你知道B女士属于哪一种类型吗？

482 分别是哪国人

6个不同国籍的人是好朋友，他们的名字分别为A、B、C、D、E和F，他们的国籍分别是美国、德国、英国、法国、俄罗斯和意大利（名字顺序与国籍顺序不一定一致）。

现在已知：

（1）A和美国人是医生；

（2）E和俄罗斯人是教师；

（3）C和德国人是技师；

（4）B和F曾经当过兵，而德国人从没当过兵；

（5）法国人比A年龄大，意大利人比C年龄大；

（6）B同美国人下周要到英国去旅行，C同法国人下周要到瑞士去度假。

请判断A、B、C、D、E、F分别是哪国人。

483 分苹果

总公司分给某营业点一箱苹果共48个，并给出了分配方法：把苹果分成4份，并且使第一份加3，第二份减3，第三份乘3，第四份除3得数一致。如果你是该营业点的负责人，应该怎么分呢？

484 春游

一个寝室有六个人，分别是小赵、小钱、小孙、小李、小周、小吴。他们打算去春游，但是对于谁去谁不去，他们有一些奇怪的要求。

已知：

（1）小赵、小钱两人至少有一个人会去；

（2）小赵、小周、小吴三人中有两个人会去；

（3）小钱和小孙两人是好朋友，总是形影不离，要么两人都去，要么两人都不去；

（4）小赵、小李两人最近在闹矛盾，他们不想一起去；

（5）小孙、小李两人中也只有一人去；

（6）如果小李不去，那么小周也决定不去。

根据以上要求，你能判断出最后究竟有哪几个人去春游了吗？

分别教什么课

三位老师，李老师、向老师、崔老师，他们每人分别担任生物、物理、英语、体育、历史和数学六科中两门课程的教学工作。我们已经知道：

（1）物理老师和体育老师是邻居；

（2）李老师在三人中年龄最小；

（3）崔老师、生物老师和体育老师三个人经常一起从学校回家；

（4）生物老师比数学老师年龄要大些；

（5）假日里，英语老师、数学老师与李老师喜欢一起打排球。

你知道三位老师各担任哪两门课程的教学工作吗？

圈出的款额

两位女士和两位男士走进一家自助餐厅，每人从机器上取下一张如下图所示的标价单。

50，95

45，90

40，85

35，80

30，75

25，70

20，65

15，60

10，55

（1）4个人要的是同样的食品，因此他们的标价单被圈出了同样的款额（以美分为单位）。

（2）每人都只带有4枚硬币。

（3）两位女士所带的硬币价值相等，但彼此间没有一枚硬币面值相同；两位男士所带的硬币价值相等，但彼此间也没有一枚硬币面值相同。

（4）每个人都能按照各自标价单上圈出的款额付款，不用找零。

在每张标价单中圈出的是哪一个数目？

注：硬币可以是1美分、5美分、10美分、25美分、50美分或1美元（合100美分）。

提示：设法找出所有这样的两组硬币（硬币组对），每组四枚，价值相等，但彼此间没有一枚硬币面值相同，然后从这些组对中判定能付清账目而不用找零的款额。

487 合租的三家人

有三户人家合租了一个复式别墅。这三户人家都是三口之家：丈夫、妻子和孩子。他们的名字已在下表中列出来了。

丈夫	老张、老王、老李
妻子	丁香、李平、杜丽
孩子	美美（女）、丹丹（女）、壮壮（男）

现在只知道老张和李平家的孩子都参加了学校的女子篮球队训练，老王的女儿不叫丹丹，老李和杜丽不是一家的。

你能根据上面的条件说出每家分别是哪3个人吗?

488 找出死者和凶手

甲的妹妹是丙和戊，他女友是己，己的哥哥是乙和丁。

他们的职业分别是:

甲：医生

乙：医生

丙：医生

丁：律师

戊：律师

己：律师

这6人本来是一家人，却突然发生了冲突，其中的一人杀了其余5人中的一人。警察经过询问，得到以下六条口供:

（1）如果凶手与受害者有亲缘关系，则凶手是男性;

（2）如果凶手与受害者没有亲缘关系，则凶手是个医生;

（3）如果凶手与受害者职业相同，则受害者是男性;

（4）如果凶手与受害者职业不同，则受害者是女性;

（5）如果凶手与受害者性别相同，则凶手是个律师;

（6）如果凶手与受害者性别不同，则受害者是个医生。

经过核实，这六条口供中，只有三条是真实的。

你能推断出谁是凶手，谁是死者吗?

提示：根据陈述中的假设与结论，判定哪3个陈述组合在一起不会产生矛盾。

489 聪明的俘虏

在一个集中营里，关了11个俘虏。有一天，集中营的负责人说：“现在集中营里人满为患，我们想释放一名俘虏。我会把你们捆在广场的柱子上，在你们头上系上一条丝巾。如果你们谁能知道自己脑袋上系的是什么颜色的丝巾，我就释放他；如果你们谁也不知道自己脑袋上的丝巾是什么颜色的，我就让你们都在广场上饿死。”11名俘虏被蒙上眼睛带到广场上，当扯掉他们眼前的黑布时，他们发现：有一个人被捆在正中央，还被蒙着眼，其他10个人围成一个圈，由于中间那个人的阻挡，每个人只能看到另外9个人，而这9个人有的人戴的是红丝巾，有的人戴的是蓝丝巾。集中营负责人说：“我可以告诉你们，一共有6个人戴红丝巾，5个人戴蓝丝巾。”这些人还是大眼瞪小眼，没有人敢说自己头上是什么颜色的丝巾。那个负责人说：“如果你们还说不出来的话，我就把你们都饿死。”这时，中间那个一直被蒙着眼的人说：“我猜到了。”

问：中间那个被蒙住眼的俘虏戴的是什么颜色的丝巾？他是怎么猜到的？

490 玻璃球游戏

几个男孩在一起玩玻璃球。每个人要先从盒子里拿12个玻璃球。盒子中绿色的玻璃球比蓝色的少，而蓝色的玻璃球又比红色的少，因此，每个人红的要拿得最多，绿的要拿得最少，并且每种颜色的玻璃球都要拿。

小明先拿了12个玻璃球，其他的男孩子也都照着做。盒子中只有三种颜色的玻璃球，且数量也刚好够大家拿。

几个男孩子最后把球看了一下，发现拿法全都不一样，而且只有小强有4个蓝色球。

小明对小刚说：“我的红球比你的多。”

小刚突然说：“咦，我发现我们3个人的绿色球一样多啊！”

“嗯，是啊！”小华附和说，“咦，我怎么掉了一个球！”说着把脚边的一个绿球捡了起来。

几个男孩手里总共有26颗红色的玻璃球，请问：这里有多少个男孩？各

种颜色的球各有多少个?

491 男孩吃苹果

四个男孩手中拿着苹果，每个男孩的苹果数量各不相同，在4个到7个之间。然后，四个男孩都吃掉了1个或2个苹果，结果剩下的苹果数量还是各不相同。

四个男孩吃过苹果以后，说了如下的话。

男孩甲：“我吃过绿色的苹果。”

男孩乙：“男孩甲现在手里有4个苹果。”

男孩丙：“我和男孩丁共吃了3个苹果。”

男孩丁：“男孩乙吃了2个苹果，男孩丙现在拿着的苹果数量不是3个。”

其中，吃了2个苹果的男孩说了谎话，吃了1个苹果的男孩说了实话。

请问：最初每个男孩有几个苹果？吃了几个？剩下了几个呢?

492 老朋友聚会

甲、乙、丙、丁四个人上大学的时候在一个宿舍住，毕业10年后他们又约好回母校相聚。老朋友相见后分外热闹，四个人聊起来，知道了这么一些情况：只有三个人有自己的车；只有两个人有自己喜欢的工作；只有一个人有了自己的别墅；每个人至少具备其中一样条件；甲和乙对自己的工作感觉一样；乙和丙的车是同一牌子的；丙和丁中只有一个人有车。如果有一个人三种条件都具备，那么，你知道他是谁吗?

493 谁击中的

一次，国际刑警组织派了A、B、C、D、E、F、G、H八个杀手去刺杀一位恐怖组织的领导人物。这8个杀手都开了枪，恐怖组织的领导人被其中一个人的子弹击中，但是不知道是谁击中的，下面是他们的谈话。

A：“要么是H击中的，要么是F击中的。”

B：“如果这颗子弹正好击中那个人的头部，那么就是我击中的。”

C：“我可以断定是G击中的。”

D：“即使这颗子弹正好击中那个人的头部，也不可能是B击中的。”

E：“A猜错了。”

F：“不会是我击中的，也不是H击中的。”

G：“不是C击中的。”

H：“A没有猜错。”

事实上，8个杀手中有3个猜对了。

你知道是谁击中了吗?

假如有5个人猜对，那么又是谁击中的呢?

494 谁的狗

有四个孩子，他们分别叫黄黄、花花、黑黑和白白。他们每个人都养了一条狗，狗的名字也叫黄黄、花花、黑黑和白白。当然，一个人绝不能与他的狗叫同一个名字，例如，叫花花的狗绝不会是花花的。我们还知道：

（1）花花的狗并不和那只叫花花的狗的主人叫同一个名字；

（2）黄黄的狗并不和叫黑黑的狗的主人用一个名字；

（3）黑黑的狗并不和叫白白的狗的主人叫同一个名字；

（4）白白的狗也不叫花花。

谁能说清楚哪条狗属于哪个孩子?

495 答题卡

下面是一次数学测验的答题卡，一共有10个判断题，每题10分，请根据四名同学的分数，确定每个题目的答案。

题号	1	2	3	4	5	6	7	8	9	10	得分
甲	√	×	×	√	×	×	√	√	×	√	80
乙	√	×	√	√	√	×	√	√	√	√	70
丙	×	×	√	√	×	×	×	×	√	×	40
丁	×	√	×	×	×	√	×	√	×	×	20

496 姑娘得到的花

在一次聚会上来了四位漂亮的姑娘，她们成为了焦点，很多男士纷纷给她们送花。

她们每人都得到了玫瑰花，并且四个人得到的玫瑰花的总数是10朵。

关于每个人得到的花的数量，四位姑娘分别说了一句话。四句话如下所示。

甲：“乙和丙的玫瑰花总数为5。”

乙：“丙和丁的玫瑰花总数为5。”

丙：“丁和甲的玫瑰花总数为5。”

丁：“甲和乙的玫瑰花总数为4。”

现在我们知道，这四句话中，得到2朵玫瑰花的姑娘说了假话，其他的人都说了真话。（得到2朵玫瑰花的姑娘可能不止一人）

根据以上信息，请问：她们每个人分别得到了多少朵玫瑰花？

497 长辈的年龄

小明很喜欢舅舅，因为舅舅总是带着小明玩。

一次，小明问舅舅的年龄，舅舅知道小明的数学很好，就没有直接告诉他，而是给小明提供了一些信息，让他自己计算。

舅舅提供的信息如下：

（1）我的年龄和你妈妈的年龄合起来是48岁；

（2）你妈妈现在的年龄是我过去某一年的年龄的两倍；

（3）在过去的那一年，你妈妈的年龄又是将来某一年我的年龄的一半；

（4）而到将来的那一年，我的年龄将是你妈妈过去当她的年龄是我的年龄三倍时的年龄的三倍。

然后舅舅问小明能否算出舅舅现在是多少岁。

小明被绕糊涂了，你能帮他算出来舅舅现在的年龄吗?

498 飞机绕行地球

有一种飞机，加满一箱油以后，可以绕地球飞行半圈。

现在我们想让这架飞机绕地球飞行整整一圈后安全降落在原来起飞时的飞机场。这样，我们就要在飞机飞行的途中给它加油。

我们没有专门的加油机，只有若干架一样的这种飞机。这种飞机每架只有1个油箱，任意两架飞机之间都可以相互加油（注意是相互）。

而且我们只有这一个机场（中途没有其他飞机场），也就是说，所有飞机都只能从这个机场起飞，并且所有飞机必须全部安全返回这个机场，不允许在中途降落或因没油而坠机。

那么，为了使1架飞机可以绕地球一圈后回到起飞时的飞机场，我们至少需要出动几架次飞机?

499 房子的号码

小婧和小华两人是好朋友。一次，小婧搬家到了苏州街上，这条大街上房子的编号是从13号到1300号。

小华想知道小婧所住的房子的号码，于是他问小婧，但是小婧并没有直接告诉他答案。于是，小华做了一些猜测，然后向小婧确认。

小华问道："它小于500吗？"

小婧做了答复，但她讲了谎话。

小华问道："它是个平方数吗？"

小婧做了答复，也没有说实话。

小华问道："它是个立方数吗？"

小婧回答了并讲了真话。

小华说道："如果我知道第二位数是否是1，我就能告诉你那所房子的号码。"

小婧告诉了他第二位数是否是1，小华也讲了他所认为的号码。但是，小华说错了。

小婧住的房子是几号？

500 邻居和老师的年龄

甲、乙两位数学老师是好朋友。有一天，他们两个同路回家，在路上恰好遇到了甲老师的三个邻居。这时，甲老师就开始跟乙老师讨论数学问题。

甲老师对乙老师说："我的这三位邻居的年龄乘积是2450，他们的年龄之和又恰好是你的年龄的2倍，现在请你猜猜，他们的年龄分别是多少？"

乙老师思考了一阵说："不对，还差一个条件，现在这些条件是算不出的。"

甲老师也思考了一阵，回答说："对，的确还差一个条件，这个条件就是他们的年龄都比我的年龄小。"

很快，乙老师就算出了三个邻居的年龄。

请问：三个邻居和甲、乙两位老师这五个人的年龄分别是多少？

答　案

1. 分辨男女

因为三人中有一个父亲、一个女儿和一个同胞手足。如果A的父亲是C，那么C的同胞手足必定是B。于是，B的女儿必定是A。从而A是B和C二人的女儿，而B和C是同胞手足，这是乱伦关系。因此，A的父亲是B。于是，C的同胞手足是A。从而，B的女儿是C，A是B的儿子。因此，C是唯一的女性。

2. 倒班制度

根据（4）和（5），第一位和第二位实习员工在星期四休假；根据（4）和（6），第一位和第三位实习员工在星期日休假。因此，根据（3），第二位实习员工在星期日值班，第三位实习员工在星期四值班。

根据（4），第一位实习员工在星期二休假。再根据（3），第二位和第三位实习员工在星期二值班。

上述信息可以列表如下（“X”表示值班，“-”表示休假）：

星期	日	一	二	三	四	五	六
第一位	-		-		-		
第二位	X		X		-		-
第三位	-		X		X		

根据（2），第二位实习员工在星期一休假，第三位实习员工在星期三休假。根据（5），第二位实习员工在星期六休假。

因此，根据（1），三位实习员工在星期五同时值班。

一星期中其余三天的安排，可以按下述推理来完成。根据（2），第三位实习员工在星期六休假。根据（3），第一位实习员工在星期一、星期三和星期六值班；第二位实习员工在星期三值班；第三位实习员工在星期一值班。

3. 猫的作战路线

猫的路线是：1、7、9、2、8、10、3、5、11、4、6、12。

4. 蜘蛛的爬行路线

将正方体两个相邻的侧面展开（如下图），A 和B 的连线即是最短路线。

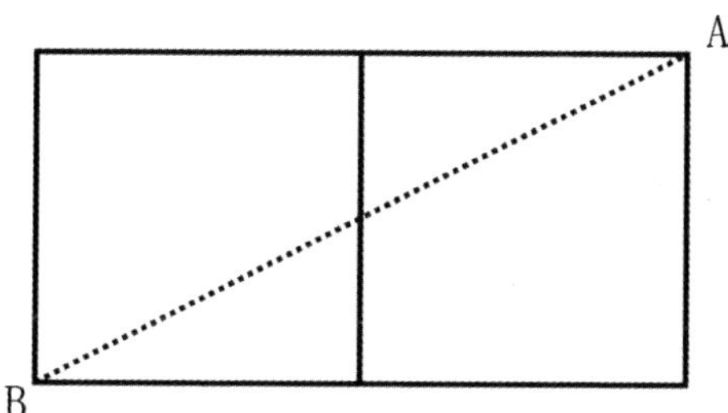

5. 排列十字形

只需把竖排的除了交叉点的那枚硬币外的任何一枚硬币拿起来，重叠放在交叉点的那枚硬币上就可以了。

6. 谁的收音机

如果你的答案是“收音机是他自己的”，那么你就错了，因为你错误地接受了心理暗示，没有仔细看条件。正确答案：收音机是李明的孩子的。

7. 镜子反射的影像

什么也看不见。因为各个方向都铺满了镜片，又无缝隙，进不了光线。

8. 逃避劳动

可能，因为这个箱子足够大，老师可以进到箱子的里面，所以她可以同时看到箱子相对的两面，就像我们在屋子里面可以看到相对的两面墙一样。

9. 如何补救

干脆在所有的裙子上再多弄几个洞，形成一种风格。其实这是真事，“凤尾裙”就是这么来的。

10. 说真话的概率

“A 声称B 否认C 说过D说谎了”=“A 声称B 认为C 说过D说真话了”

这个条件可以有如下几种可能：

D 真C 真B 真A 真，概率1/81；

D 真C 假B 假A 真，概率4/81；

D 真C 假B 真A 假，概率4/81；

D 真C 真B 假A 假，概率4/81；

D 假C 假B 真A 真，概率4/81；

D 假C 真B 假A 真，概率4/81；

D 假C 真B 真A 假，概率4/81；

D 假C 假B 假A 假，概率16/81。

这样，D 说了真话的概率是：（1+4+4+4）/（1+4+4+4+4+4+4+16）=13/41。

11. 多出的空格

只要你计算一下深色和浅色两个三角形的斜率就知道，它们并不一样。也就是说，这两个三角形的斜边并不是一条直线，上面的图中这条线向下凹进去一些，下面的图中这条线向上凸出去一些，这就形成了下图中的那个空格。

12. 多出的方格

首先，我们来计算一下第一幅图中最上面三角形的斜率k1，k1=8/3，然后，我们再来看一下下面那个梯形的斜边的斜率k2，k2=5/2，将两个斜率不同的图形（一个三角形、一个梯形）对接在一起，它们的组合图形不可能是一个三角形，在连接的地方应该是向内凹进去的。也就是说，第二个图形中，中间的那条斜线并不是直线，有些部分是空缺的，只是我们肉眼看上去像是一条直线罢了。这就解释了为什么会多出一块来。

13. 如何切割拼出正方形

如下图所示：

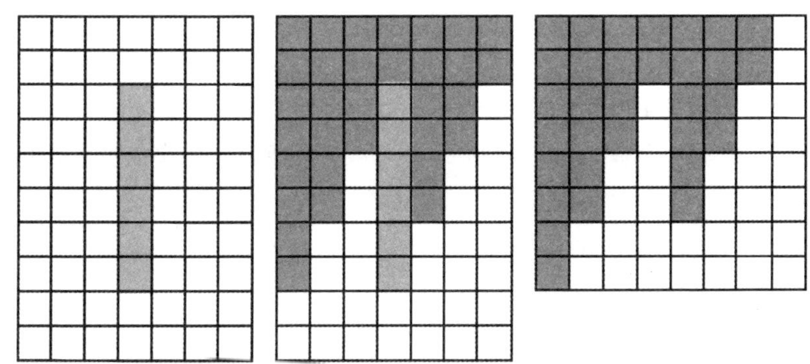

14. 寻骨路线

小狗从第8 扇门进去，才能一次吃完所有的骨头且路线不重复。

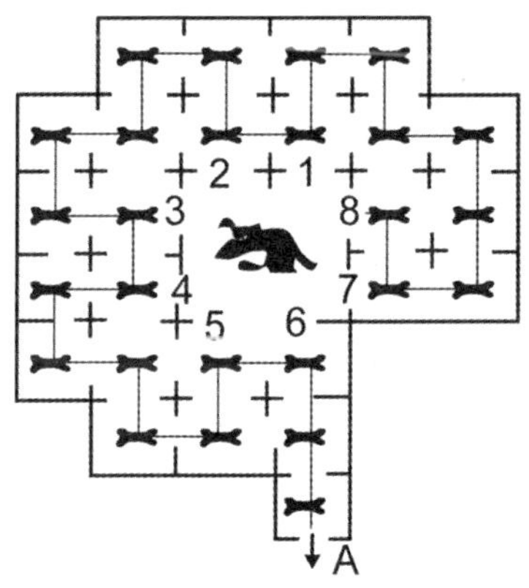

15. 巡逻员的路线

他们各自的巡逻路线如图所示：

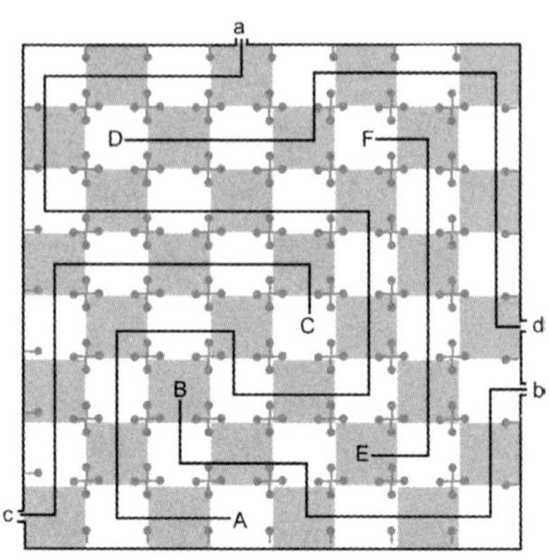

16. 测量金字塔

法列士选择了一个晴朗的天气，组织测量队的人来到金字塔前。太阳光给每一个测量队的人和金字塔都投下了长长的影子。当法列士测出自己的影子长度等于他自己的身高时，便立即让助手测出金字塔的阴影长度。他根据塔的底边长度和塔的阴影长度，很快就算出了金字塔的高度。

17. 怎样把水烧开

智者说："如果那样，就把壶里的水倒掉一些。"

青年若有所思地点了点头。智者接着说："你一开始踌躇满志，树立了太多的目标，就像这个大壶装的水太多一样，而你又没有足够多的柴火，所以不能把水烧开。要想把水烧开，你或者倒出一些水，或者先去准备足够的柴火。"

青年顿时大悟。回去后，他把计划中所列的目标划掉了许多，只留下最重要的几个，同时利用业余时间学习各种专业知识。几年后，他的目标基本上都实现了。

18. 烧香时间

一根两头点燃，另一根一头点燃，当第一根烧完后，是30 分钟，此时，第二根再两头点燃，可得15分钟，加起来就可以得到45 分钟。

19. 焚香计时

1个小时很容易计时，关键是15分钟。如果两头一起点可以得到半个小时，而15分钟又恰好是半个小时的一半，所以要想办法得到能烧半个小时的香，这步是解题的关键。先拿两根香，一根两头一起点，一根只点一头。等第一根烧完之后，即半个小时之后，第二根剩下的部分还可以烧半个小时。此时将第二根两头一起点，这样就可以计时15分钟了，然后等烧完之后再两头点一根香，加起来就是1个小时15分钟。

20. 最后朝哪个方向

也许你会有点惊讶，因为还是深色的那一面朝上。

21. 警卫巡逻

如下图所示即可。

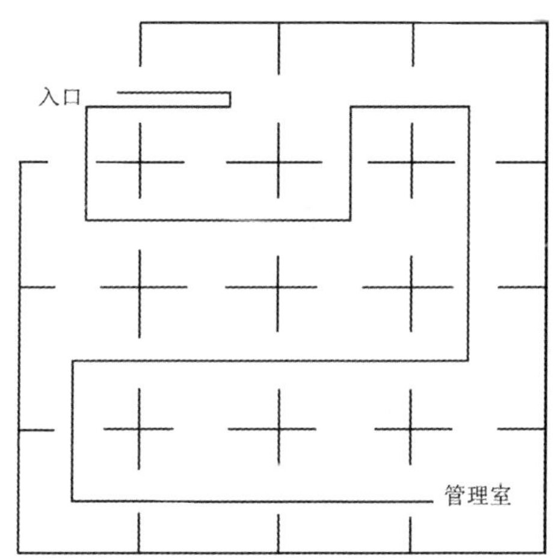

22. 通用的木塞

很多人一想到木塞塞住某物，就会将木塞想象成一块没有变化的、形状单一的物体。如果能将思维发散，将它想象成不同的平面，就能设计出第一个木塞；如果再将思维发散，将不同的平面各按不同的角度进行摆放，很容易设计出第二个木塞。

如图所示：

23. 切割问题

问题一：

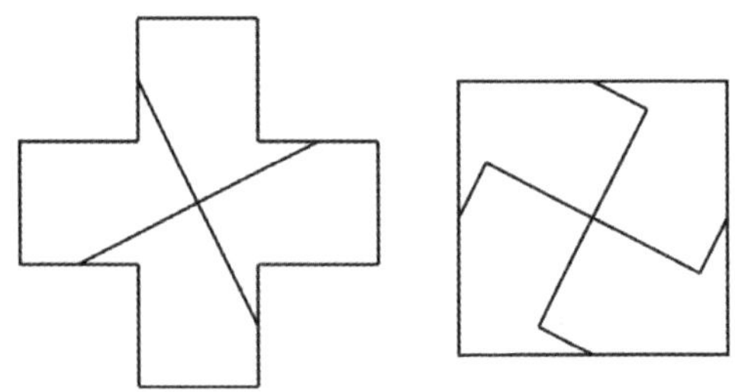

问题二：

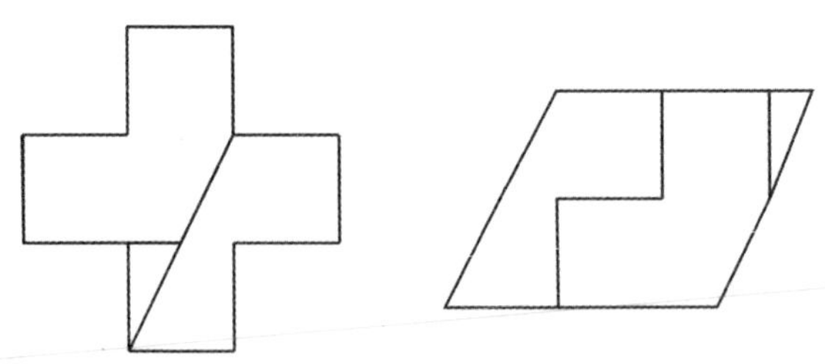

问题三：

24. 剪成大环形

如图，答案有两个：2 和4。其中虚线是形成环形的部分。

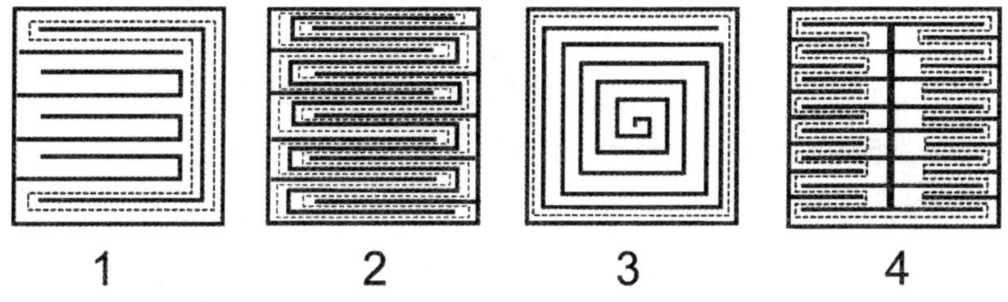

25. 是否平衡

这是个杠杆问题，利用力矩平衡原理很容易就可以判断出来。从中心的三角形处开始往左算起，第一列方块的力臂长设为1，则第二列力臂长为3，第三列力臂长为5……依此类推。然后分别用每列方块数乘以对应的力臂长，逐个相加，看左右两边最后相加的结果是否相等，即可判断是否平衡。

左边=6×9+5×7+1×5+3×3+1×1=104

右边=1×1+1×3+1×5+1×7+2×9+1×11+1×13+1×15+1×17+1×19=109

所以不平衡。

26. 看报纸

在第7页前有6页，在第22页后也有6页，所以这份报纸有28页，按照正常的报纸版式，每4页一张，所以一共有7张，即小王还有4张没有看。

27. 靠近

C点和D点的距离保持不变。

28. 立方体

C面的对面是D面。

29. 回到起点

七桥问题是一个著名的古典数学问题。数学家欧拉用点表示岛和陆地，两点之间的连线表示连接它们的桥，将河流、小岛和桥简化为一个网络，把七桥问题化成判断连通网络能否一笔画成的问题。他不仅解决了此问题，且给出了连通网络可一笔画成的充要条件：它们是连通的，且奇顶点（通过此点的弧的条数是奇数）的个数为0或2。七桥所形成的图形中，没有一个点是偶顶点，也就是4个点都是奇顶点，不符合奇顶点是0个或2个的条件，因此上述任务无法完成。

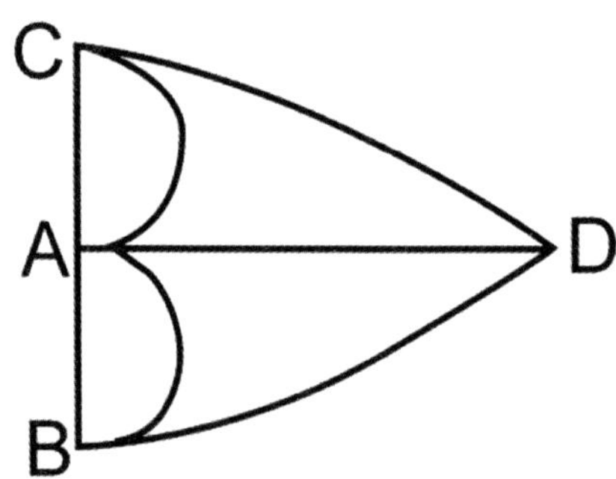

30. 一笔画（1）

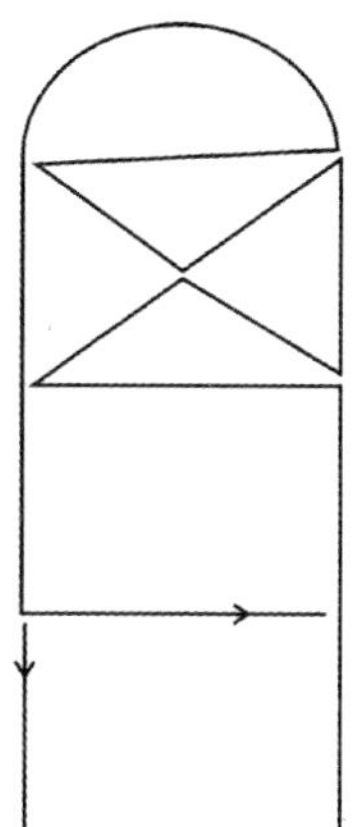

31. 一笔画（2）

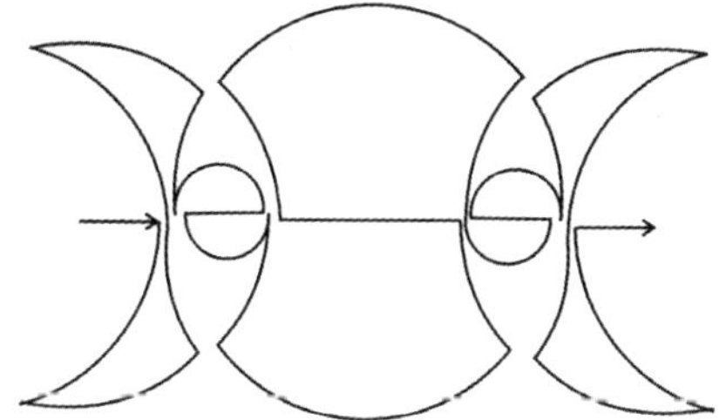

32. 一笔画（3）

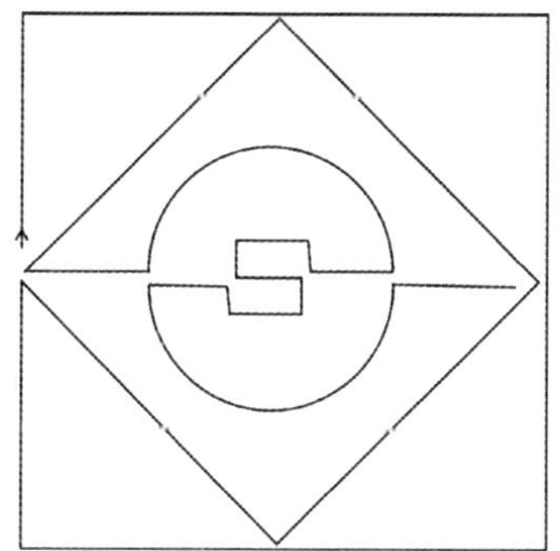

33. 一笔画（4）

方法有很多种，只要从奇数条直线的交点处出发即可。下图是其中一种画法。

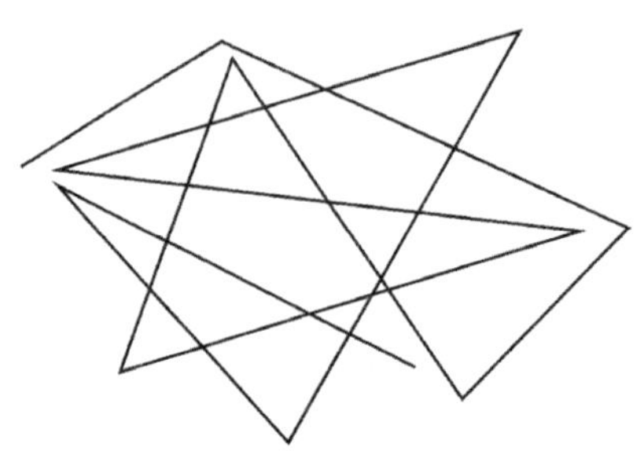

34. 一笔画（5）

选择B。

方法如下：

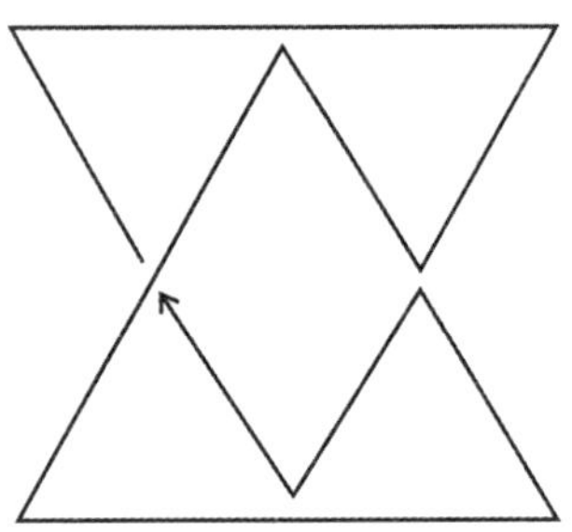

35. 一笔画（6）

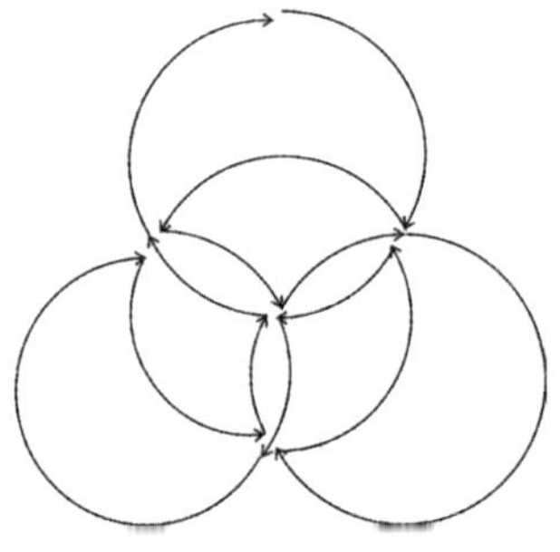

36. 一笔画（7）

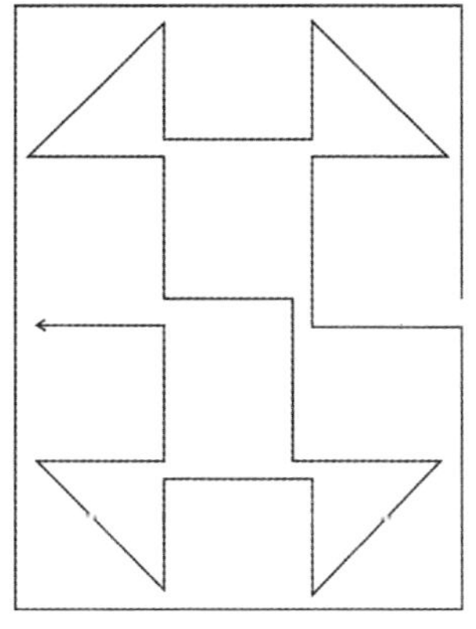

37. 数正方形（1）

一共有15个，你数对了吗?

38. 数正方形（2）

一共有15个，你数对了吗?

39. 数正方形（3）

一共有29个，你数对了吗?

40. 数正方形（4）

一共有16个，你数对了吗?

41. 数正方形（5）

一共有11个，你数对了吗?

42. 数正方形（6）

有27个，你数对了吗?

43. 数正方形（7）

有24个正方形。

44. 数长方形（1）

像这种数长方形的题目是有技巧的。因为长方形由长宽两对线段围成，线段AB上包含线段3+2+1=6（条），其中每一条与AC相对应，分别作为长方形的长和宽，这里共有长方形6×1=6（个），而AC上共有线段2+1=3（条），也就有长方形6×3=18（个）。

归纳起来说，长方形的个数=长边线段的总数×宽边线段的总数。

45. 数长方形（2）

10×6=60个，你数对了吗?

46. 数长方形（3）

一共有25个，你都找出来了吗?

47. 加三角形

答案如下图所示。

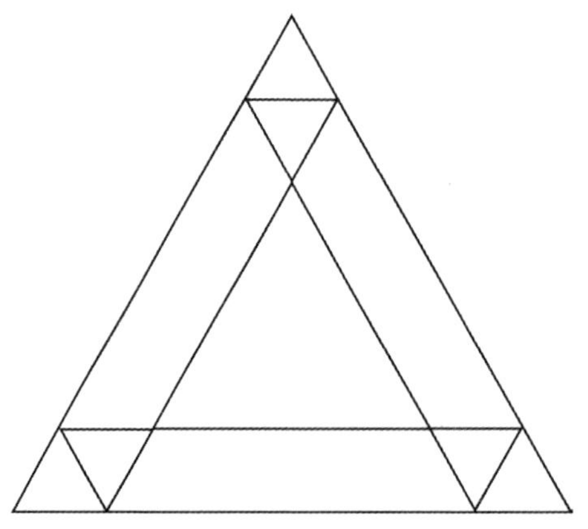

48. 数六边形

共有28个。小六边形有20个，别忘了还有8个大六边形。

49. 数三角形（1）

一共有16个三角形，你数对了吗?

50. 数三角形（2）

一共有35个三角形，你数对了吗?

51. 数三角形（3）

一共有31个三角形，你数对了吗?

52. 数三角形（4）

一共有74个三角形，你数对了吗?

53. 数三角形（5）

30个，你数对了吗?

54. 数三角形（6）

有18个三角形，你数对了吗?

55. 数三角形（7）

A图形中共有三角形3个，B图形中共有三角形8个，C图形中共有三角形15个，D图形中共有三角形24个。

56. 数等边三角形

一共有35个，你数对了吗?

57. 阿凡提与国王

阿凡提说：“把你骗下轿子有点难，不过我可以很轻松地把你从地上骗到轿子上，你信不信？”国王当然不相信了，于是就走下轿来，等着阿凡提来骗。就这样，国王输了。

58. 步行与乘车

皮皮白白辛苦地走了全程的1/2，他步行加乘车与等在车站乘车所用的时间一样多。因为他步行了全程的1/2 所用的时间就跟他在车站等车是一样的，他走与不走，最终都按那辆车到达目的地的时间来计算所用的时间。他除了在心理上得到一点安慰外，是不会节约一分钟的。

59. 瓶中的小虫

1 分钟58 秒。

分析：我们可以从第二秒的时候，瓶里有两个小虫计时，它分裂到最后填满小瓶，需要的时间就是除去最先由一个分裂为两个小虫的时间，即2秒。减去这2秒，就是两个小虫分裂满一瓶需要1分钟58秒。

60. 蜗牛爬树

8 天。

第一天白天， 蜗牛向上爬到3 尺处， 到了晚上向下滑到1 尺处，所以第一天蜗牛最高到3 尺处；第二天白天， 蜗牛向上爬到4尺处，到了晚上向下滑到2尺处，所以第二天蜗牛最高到4 尺处。依此类推，蜗牛爬到10尺处的时间是10-2=8，即第八天白天。

61. 王子和宝石

红盒子里宝石的数量是12 颗。

因为拍掌的次数是21 次，所以30颗宝石不会全放在红盒子里，否则会听到30次拍掌声。也不可能都放在蓝盒子里，因为如果21 次都往蓝盒子里放宝石，那么一共要放42 颗宝石，而不是30颗宝石。所以30 颗宝石不是都放在蓝盒子里的，有一部分放在了红盒子里。

而每往红盒子里放一颗宝石，要拍掌一次，这样拍掌的数量不会变化，但放的宝石数量比放在蓝盒子里要少一颗，所以往红盒子里放的宝石数量是：（42−30）÷（2−1）=12（颗）。

也就是说，一共放了21 次，其中12次放在红盒子里，每次放一颗宝石，另外9 次放在蓝盒子里，每次放2颗宝石，所以一共放了12+18=30颗宝石。

62. 婚姻问题

因为乙的错误可能达到80％，如果按照乙的意见的相反方向去办，正确率比甲的要高。

63. 相等的两块

将完整蛋糕的中心与被切掉的那块蛋糕的中心连成一条线切开来。请注意，切掉的那块蛋糕的大小和位置是随意的，不要一心想着自己切生日蛋糕的固有方式，要跳出这个圈子。

64. 爬山

我们可以想象在周一早上8 点，小和尚下山时，有另一个小和尚同时从山脚下开始往山上走，这样，不管两个人的速度如何，总会在山脚到山顶中间的某个位置相遇。当他们相遇时，时间、地点肯定是相同的，也就是说，他们两个在同一钟点到达了山路上的同一点。我们可以把第二天返回庙里的小和尚想象成第二个小和尚，就可以解答这个疑问了。

65. 打包花束

把1000 朵花分成1、2、4、8、16、32、64、128、256、489 十份，每份包成一束，这样1～1000朵玫瑰花，无论顾客要多少朵，都可以成束买走。

66. 路径谜题

从右下角出发，分别是9+8+5+6+7，和最大。

67. 几条路径

只有一条，是0+2+2+6+3+5+3+6+3=30，其他的路径都不可以，你找出来了吗?

68. 数字路径

只有一条，是5+2+6+2+9+2+7+2+5，其他的路径都不可以，你找出来了吗?

69. 密码箱

先按最后一排第二个键，也就是那个带有上箭头的1字键。

70. 连正方形

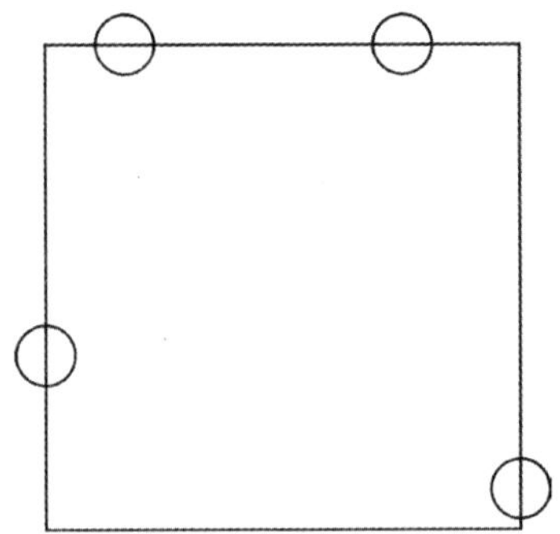

71. 切蛋糕

如下图的切法即可满足要求。

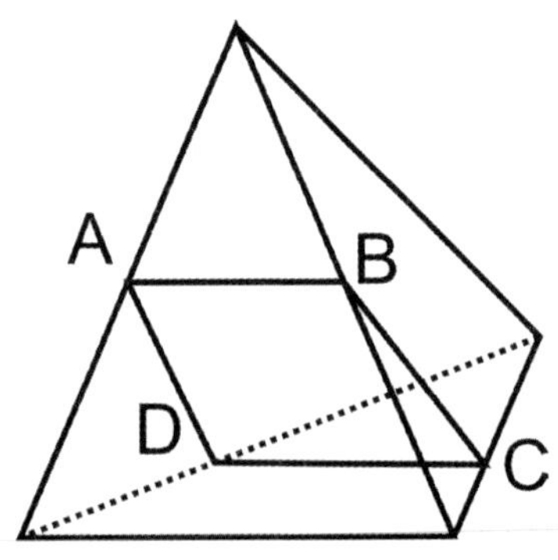

72. 切坏的纸杯

应该是C。

73. 剪纸

选C，大家可以亲自试一下。

74. 剪洞

选择D，你可以自己折叠试一试。

75. 划割路线

小路修成如下图所示，即可满足条件。

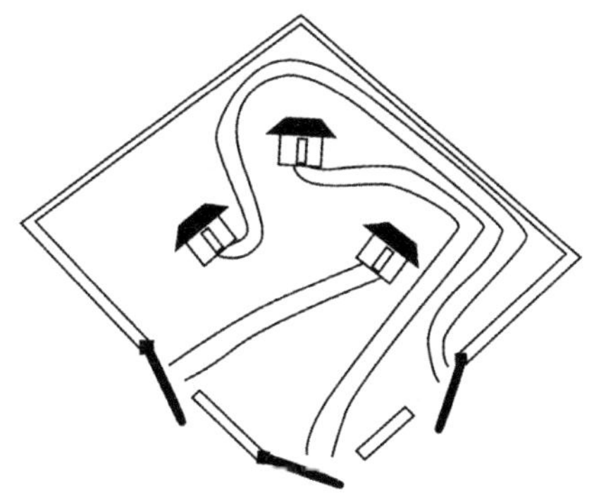

76. 循数而行（1）

<table>
<tr><td></td><td>3</td><td>2</td><td></td><td>2</td></tr>
<tr><td></td><td></td><td>0</td><td></td><td></td></tr>
<tr><td>2</td><td></td><td></td><td>2</td><td></td></tr>
<tr><td></td><td>1</td><td></td><td>1</td><td>3</td></tr>
<tr><td></td><td>2</td><td>3</td><td></td><td>3</td></tr>
</table>

77. 循数而行（2）

3	3	3	3	3
1	2	1	2	1
2	2	2	2	2
2	3	3	2	2
2	2	2	2	3

78. 贪吃蛇（1）

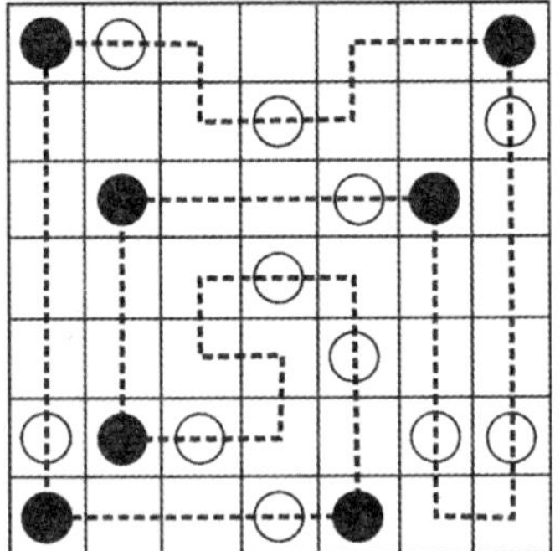

79. 贪吃蛇（2）

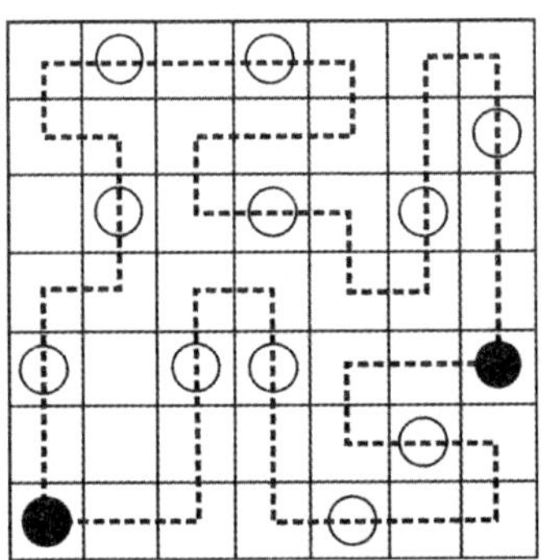

80. 七巧板（1）

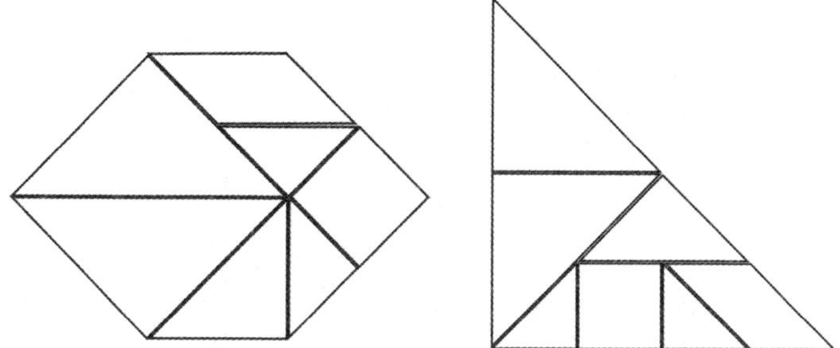

81. 七巧板（2）

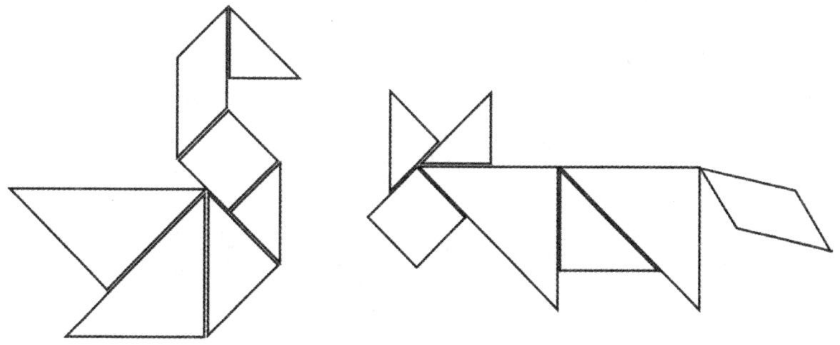

82. 拼图游戏（1）

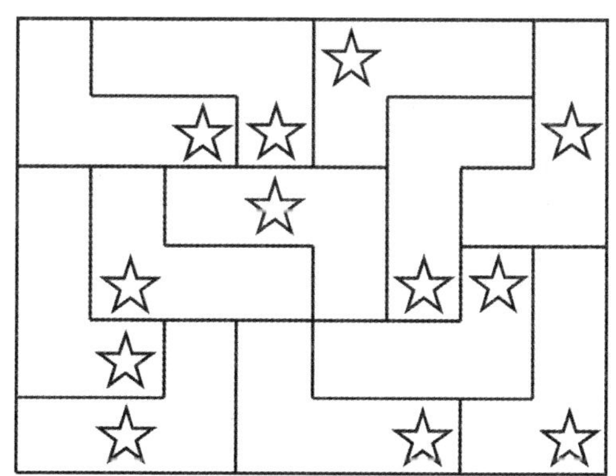

83. 拼图游戏（2）

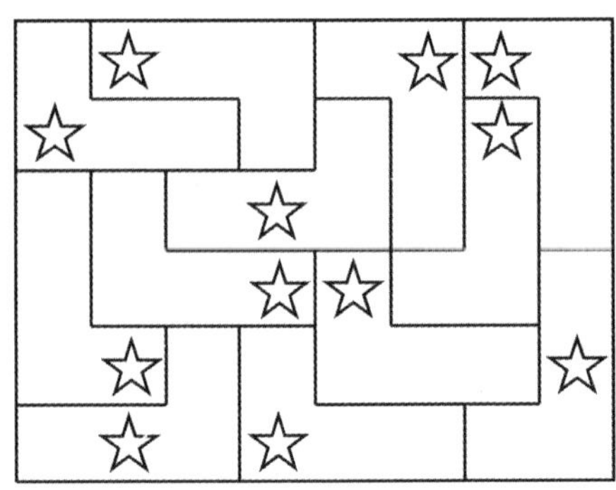

84. 划分数块

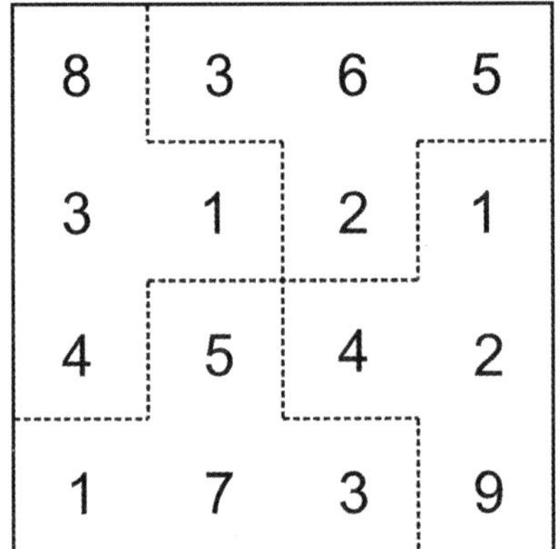

85. 数字网格（1）

6	4	5	3	1	2
2	6	1	4	3	5
1	2	4	5	6	3
5	1	3	2	4	6
3	5	6	1	2	4
4	3	2	6	5	1

86. 数字网格（2）

6	4	1	2	5	3
3	2	6	5	4	1
4	1	5	3	2	6
2	3	4	1	6	5
5	6	3	4	1	2
1	5	2	6	3	4

87. 迷宫

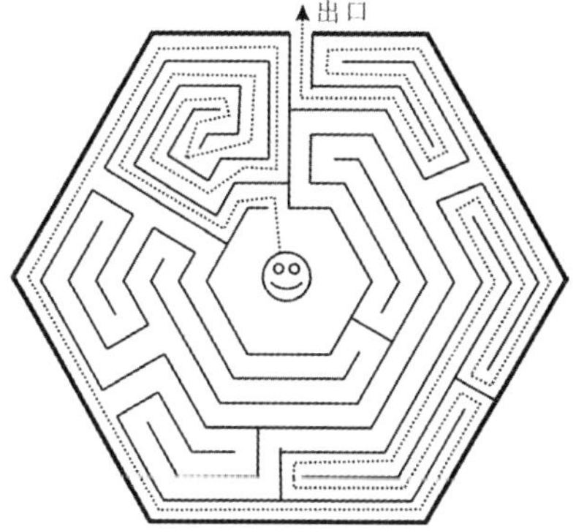

88. 最短距离

不是。

如下图所示，把圆锥的侧面展开，这样从A点到A1点的连线才是最短距离。

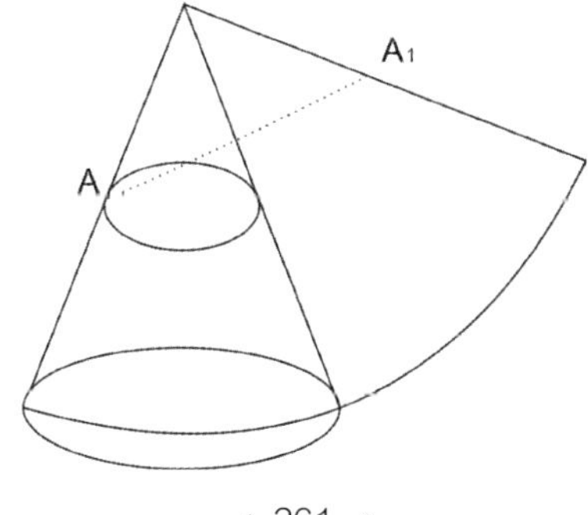

89. 画三角

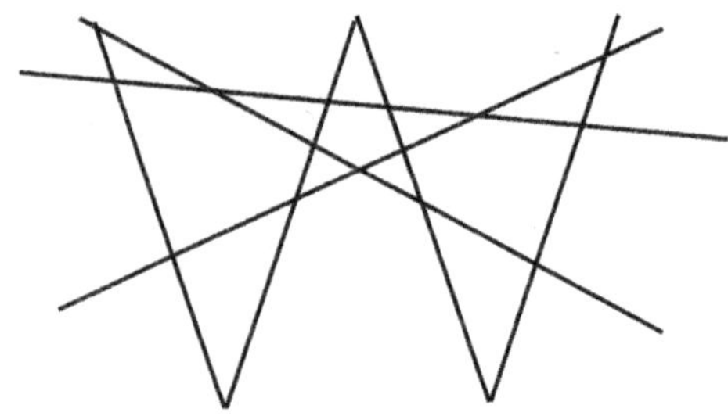

90. 五个三角形

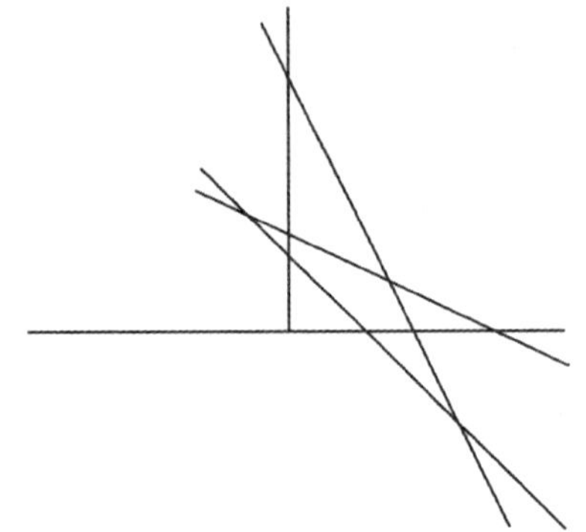

91. 重叠的面积

不论三角形转到哪里，重叠的面积大小都不变。因为不论转到什么角度，图中A、B两部分永远是全等的，所以重叠部分的面积永远是正方形的四分之一。

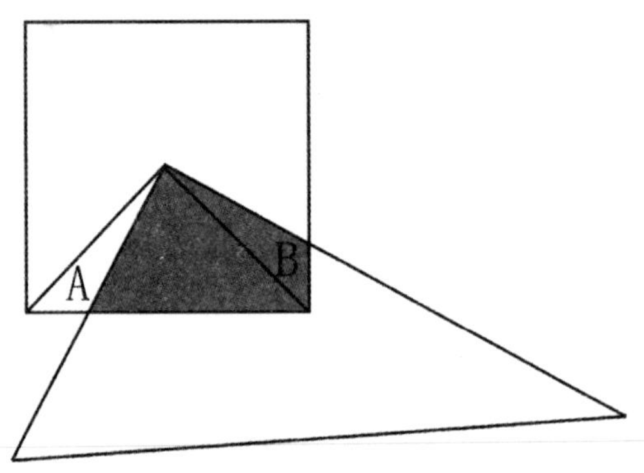

92. 齿轮

因为它们的齿数相同，所以转速也相同，跟中间连接的齿轮没有关系。

93. 传送带

左下角的齿轮逆时针旋转，其他的齿轮都是顺时针旋转。

94. 运动轨迹

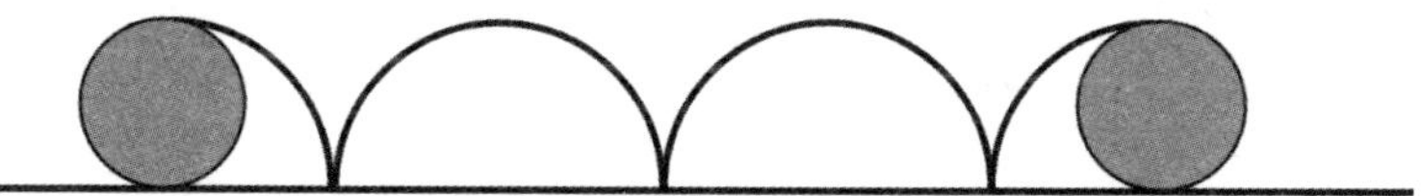

95. 牢固的窗子

A窗子最牢固，因为它构成了三角形，而三角形最具有稳定性。

96. 面积最大

周长相同的图形中，圆的面积最大，所以用八根火柴摆的多边形中，那个最接近圆的正八边形面积最大。

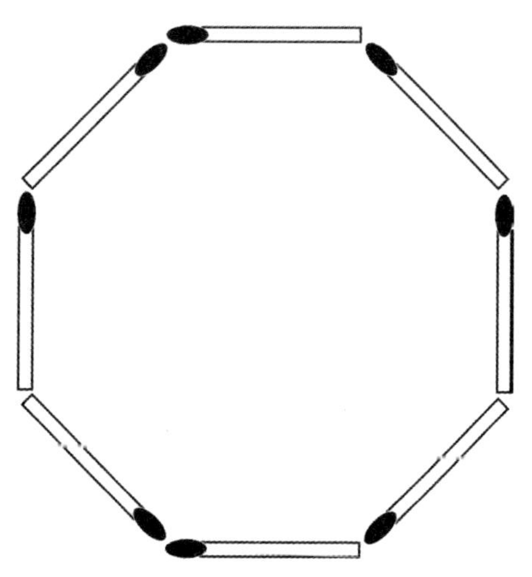

97. 真正的与众不同

仔细观察，你会发现A的形状与其他三个不同，C的颜色与其他三个不同，D的数字与其他三个不同，所以真正与众不同的是B，只有它没有与其他三个都不一样的地方。

98. 拼地砖

只有正五边形不可以，其他都可以。

99. 走遍全世界（1）

按照图中虚线的方向走即可。

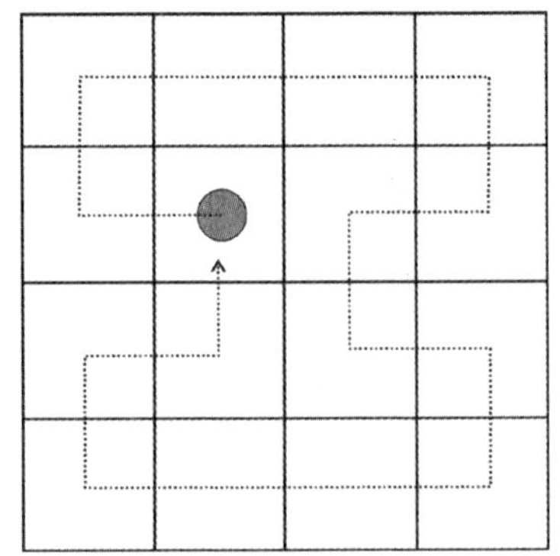

100. 走遍全世界（2）

按照图中虚线的方向走即可。

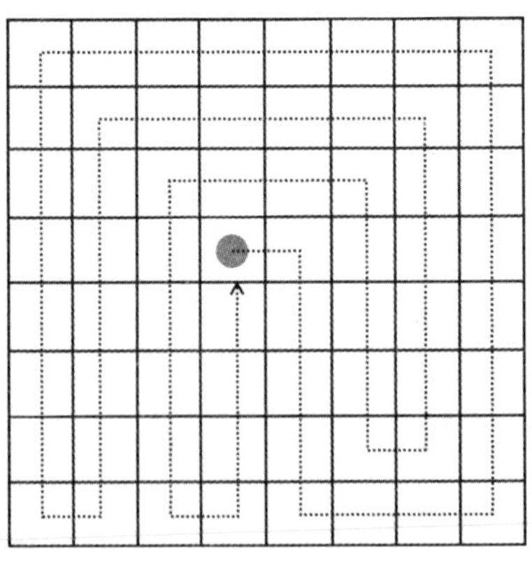

101. 字母位置还原（1）

A		C	B		D
	C	D		A	B
B		A	D		C
	A	B	C	D	
C	D		A	B	
D	B			C	A

102. 字母位置还原（2）

	C	D	A	B	
D		B	C		A
A			B	C	D
C	B	A	D		
B	D			A	C
	A	C		D	B

103. 谁的红旗

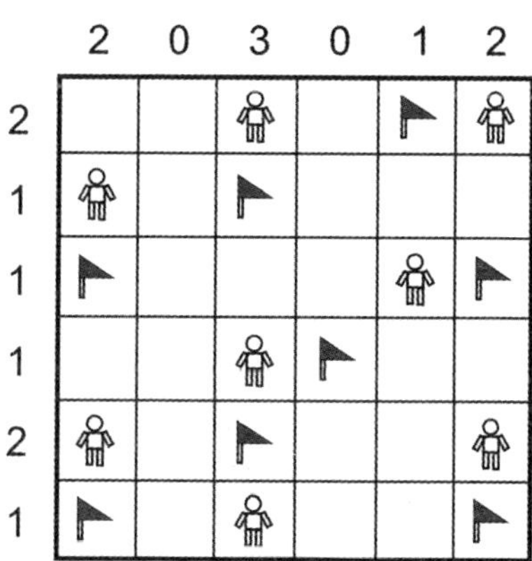

104. 看不见

把人放在五角星的位置即可。

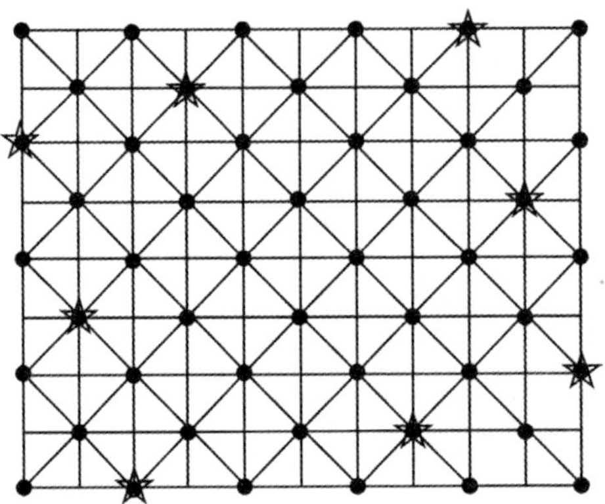

105. 环岛旅行

先让两艘小艇都装满燃料，同时向一个方向航行，行到40公里处的时候，把一艘小艇上剩余燃料的一半（也就是航行40公里所用的燃料）交给另一艘小艇，然后，自己用剩余的燃料返回码头，另一艘小艇继续航行120公里直到没油。刚才回到码头的小艇装满油后，从相反方向去接另一艘小艇，在40公里处遇到，把小艇上剩余燃料的一半（也就是航行40公里所用的燃料）交给另一艘小艇，然后两艘小艇同时返回码头即可。

106. 连通装置

需要10步：1.把奶倒入E中；2.油倒入D中；3.酒倒入B中；4.水倒入A中；5.奶倒入C中；6.油倒入E中；7.酒倒入D中；8.水倒入B中；9.奶倒入A中；10.油倒入C中。

107. 小明搬家

需要搬动17次。搬动的次序为：1.钢琴，2.书架，3.酒柜，4.钢琴，5.办公桌，6.床，7.钢琴，8.酒柜，9.书架，10.办公桌，11.酒柜，12.钢琴，13.床，14.酒柜，15.办公桌，16.书架，17.钢琴。

108. 零钱

硬币：1个一分，2个二分，1个五分。

纸币：2张一角，1张二角，1张五角；2张一元，1张二元，1张五元。

109. 修路（1）

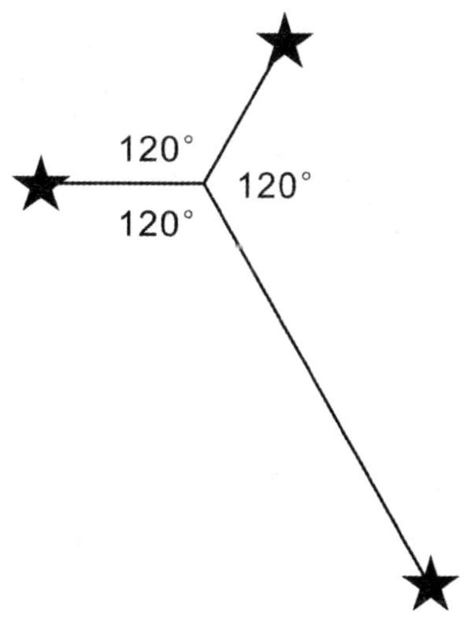

110. 修路（2）

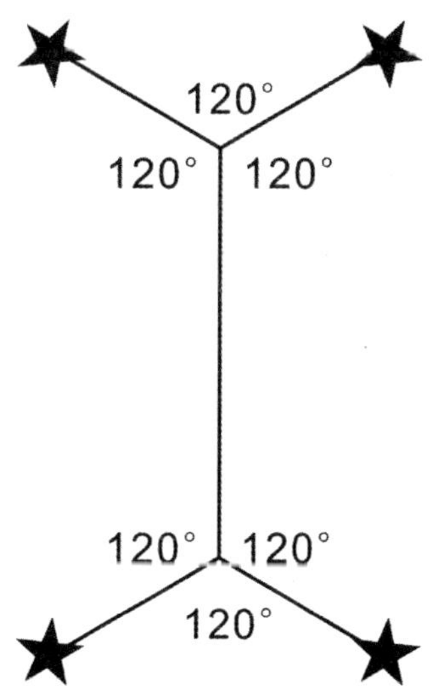

111. 修路（3）

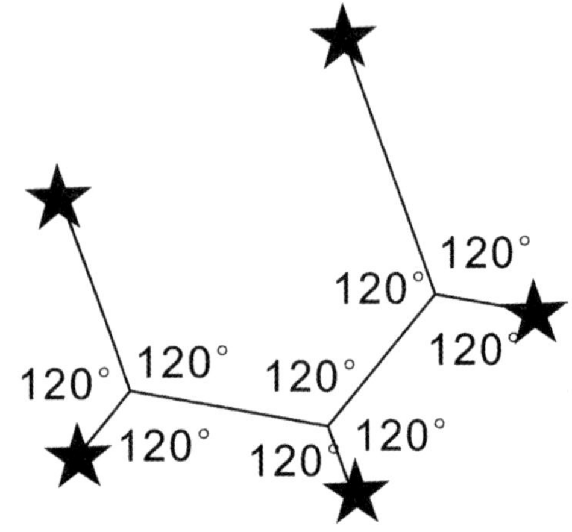

112. 流放犯人

英国政府最终找到了一个更好的办法，那就是对运送犯人的制度稍加改变，流放人员仍然由前往澳洲的商船运送，只是运送犯人的费用要等犯人被送到澳洲后再支付。政府不再根据上船时的人数，而是根据到岸时活着的人数来计算费用。

这个机制的转变使犯人的死亡率大大降低。

113. 如何选择

这题一眼看去不过三种选择。如果你想报恩，你应当捎带上这位医生；如果你心中动了恻隐之心，你可能会带上老人上医院；但如果你的私心最后占了上风的话，你的选择就是带上女郎，因为这是一次难得的与你喜欢的女郎约会的机会。当然，你选择了这三种策略中的任何一种都有损失，而不能鱼与熊掌兼顾。

这道题并不是想通过看受试者的选择来判断其人品，这题目有标准答案：你应当将车钥匙给医生，请他带老人去医院看病，而你陪着女郎在雨中散步。

这是一个完美的选择：老人在医生的陪同下去了医院，医生也离开了雨中的小镇，而你和女郎相伴，漫步在雨中，别有一番情调。

114. 老人与小孩

他把孩子们叫到一起，告诉他们谁叫的声音越大，谁得到的报酬就越多，他每次都根据孩子们吵闹的情况给予不同的奖励。等到孩子们已经习惯于获取奖励的时候，老人开始逐渐减少所给的奖励，最后无论孩子们怎么吵，老人一分钱也不给。

最后，孩子们认为“不给钱了谁还给你叫”，于是再也不到老人所住的房子附近大声吵闹了，老人从此过上了安静的生活。

115. 如何暂时减薪

某位经理出了个主意，让人事部的主任去向员工宣布这样一条消息：由于公司暂时陷入财政危机，因此要裁撤掉一大批人以节省开支，请员工们谅解。

这一消息一出，立刻引起轩然大波。没有谁愿意这个时候离开公司，毕竟这家公司待遇不错，而且也只是暂时的危机，熬过去的话相信能获得更大的收益。接下来的几天里，众员工皆战战兢兢，小心翼翼，生怕自己一不小心的举动就凑巧成为被裁撤的理由。

就在这种极度压抑的气氛下，公司总经理出面了，他对众人说：“虽然公司现在很困难，但是员工们才是公司最宝贵的财富，经过反复的讨论，公司决定不裁员了。”员工们沸腾了，整个公司成了一片欢乐的海洋。

趁着大家的高兴劲儿还没过，总经理又说道：“但是，公司的困难总是需要解决的，所以，公司会暂时削减所有人的薪水，大家一起努力渡过这个难关，待到公司摆脱困境便立刻恢复。”

此时，员工因为经历过裁员的恐慌，对于减薪这件事已经比较能接受了，再说，将来还有可能恢复，减就减吧。

就这样，公司顺利将其减薪计划推行了下去。

116. 规律推理

这张图里的3 种图案排列，是从右上角开始由外到里形成一个顺时针旋涡状○－▲－★循环，所以问号处应该是★。

117. 数字间的关系

第一组数字发音都是一声，第二组数字发音都是四声，第三组数字发音都是三声。

118. 数列

21。前一项加一等于后两项之和。

119. 字母数列

（1）N。这是1、2、3、4、5、6、7、8、9的英文one、two、three、four、five、six、seven、eight、nine的首字母大写。

（2）这是1至6月的英文January、February、March、April、May、June的首字母，所以答案是J。

（3）键盘上的字母L。

（4）键盘上的字母Y。

120. 数列的规律

每个数字都是前一个数字的平方加前面第二个数字的平方，所以29×29+5×5=866，选C。

121. 单价

单价是每个字1角钱。

122. 测量任务

因为明明测量的是钟。

123. 五个砝码

1克、3克、9克、27克、81克砝码是可以放在天平左右两个托盘里的，等号左边代表被称物，右边代表砝码。

1=1

2=3−1

3=3

4=3+1

5=9−3−1

6=9−3

7=9−3+1

8=9−1

9=9

10=9+1

11=9+3−1

……

240之内都可以表示出来。

124. 药品的规格

如果是3种规格的药，我们可以在第一瓶药中取一颗，第二瓶药中取10颗，第三瓶药中取100颗，第四瓶药中取1000颗，依此类推……然后，将所有的药放在一起，称得总重量，那么个位数上如果为1，就说明第一瓶药为1克的药；如果为2，就说明第一瓶是2克的药；如果为3，就说明第一瓶是3克的药。十位数上的数字就是第二瓶药的规格，百位上的数字就是第三瓶药的规格，依此类推……

对于有4种规格、5种规格的药，只要药的规格没有大于10克，就都可以用这个方法。

当然，我们在这里没有考虑代价的问题。要考虑到代价的问题，我们就要先看最重的药是多重，比如上面例子是3克，就不要用10进制，而是改用3进制，这样就可以节省很多药品。

如果有n种规格的药，就用n进制。第一个瓶子里取n0颗药，第二个瓶子取n1颗药……第k个瓶子取n（k—1）颗药。把最后称出来的总重量从10进制变换成n进制，然后从最低位到最高位就依次是各瓶药的规格了。

125. 冰雹数列

冰雹数列（数字的循环出现就像在旋风中翻滚的冰雹颗粒）是否符合题目中所说的规律，到现在为止还没有一个确定性的答案，但从1到26这些数字的测试来看，它们都很快地陷入此循环。

如果从7开始，你会得到：

7、22、11、34、17、52、26、13、40、20、10、5、16、8、4、2、1、4……

数字27的变化则有些奇特：在第77步时，它增加到9232，然后才开始一直减少，在第111步时开始1—4—2—1—4—2的循环。

从1到1兆的数字都被测试过，最后它们都呈现如此的循环，但是这仍然证明不了它就真的具备这一性质。

126. 重合的指针

12个小时中有11次重合的机会，而这些机会是均等的，所以每隔12/11小时就会出现一次。具体时刻大家可以自己推算出来。

127. 两个骰子

共有6种可能出现的偶数情况：2、4、6、8、10和12，以及5种可能的奇数情况：3、5、7、9和11。尽管如此，下面的图表显示，共有18种情况得到偶数，18种情况得到奇数。所以，得到偶数和得到奇数的概率相等。

骰子1	1	1	1	1	1	1	2	2	2	2	2	2	3	3	3	3	3	3
骰子2	1	2	3	4	5	6	1	2	3	4	5	6	1	2	3	4	5	6
和	2	3	4	5	6	7	3	4	5	6	7	8	4	5	6	7	8	9
奇偶	偶	奇	偶	奇	偶	奇	奇	偶	奇	偶	奇	偶	偶	奇	偶	奇	偶	奇

骰子1	4	4	4	4	4	4	5	5	5	5	5	5	6	6	6	6	6	6
骰子2	1	2	3	4	5	6	1	2	3	4	5	6	1	2	3	4	5	6
和	5	6	7	8	9	10	6	7	8	9	10	11	7	8	9	10	11	12
奇偶	奇	偶	奇	偶	奇	偶	偶	奇	偶	奇	偶	奇	奇	偶	奇	偶	奇	偶

128. 神奇的数字方阵

很简单，将原方阵各格中的数字加上1，就行了。

3	10	5
8	6	4
7	2	9

129. 猎人的朋友

老人说：“这就是那位朋友送来的兔子的汤的汤。”我和你是朋友，你和他是朋友，我和他可能是朋友，也可能不是朋友而是冤家。老人的机智就在于形象地把朋友间的非传递关系揭示了出来。

130. 大钟和闹钟

因为我的闹钟是电子钟，那个表示分的数字右上角的那一竖坏了，可以正确显示5，也可以正确显示6，却不能正确显示8和9，到了59分时，也只能显示55分。

131. 热气球过载

谁最胖就把谁扔出去。

132. 耕地能手的工钱

此题中给的所有数字都是没用的，是用来扰乱人们思路的。因为农场主决定要种10 公顷小麦，让他们各自包一半，也就是每人5 公顷，而且是各干各的，只是完成的时间不同罢了。按照工作量取得报酬，两个人应该是一样的，也就是每人50 元。

133. 睡觉的问题

很显然现在我们是醒着的，也就是说我们刚刚醒来过，而每次入睡都会有醒来的时候，所以这个问题就要考虑我们出生的时候是睡着的还是醒着的。如果出生时，我们是睡着的，那么我们的第一个动作就是醒来，所以醒来的次数比入睡的次数多一次；如果我们出生的时候是醒着的，那么我们的第一个动作就是入睡，所以我们入睡的次数和醒来的次数是一样多的。

134. 哥德巴赫猜想

（1）100=3+97

（2）50=47+3=43+7=37+13

（3）20=17+3=7+13

135. 偶数路径

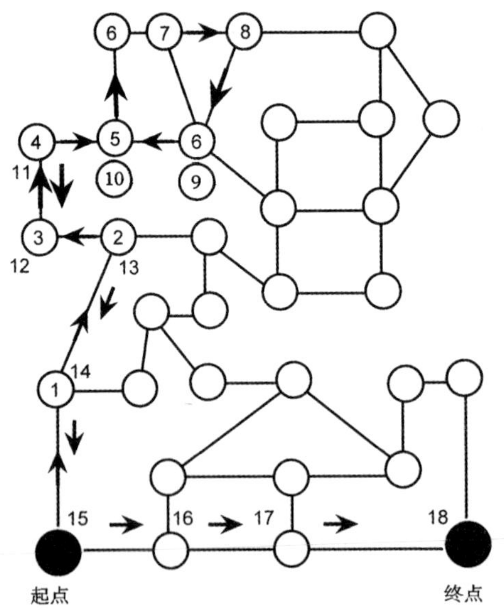

136. 点与直线

如下图所示：

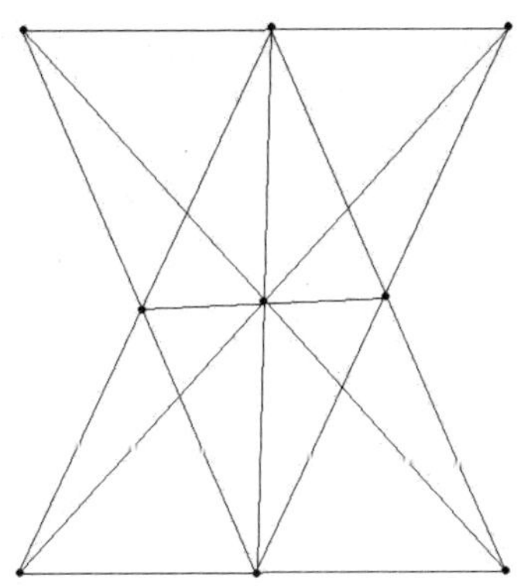

137. 迷路的队员

因为他在北极点上。（本题还有其他答案，大家可以自己想想。）

138. 柯克曼女生散步问题

这个问题比较难，下面列出其中一个符合条件的组合，其实满足要求的答案还有很多，感兴趣的读者可以自己研究摸索一下。

星期日：01 02 03，04 08 12，05 10 15，06 11 13，07 09 14；

星期一：01 04 05，02 08 10，03 13 14，06 09 15，07 11 12；

星期二：01 06 07，02 09 11，03 12 15，04 10 14，05 08 13；

星期三：01 08 09，02 12 14，03 05 06，04 11 15，07 10 13；

星期四：01 10 11，02 13 15，03 04 07，05 09 12，06 08 14；

星期五：01 12 13，02 04 06，03 09 10，05 11 14，07 08 15；

星期六：01 14 15，02 05 07，03 08 11，04 09 13，06 10 12。

139. 奇怪的钟

因为这天，时钟刚好比标准时间慢6个小时。从这天以后，时钟比标准时间慢7个小时、8个小时、9个小时……但是它的显示却跟标准时间接近了，也就是比标准时间快了5个小时、4个小时、3个小时……

140. 与魔鬼的比赛

这个人的策略是这样的，他先把第一颗棋子放在圆盘的正中央，然后他在放棋子时，棋子总和魔鬼放的棋子以圆盘的中心成中心对称。这样，他总是有地方放棋子，直到魔鬼无法再往圆盘上放，不管圆盘和棋子多大多小都一样。

141. 赊玉米

你需要计算每家实际需要动用的玉米就行，所以A拿出80斤玉米，分给B、C、D、E每家20斤即可。

142. 灯的编号

灯编号的方根为整数时，其开关在最后是朝下的，也就是处于熄灭状态，所以1、4、9、16、25、36、49、64、81、100号灯熄灭。

143. 数字魔术

这是因为表是把1～31的数，变成以2n表示。

例如：11=20+21+23=1+2+8。

将一个数由十进制改成二进制，将含有20（=1）的项放在A表中；含有21（=2）的项放在B表；含有22（=4）的项放在C表；含有23（=8）的项放在D表；含有24（=16）的项放在E表。

这样就造出此表。

也就是说，A表代表1，B表代表2，C表代表4，D表代表8，E表代表16。

如果你想的数在A、C、E中都有，只要把A、C、E代表的数字1、4、16相加即可，也就是21。

144. 你会选哪个

这道题如果换一种问的方式，就很好回答了。要是一只钟是停的，而另一只钟每天慢一分钟，你会选择哪个呢？当然你会选择每天只慢一分钟的钟。两年只准一次，也就是一天慢一分钟，需要慢720分钟，也就是720天，才能再准一次，也就是需要两年；而每天准两次的钟是停的。

145. 策略博弈

如果一开始A 就选择不合作，则两人各得1 的收益，而A 如果选择合作，则轮到B 选择，B 如果选择不合作，则A的收益为0，B的收益为3，如果B选择合作，则博弈继续进行。

可以看到每次合作后总收益在不断增加，合作每继续一次，总收益增加1，如第一个括号中总收益为1＋1－2，第二个括号为0＋3－3，第三个括号则为2＋2＝4。这样一直下去，直到最后两人都得到10 的收益，总体效益最大。遗憾的是，这个圆满结局很难实现！

大家注意，在图中最后一步由B 选择时，B选择合作的收益为10，选择不合作的收益为11。根据理性人假设，B将选择不合作，而这时A的收益仅为8。A考虑到B在最后一步将选择不合作，因此他在前一步将选择不合作，因为这样他的收益为9，比8高。B也考虑到了这一点，所以他也要抢先A一步采取不合作策略……

如此推演下去，最后的结论是：在第一步A 将选择不合作，此时各自的收益为1。这个结论是令人悲哀的。

然而不难看出，这个结论也是不合理的。因为一开始就停止合作的话，A、B均只能获取1，而采取合作策略有可能均获取10，当然A一开始采取合作策略有可能获得0，但1或者0与10相比实在是很小，直觉告诉我们采取合作策略是好的。而从逻辑的角度看，A一开始应选择不合作的策略。人们在博弈中的真实行动偏离了博弈的理论预测，造成二者间的矛盾和不一致，这就是蜈蚣博弈的悖论。

146. 9根火柴

假设一开始只有第一根火柴头朝上，四次调动如下图所示：

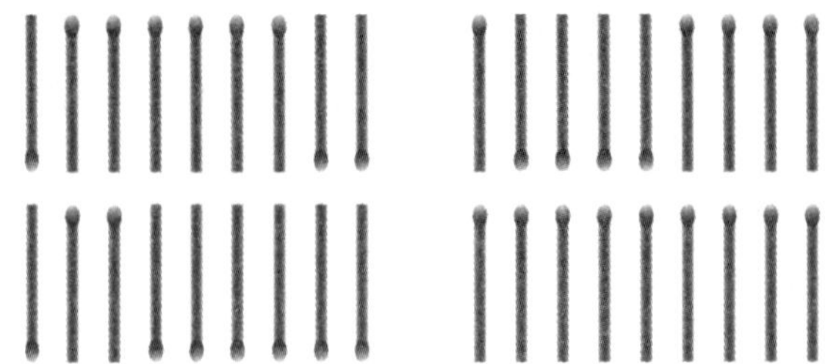

147. 抽卡片

其实很显然最后一个是乙选的，那么他想把大的留在后面（比如24是最后一张的话，结果一定大于24，是绝对值），所以甲希望大的先出，乙相反。

乙采取这样的策略：

（1）如果甲将2k-1（k不等于12）前置+（-）号，他就将2k前置-（+）号；

（2）如果甲将2k（k不等于12）前置+（-）号，他就将2k-1前置-（+）号；

（3）如果甲将24前置+（-）号，他就将23前置+（-）号；

（4）如果甲将23前置+（-）号，他就将24前置+（-）号。

结果是36，也就是说绝对值至少是36。

对于甲：

如果甲第一次选1，后来甲根据乙的选择来定，总是选择跟乙相差1的数，并且符号始终相反，则甲、乙各选了11次后，最多是12，那么即使最后是24，最多就为36，也就是说绝对值至多是36。

所以，答案就是36。

148. 运动会开幕式

一周是7天，200天就是28周零4天。今天是星期二，那么196天后应该是星期二，再往后4天，就是星期六。

149. 运动会奖杯

最幸运的同学是8号。

150. 字母颜色

Z应该是黑色的。所有的黑色字母都能一笔写完（一笔画问题），白色的字母则不行。

151. 夜晚过河

其实原则很简单，就是让走得最快的人跑的次数多一些，回来送手电筒尽量用走得最快的那个人，速度最慢的人过桥时要带上一个速度第二慢的人，以免拖别人后腿。

（1）让第一个女人和第二个女人过去，用时2分钟。

（2）第一个女人把手电筒拿过来，用时1分钟。

（3）第三个女人和第四个女人过去，用时10分钟。

（4）第二个女人再把手电筒拿回来，用时2分钟。

（5）第一个女人和第二个女人一起走过去，用时2分钟。

总共用时：2+1+10+2+2=17分钟。这样就可以满足条件了。

152. 蘸墨水

需蘸22次墨水。只要数一下0～15中共含有多少个单个数字即可，从10开始到15每个数包含两个单个数字。

153. 转换数字

答案为：12111。如果6千、6百、6可以写成6606，也就是6×1000+6×100+6=6606，对于11千、11百、11，就是11×1000+11×100+11=12111。

154. 三个指针

也许你还在进行繁琐的计算吧，而且算起来也颇费力，其实只有一种可能，那就是只有在三个指针都指向12 的时候，三针才会完全重合，所以一天内只有两次。

155. 做清洁的机器人

遗憾的是，当4号机器人到达下个拐角处时，1号机器人并不在那里。

156. 三脚架

将8个腿编上号码，可以用下面的方式使用：123、124、134、234、456、237、567、568、578、678。这样，正好能保证拍摄任务顺利完成。

157. 奇怪的等式

24（分）+36（分）=1（小时）；

11（小时）+13（小时）=1（天）；

158（天）+207（天）=1（年）；

46（年）+54（年）=1（世纪）；

2减去1本来就等于1。

158. 推算数字

47。这同样是一个有名的数列，叫鲁卡斯数列，是仿斐波纳契数列，它从第三个数字开始，每个数都等于它前面两个数之和。最神奇的是，任意取两个相邻的数，然后用大数去除以小数，得到的结果是一个接近“黄金比例”1.618的数，而且越到后面越接近。

159. 动物密码

股票。

160. 父亲和女儿

三个女儿的年龄加起来等于13，有以下几种可能：

女儿一	女儿二	女儿三	年龄的积
1	1	11	11
1	2	10	20
1	3	9	27
1	4	8	32
1	5	7	35
1	6	6	36
2	2	9	36
2	3	8	48
2	4	7	56
2	5	6	60
3	3	7	63
3	4	6	72
3	5	5	75
4	4	5	80

下属已知道经理的年龄，但仍不能确定经理三个女儿的年龄，所以经理只能是36岁，三个女儿的年龄分别为1、6、6 或2、2、9。又因为经理说只有一个女儿在托儿所，所以只能是1、6、6了。

161. 报数字

婧婧的策略其实很简单：

她每次轮到自己报数时，总是报到3的倍数为止。由于30是3的倍数，所以婧婧总能报到30。

例如：

如果妮妮先报，根据游戏规则，她或报1，或报1、2。若妮妮报1，则婧婧就报2、3；

若妮妮报1、2，婧婧就报3。接下来，妮妮从4 开始报，而婧婧视妮妮的情况，总是报到6 为止。接着婧婧会报到9、12、15、18、21、24、

27……剩下最后三个数时，如果妮妮报28，那么婧婧就报29、30，婧婧胜利。如果妮妮报28、29，则婧婧直接报30，还是婧婧胜利。

162. 分配消毒手套

最安全的步骤如下：

第一个医生戴上两双手套，上面套的第二双手套外面接触到病人；第二个医生戴上刚才第一个医生套在外面的手套，这样仍是这双手套的外面接触到病人，而且他没有和第一个医生有接触；第三个医生把第一双手套翻过来戴在手上，他不会接触到第一个医生接触到的那一面。然后他再套上第二双手套，这样，接触到病人的仍是第二双手套的外面。这样，三个医生之间以及医生与病人之间都没有接触，所以是最安全的。

163. 挖水池

32小时。这个池子的容积是第一个的8 倍，因此12个人来挖的话需要的时间是原来的8倍，如果用6 个人来挖的话就需要原来时间的16 倍，即2×16=32小时。

164. 全部中靶

条件这么多，一下子满足所有的条件有困难，我们把条件归类，逐条去满足。

首先，根据（1）、（2）、（5）三个条件，可以列举出四个加数互不相同，且最大加数不超过7，总和为17的所有情况：

1+3+6+7=17

1+4+5+7=17

2+3+5+7=17

2+4+5+6=17

再根据（3）、（4）两个条件不难看出，每人四发子弹的环数分别如下：

甲：1、3、6、7

乙：1、4、5、7

丙：2、4、5、6

或：

甲：1、3、6、7

乙：2、3、5、7

丙：2、4、5、6

从上面分析可以看出，甲与丙的相同环数为6。

另外还有一个简单的方法：

分别用甲1、甲2、甲3、甲4来表示甲四发子弹的环数。假设甲1、甲2 和乙1、乙2 相同，乙3、乙4和丙1、丙2相同，那么甲3、甲4、乙1、乙2、乙3、乙4、丙3、丙4，这8个数除了重复的那个数外，应该是从1到7。而这8个数的和是17+17=34，所以重复的应该是34-（1+2+3+4+5+6+7）=6。

165. 一家人过河

管家与狗先过，管家回；

管家与儿子1过，管家与狗回；

爸爸与儿子2过，爸爸回；

爸爸与妈妈过，妈妈回；

管家与狗过，爸爸回；

爸爸与妈妈过，妈妈回；

妈妈与女儿1过，管家与狗回；

管家与女儿2过，管家回；

管家与狗过，成功！

166. 巧分座位

以老三为例，他旁边不能坐老二、老四和老五，所以只好坐老大和老六了。也就是说，已经有三个人的位置固定了。还剩下老二、老四和老五，老四和老五是不能相邻的，所以一定要由老二隔开。挨着老六那边坐老四，挨着老大那边坐老五。这样就可以了。

167. 巧移棋子

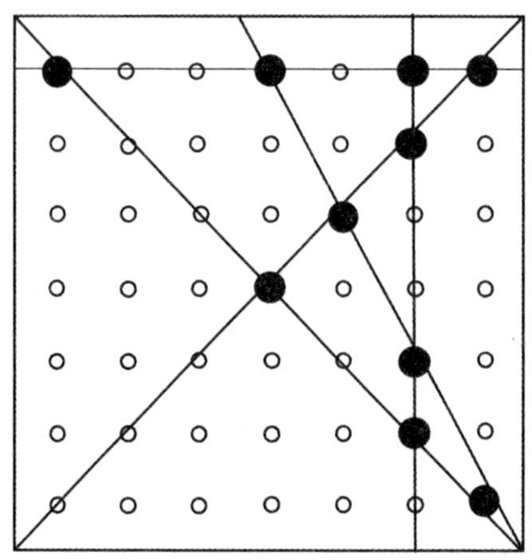

168. 数字测试题

两人手中纸条上的数字都是4。

推理过程：

两个自然数的积为8或16时，这两个自然数只能为1、2、4、8、16 中的两个。可能的组合为：1×8、1×16、2×4、2×8、4×4。

当皮皮第一次说推不出来时，说明皮皮手中的数字不是16，如果是16，他马上可知琪琪手中的数字是1，因为只有16×1才能满足条件，他猜不出来，说明他手中不是16，而是1、2、4、8中的一个。

同理，当琪琪第一次说推不出时，说明她手中的数不是16，也不是1，如果是1，她马上可知皮皮手中的数为8，因前面已排除了16，只有8×1=8符合条件，所以她手中的数为2、4、8中的一个。

皮皮第二次说推不出，说明他手中的数不是1 或8，如果是1，他就能推出琪琪手中的数是8，同理是8的话，就能推出琪琪手中的数是2，这样皮皮手中的数只能为2或4。

琪琪第二次说推不出时，说明琪琪手中的数只可能为4，只有为4 时才不能确定皮皮手中的数。如果是2，她可推出皮皮的数只能为4，因只有2×4=8符合条件；如果是8，皮皮手中的数只能为2，因只有8×2=16符合条件。

因此第三轮时，皮皮能推出琪琪手中纸条上的数字是4。

169. 推理游戏

这样的策略是存在的。

首先， 给这100个人编号，从0到99，即第一个人编号为0，第二个人编号为1……第100个人编号为99。

然后，每个人把他看到的其他99个人帽子上的数字加起来，取这些数字之和的末尾两位数字，再用自己的编号减去这个数字，就是他要说的数字（如果这个差是负数，就加上100）。

这样就可以实现。

证明：

假设所有人帽子上数字之和的末两位是S，编号n的人帽子上数字是Xn，他看到的其他人帽子上数字和的末两位是Yn，则有Xn=S－Yn（如果差是负数，就加上100）。

每个人说的数字是Zn=n－Yn（如果差是负数，就加上100），因为S是在0～99之间的一个不变的数字，所以编号n=S的那个人说的数字Zs=S－Ys=Xs，也即他说的数字就会等于他帽子上的数字。这样就能保证至少有一个人会说中自己帽子上的数字了。

170. 抓豆子

设1号拿的为N个。

A：当N≥49时，根据题意，每人至少要拿一个，无论后面怎么拿，最多能拿48颗，1号必死。

B：当22≤N≤48时，无论N取何值，2号都会取N-1个，因为2号能判断他后面无论怎么取都至少有一人少于他。3号则取N-2个，因为当他知道前面两个人手中绿豆的和后，就能判断出必然有一个人手中的绿豆多于

N-2，并且当他取N-2个后，他后面也必然有一个人少于N-2。4号同理，取N-3。轮到5号时，无论5 号取多少，1号和5号都死。

C：当N=21时，2号取20，3号取19，这时剩40颗。因为抓19、20、21都会重复，必死；大于等于22颗则最大，必死；小于18颗则最小，也必死。因为原则是先求保命，所以第四人会选择抓18颗，最后剩下22颗，不管5号抓多少都要死：抓1～17最少，1号和5号死；抓18时，1号、4号、5号死；抓19时，1号、3号、4号、5号死，只有2号生；选20时，1号、2号、4号、5号死，只有3号生；选21时，1号、4号、5号死；而只有5号抓22的时候，1号才能生，这时4号、5号死。当5号意识到自己必死的时候，必然要多拖几个人下水，所以最有可能出现的情况就是：取19，1号、3号、4号、5号死，只有2号生。或选20，1号、2号、4号、5号死，只有3号生。

D：当2≤N≤20时，无论N 取何值，2号取绿豆都有两种可能，N-1或N +1。因为，如果2号取的绿豆和1号之差超过1个，即N-2或N +2，3号就能判断前面至少有一个人手中的绿豆是大于等于（N+N+2）/2或大于等于（N+N-2）/2，所以取N+1或N-1就是3号最佳的选择，这样3号就必生，所以2号肯定得紧贴着1号的数取豆。

D1：若N=20，2号取21时，3号取19，此时剩40颗，回到C的情况。

D2：若N=20，2号取19时，3号取18，4号取17，此时剩26，5号必死，回到C的情况。5号取1到16时，1号、5号死；取17时，1号、4号、5号死；取18时，1号、3号、4号、5号死；取19时，1号、2号、4号、5号死；取20时，1号、4号、5号死；取大于或等于21时，4号、5号死。所以最有可能出现的情况就是：取18，1号、3号、4号、5号死，2号生；取19，1号、2号、4号、5号死，3号生。

依此类推……

若N=6，2号取5，3号取4，4号取3，回到D2的情况，5号必死。最有可能出现的情况就是：5号取4，1号、3号、4号、5号死，2号生；取5，1号、2号、4号、5号死，3号生。

若N=5，2号取4，3号取3，4号取2，回到D2的情况，5号必死。最有可能出现的情况就是：5号取3，1号、3号、4号、5号死，2号生；取4，1号、2号、4号、5号死，3号生。

若N=4，2号取3，3号取2，4号取5，此时5号必死。5号取1，4号、5号死；取2，3号、4号、5号死；取3，2号、3号、4号、5号死，1号生；取4，1号、3号、4号、5号死，2号生；取5，3号、4号、5号死；取大于或等于6时，3号、5号死。所以最有可能出现的情况就是：取3，2号、3号、4号、5号死，1号生；取4，1号、3号、4号、5号死，2号生。

若N=3，2号取2，3号取4，此时回到上一种情况，4号取5。所以最有可能出现的情况就是：5号取3，1号、2号、4号、5号死，3号生；取4，2号、3号、4号、5号死，1号生。

若N =2，2号取3，3号取4，此时回到上一种情况，4号取5。所以最有可能出现的情况就是：5号取3，1号、2号、4号、5号死，3号生；取4，1号、3号、4号、5号死，2号生。

E：N取1时，1号必死。所以1号考虑完上述情况后，他必然会选择生还希望最大的3 或4。这时最有可能活下来的就是1号、2号、3号。其中，1号活下来的概率最大，为50%。

171. 满分科目

甲和乙考了满分的都是数学，丙考了满分的是语文。

172. 长针和短针

钟表匠把钟的时针和分针接反了，这样只有当时针和分针正好相对呈一条直线时，这只钟才“准”，所以钟表匠两次对表的时间都是正好时针和分针呈一条直线的时候。从第一次修完钟，调到六点钟时，时针和分针第一次呈直线状态，第二次是在七点多，第三次是八点多……第十次是三点四十多，第十一次是四点五十多，第十二次就是再次六点，十二个小时里共有十一次。

因为时针和分针都是匀速转动的，所以这十一次平均分布在十二小时里，每两次之间相隔12/11小时，也就是1小时5又5/11分。

所以钟表匠第一次对表是在6点+1小时5又5/11分=7点零5又5/11分；第二次对表是在7点零5又5/11分+1小时5又5/11分=8点10又10/11分。

173. 手心的名字

是B的名字。很明显，因为A说：是C的名字；C说：不是我的名字。这两个判断是相反的，所以A与C两人之中必定有一个人是正确的，一个人是错误的。如果A正确的话，那么B也是正确的，与老师说的“只有一人猜对了”矛盾，所以A必是错误的。这样，只有C是正确的，不是C的名字。因为老师说“只有一人猜对了”，那么说明其他三个判断都是错误的。我们来看B的判断，B说：不是我的名字。而B的判断又是错的，那么他的相反判断就是正确的，即是B的名字，所以老师手上写的是B 的名字。

174. 田忌赛马

孙膑先以田忌的下等马对齐威王的上等马，第一局毫无疑问地惨败。接着进行第二场比赛，孙膑用上等马对齐威王的中等马，胜了一局。第三局比赛，孙膑用中等马对齐威王的下等马，又胜了一局。比赛的结果是三局两胜，当然是田忌赢了齐威王。还是同样的马匹，由于调换了一下比赛的出场顺序，就转败为胜。

175. 轮盘赌的输赢

其实很简单，只要周星星和丽莎小姐一样做，即也押500个金币在“3的倍数”上就可以了。

因为， 如果丽莎小姐赢了，得到1500个金币，那么周星星先生也会得到同样多的金币，而他自己还有剩余的金币200 枚，他们的名次不会受到影响。

要是丽莎小姐输了的话，丽莎小姐一个金币也没有了，而周星星还有200个金币，还是不会影响到他们的名次。

事实上，周星星先生只要押401到699个金币，都可以达到稳赢不输的目的。那样，赢的话，金币就会在1502个以上，输的话，至少还剩1个金币，仍然会是第一名。也就是说，在这种场合，手里有较多金币的人一定可以赢。

176. 动物过河

动物都用字母表示，分别为A、a、B、b、C、c。其中A、a、B、C 会划船。方法如下（“=”右边字母代表在河对岸的动物，“→”代表过河，“←”代表返回）：

a、b→，a←，=b；

a、c→，a←，=b、c；

B、C→，B、b←，=C、c；

A、a→，C、c←，=A、a；

B、C→，a←，=A、B、C；

a、b→，a←，=A、B、b、C；

a、c→，=A、a、B、b、C、c。

177. 狼、牛齐过河

两只狼过，一只狼回；

两只狼过，一只狼回；

两头牛过，一狼一牛回；

两头牛过，一只狼回；

最后剩下的都是狼了，可以随便过了。

178. 接领导

司机比预计时间提前了20分钟到会场，也就是说，他从遇到出租车到火车站这段路程来回需要20分钟。所以从相遇时到到达火车站，司机需要10分钟。也就是说，按照预计的时间，再过10分钟火车应该到站，但是此时上一趟火车已经到站30分钟了，也就是出租车走这段路的时间。所以，领导坐的车比预计的车早到了40分钟。

179. 取走硬币

假设A先拿，B后拿。

A先拿1个，以后根据B拿硬币的三种情况，分别采取相应的应对策略：

如果B拿1个，则A 拿2个；

如果B拿2个，则A拿1个；

如果B拿4个，则A拿2个。

也就是说，A每次确保自己和B拿的数目之和一定是3或6，这样就可以确保A赢。

原因：

由于499=3×166+1，也就是说先拿的人首先拿掉1个，使剩下的499个分成167份，其中166份每份3枚硬币，1份1枚硬币。

然后，B开始拿硬币，A保证每轮自己与B拿的总数一定是3的倍数，这样每次自己拿完，B都需要从新的一组拿起。

就这样一直下去，那个只有1枚硬币的一组，最后一定会被B拿去。也就是说，先拿的一定会赢，后拿的肯定会输。

180. 借锄头

乙对甲说："你不想把锄头借给我，对不对？"这样，要是甲说对，那么，就是猜中了甲在想什么，所以甲要把锄头借给乙；要是乙说的不对，也就是说甲想把锄头借给乙，那么乙自然就能借到这把锄头了。

也就是说，无论甲怎么回答，都要借锄头给乙。

181. 火中逃生

威尼、他的妻子、孩子与狗可以按下列顺序逃生：

篮子A放入孩子，升起篮子B→篮子B放入小狗，升起孩子→抱出孩子，威尼进入篮子A，升起小狗→威尼落地，妻子抱出小狗，篮子B放入孩子，威尼离开篮子A，空篮子A升起→篮子A放入小狗，升起孩子→威尼抱出小狗，孩子降下，升起篮子A→威尼、狗和孩子一起在篮子B里，妻子进篮子A→威尼、狗、孩子进屋，妻子落地并离开篮子A→篮子B放入孩子，升起空篮子A→篮子A放入小狗，升起孩子→妻子抱出小狗，孩子降下，升起空篮子A→妻子抱出孩子，放入小狗，威尼进入篮子A，升起小狗→威尼落地，篮子A放入孩子，小狗降下，升上孩子→抱出小狗，孩子降下，升起空篮子B→抱出孩子。完成!

182. 四名旅客

首先看（1）和（5），德国人是医生，而D没有学过医，所以可以排除D是德国人。

根据条件（3）：C比德国人年纪大，可以确定C也不是德国人，那么德国人不是A就是B。

而题目中表明，B是法官，德国人是医生，那么德国人就只能是A了。

同时，根据第二个条件，也可以排除C是美国人，因为美国人年纪最小，怎么可能比别人大?

B是法官，而美国人是警察，也可以排除美国人是B 的可能性。这样，美国人就只能在A和D中选择。

A已经确定为是德国人，那么D就是美国人了。

B是英国人的朋友，那么也可以排除B是英国人。

A是德国人，D是美国人，而且又肯定B不是英国人，那么，C就只能是英国人了。所以，我们可以推理出来：C是英国人。

183. 鲁班考徒弟

对于徒弟S来说，在什么情况下，他才会说：“我不知道是哪块木板。”显然，这块木板不可能是12×30、14×40、18×40，因为这三种长度的木板都只有一块，如果长度是12、14、18，那么知道长度的徒弟S就会立刻说自己知道。

同样的道理，对于徒弟P来说，在什么情况下，他才会说：“我也不知道是哪块。”显然， 这块木板不可能是8×10、8×20、10×25、10×35、16×45，因为这五种宽度的木板也是各有一块。

这样，我们就可以从11块木板中排除8块，剩下以下三块：10×30、16×30、16×40。

下面，可以根据徒弟S所说的“现在我知道了”这句话来推理。如果这块木板是16×30或16×40，那么仅仅知道长度的徒弟S是不能断定是哪块木板的，然而，徒弟S却知道是哪块。

所以，这块木板一定是10×30那一块。

184. 巧分桶装酒

两个8斤装的桶分别设为1号和2号，3斤的空酒瓶设为3号，四人设为甲、乙、丙、丁。16斤的酒4人平分，每人应分到4 斤，现在开始分酒：

（1）用1号的酒把3号倒满，让甲喝掉3号里的3斤，然后再把1号的酒倒入3号，让乙喝掉1号剩下的2斤。这时1号容器是空的，2号、3号都是满的。甲喝了3斤，乙喝了2斤，丙、丁都没喝。

（2）把3号里的3斤倒入空的1号里，接着把2号里的酒倒入3号，3号再倒入1号，再把2号里的酒倒入3号，3号里有3斤，而1号只能再倒2斤，当1号倒满时，3号里剩下1斤，这样1号是8斤，2号是2斤，3号里剩下1斤。3号里的1斤让丙喝。

（3）把1号倒入空的3号，再把2号倒入1号，这样1号里是7斤，3号是3斤。接着把3号倒入2号，把1号倒入3号，3号再倒入2号，1号再倒入3号，这时1号有1斤，2号有6斤，3号有3斤，1号的1 斤让丁喝。

（4）用3号把2号倒满，这样3号剩下1斤，让甲把3号喝掉（甲喝了3+1=4斤）。这时1号和3号是空的，2号是满的，再把2号倒入3号，让丙把3号喝掉（丙喝了1+3=4斤）。

（5）再把2号倒入3号，这时2号里有2斤，3号里有3斤，让乙把2号喝掉（乙喝了2+2=4斤），丁把3号喝掉（丁喝了1+3=4斤）。

如此下来，四个人都喝足了4斤酒。

185. 纸牌游戏

总共玩了四圈牌，因此，根据（3）和（4），必定在某一圈，先手出的牌是王牌而且这圈是先手胜。于是，根据（1）和（2），先手和胜方的序列是以下二者之一：

Ⅰ

X先手，X胜

X先手，Y胜

Y先手，Y胜

Y先手，X胜

Ⅱ

X先于，Y胜

Y先手，Y胜

Y先手，X胜

X先手，X胜

不是先出牌而能取胜，表明出的是一张王牌。因此，无论是Ⅰ还是Ⅱ，都要求一方有两张王牌，而另一方有一张王牌。从而得出，黑桃是王牌。

假定Ⅰ是符合实际情况的序列，则根据（4）以及第一圈时Y手中必定有一张黑桃的事实，X在第一圈时不是先出了王牌黑桃而取胜的；根据（4）以及X在第四圈时必定要出黑桃的事实，Y在第三圈时也不是先出了黑桃而取胜的。这同我们开始时分析所得的结论矛盾。

所以Ⅱ是符合实际情况的序列。这样，根据（4）以及第二圈时X手中必定有一张黑桃的事实，Y在第二圈时不是先出了黑桃而取胜的。因此在第四圈时，X先出了黑桃并以之取胜。

根据上述推理，在第一、三、四圈都出了黑桃，只有在第二圈中没有出黑桃。

其他的情况是：X在第一圈时先出的是Y手中所没有的花色。既然X手中应该有两张黑桃，那么X是爸爸，他在第一圈先出的是梅花，接着在第二圈时出了红心。

因此，根据（4），儿子在第二圈时先出了方块并以之取胜；根据

（3），他在第三圈时先出了红心，在第四圈时出的是方块。

186. 巧用砝码

（1）可以称 6种不同重量。从这四个砝码中任意选择两个进行组合，可以是这几种不同组合：10克和20克，10克和40克，10克和80克，20克和40克，20克和80克，40克和80克。

（2）丢失的砝码是40克的。

187. 错乱的号牌

挂有“男女”牌号的房间。因为确定每个牌子都是错的，所以挂有“男女”牌子的房间里一定是男男，或者女女，敲门时听听房间里的回答就能很容易地判断出来。确定了这个，其他两个也就判断出来了。

188. 摆火柴

解这道题，不能局限在一个平面上，而是要向立体方向发展。只需把6根火柴摆成一个正四面体，也就是一个棱锥体形状即可。另外有一个小技巧，可以使火柴不需要任何其他工具的辅助就可以保持这一形状。那就是把两根火柴的头部靠在一起，并呈60° 角，第三根火柴斜着放上去，保持与其他两根都呈60° 角，然后将三个火柴头点燃并马上吹灭，你就会发现，三根火柴连在一起了，这样就可以把它立起来，并在底下放三根火柴组成正四面体。

189. 圣诞聚会

首先，确定哪个数字不表示孩子的年龄。

1至13这十三个数字之和是91，而三个家庭所有孩子的年龄之和是84，因此，不表示孩子年龄的数字是7。

家庭A的四个孩子的年龄只能是以下两种情况之一：

12、6、10、13或者12、8、10、11（12必须包括在其中）。

因为只有家庭A中有2个孩子只相差1岁，家庭C的四个孩子的年龄只能是以下两种情况之一：

4、1、6、10或者4、2、6、9（4必须包括在其中）。

这样，家庭A孩子的年龄不可能是12、6、10、13，否则，家庭C孩子年龄的两种可能情况没有一种能够成立，因此，家庭A 孩子的年龄必定是12、8、10、11。这样，家庭C孩子的年龄只能是4、2、6、9，而家庭B孩子的年龄必定是5、1、3、13。

所以，小明是家庭B的孩子。

190. 真假交替

先看丙说的三句话：

假设这三句话全部为真话，则丙没有兄弟姐妹，又有一个儿子，这样他说的话应该真假交替，矛盾。

假设这三句话全部为假话，则丙有兄弟姐妹，这样他不可能全部说假话，矛盾。

假设第一句是假话，第二句是真话，则丙既有兄弟姐妹又有儿子，应该全部说真话，矛盾。

所以丙说的三句话只能是第一句真话，第二句假话，第三句真话。同理可知，丁说的三句话也是第一句真话，第二句假话，第三句真话。由丙的第三句话知道甲有一个儿子，由丁的第三句话知道甲是丁的兄弟。

甲既有兄弟姐妹又有儿女，故甲说的三句话全是真话。由甲说的话可知丙是甲的妻子，乙是甲的儿子，戊是甲的姑姑。所以五个人的关系是：甲是自己，乙是儿子，丙是妻子，丁是姐妹，戊是姑姑。

正确答案是A项。

191. 电话线路

首先可以确定的是：F镇与A镇之间有电话线路，因为A镇同其他五个小镇都有电话线路，那当然包括E镇在内了。

其余的是哪两个小镇呢？我们从B、C两个小镇开始推理。

假设B、C两个小镇之间没有电话线路，那么，B、C两镇必然分别可以同A、D、E、F四个小镇通电话。如果B、C 两镇分别同A、D、E、F四个小镇通电话，那么，只有三条电话线路的D、E、F三个镇就只能分别同A、B、C三个镇通电话。如果是这样，那么，在D、E、F之间是不能通电话的。但是，已知D镇与F镇之间有电话线路，因此，B、C之间没有电话线路的假设是不能成立的。换句话说，B、C两小镇之间有电话线路。

那么，有4条线路的B镇和C镇又可以同哪些小镇通电话呢?

从以上的推理中可知：B镇、C镇分别同A镇有电话线路，而它们相互之间又有电话线路。那么另外的两条线路是通向哪里呢?

假设B镇的另外两条线路一条通D镇，一条通F镇，C镇的电话线路也是一条通D镇，1条通F镇，那么D镇、F镇就将各有4条线路通往其他小镇。但是，我们知道，D、F两镇都只同三个小镇有电话联系，所以，上述假设不能成立。

假设B、C两镇同D、F镇之间都没有电话线路，那么，B、C两镇就只有3条线路同其他小镇联系，这又不符合B、C各有4条电话线路的已知条件。所以，以上的假设也不成立。

从以上分析只能推出B、C两镇各有一条电话线路通向E镇，B镇的另一条线路或者通向D镇，或者通向F 镇，C镇的另外一条线路或者通向D镇，或者通向F镇。

而对于E镇来说，它肯定可以同A、B、C三个小镇通电话。

192. 心理测试

无法选择。

首先，我们知道，乙的选择只有两个：第一，选择A，空盒；第二，选择B，1000元。

现在我们来判断一下，哪个选择是不合理的选择。

我们假定选择A为不合理的选择，因为A里没有钱，而B里有1000元，但是选择A以后，因为A是不合理的选择，甲会奖励给乙10000元，这样乙会得到10000元，比选择B多了9000元，这又使得选择A成了合理的选择。

反之，若选择A是合理的选择，但选择A以后，乙要少得到1000元，这样，选择A又成了不合理的选择。

也就是说，这是一个两难悖论，根本无法确认哪个选择是合理的，哪个选择是不合理的，所以无法选择。

193. 能承受的重量

（1）每次带一瓶，分两次带过去。

（2）直接开过去即可。因为卡车要远长于2米，不会完全压在桥上，足够撑得住。

194. 舀酒

能装11两酒的勺子舀满后倒入7两勺子后剩4两，7两勺子倒空，4两倒入7两勺子中，11两勺子倒满，再将7两勺子倒满，剩8两，7两勺子倒空，8两倒满7两勺子剩1两，7两勺子倒空，1两倒入7两勺子中，再将11两勺子倒满，之后将7两勺子倒满，剩5两，7两勺子倒空，5两倒入7两勺子中，11两勺子倒满，再将7两勺子倒满，剩9两，7两勺子倒空，9两将7两勺子倒满，剩2两。

195. 简测油体积

就是分析用3、5两个数，如何得到4。可用下列公式：

5−3=2；3−2=1；5−1=4。

也就是说，用5升的桶装满油倒入3升的桶，剩下2升，然后把3升的桶倒空，把2升油倒进去，然后再倒满5升的桶，用它把3升的桶倒满，这样5升的桶里剩下的就是4升油了。

196. 天平巧称重

第一次，在天平的左边放两个砝码2+7=9克，右边放9克面粉。

第二次，在天平的左边放7克的砝码和刚称出的9克面粉，7+9=16克，右边放16克面粉。

第三次，在天平的左边放前两次分出的9+16=25克面粉，右边放25克面粉。

两个25克的面粉混合在一起，即得50克，剩下的为90克，分配完毕。

测出的面粉还可以当作砝码来测量物品，只要用2、7及它们的和9凑出25即可，很简单，7+9+9=25。

197. 池塘取水

先用6升的水壶取6升水，然后从6升壶往5升壶倒满水，那么6升壶还剩下1升水。把5升壶的水倒光，再把6升壶里的1升水倒入5升壶里。再把6升壶取满水，往5升壶里倒水，倒满时，6升壶里还剩下2升水。把5升壶里的水倒光，再把6升壶里的2升水倒入5升壶里。用6升壶取满水，往5升壶里倒水，倒满时，共往5升壶里倒了3升水，6升壶里还剩下3升水。这样就得到了3升的水。

198. 带钢管上火车

找一个长、宽、高都是1米的箱子，把钢管斜着放进去。因为1米见方的箱子的对角线正好超过1.7米，这样就符合了规定。

199. 酒的规格

先从大桶中倒出5升酒到5升的桶里，然后将其倒入9升桶里，再从大桶里倒出5升到5升的桶里，然后用5升桶里的酒将9升的桶灌满。现在，大桶里剩2升酒，9升的桶已装满，5升的桶里有1升酒。再将9升桶里的酒全部倒回大桶里，大桶里有11升酒。把5升桶里的1升酒倒进9升桶里，再从大桶里倒出5升酒给5升的桶，现在大桶里有6升酒，而另外6升酒也被分成了1升和5升两份。

200. 打折的醋

平分的方法如下表所示：

次序	8斤瓶	5斤瓶	3斤瓶
第一次	3	5	0
第二次	3	2	3
第三次	6	2	0
第四次	6	0	2
第五次	1	5	2
第六次	1	4	3
第七次	4	4	0

201. 两桶白酒

假设两个装满酒的桶分别为A桶和B桶，倒酒的步骤如下：

从A桶中倒出酒并把5斤的瓶子倒满，然后用5斤的瓶子把4斤的瓶子倒满，这时，5斤瓶子里只有1斤酒。将4斤瓶子里的酒倒回A桶，把5斤瓶子里的1斤酒倒入4斤的瓶子。从A桶中倒出酒并把5斤的瓶子倒满，然后用5斤的瓶子把4斤的瓶子倒满，这时，5斤的瓶子里剩余的酒就是2斤。将4斤瓶中的酒倒回A桶，然后用B桶把4斤瓶倒满，然后用4斤瓶中的酒把A桶加满，这时4斤瓶中剩余的酒也是2斤。

202. 旁边坐着谁

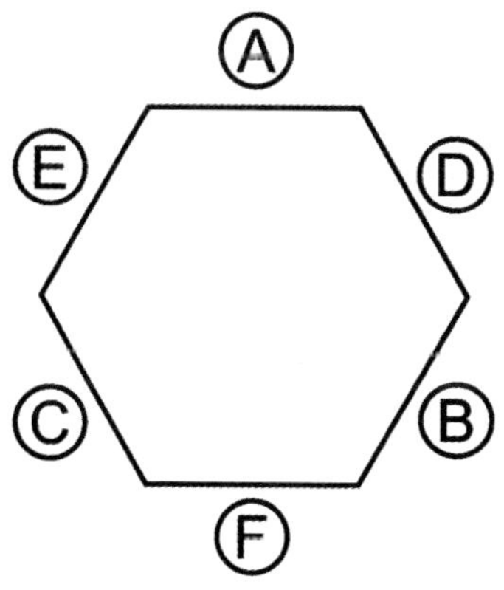

203. 一天的行程

星期五。排除一下就可以了。

住宾馆的朋友下周三外出办事，其他时间都在，可以排除星期三。

税务所星期六休息，可以排除星期六。

博物馆只有在周一、周三、周五开放，可以排除周二、周四、周六、周日。

体检医生每逢周二、周五、周六值班，可以排除周一、周三、周四、周日。

最后剩下的就是可以的，只有星期五了。

204. 测验排名

已知G是第四名。因为B、C、D三人中B最高，D最低但不是第八名，C应该在第七名之前。F的名次为A、C名次的平均数，且B、C、D中，C在中间，所以C前面至少有A、B、F三个人，也就是说C的位置只可能在第五或者第六。假设C在第六，D只能在第七；F比E 高四个名次，只能F在第一，E在第五。这与F的名次为A、C的平均数矛盾，所以C只能在第五位。F的名次是A、C的平均数，则F在第三位，A在第一位；F比E高四个名次，E在第七位；D不在最后，D在第六位；B在第二位，最后剩下H 在最后。

所以按名次先后依次为：A、B、F、G、C、D、E、H。

205. 谁是明明

“丙没有获得第一名”；“戊比丁高了两个名次”，所以丁不是第一名；“甲不是第一名”；“丙比乙高了一个名次”，所以乙不是第一名。这样第一名就只能是戊，丁是第三名。

“丙比乙高了一个名次”，两人名次连续，只能是第四、第五名了。剩下甲就是第二名了。

所以，乙是明明。

206. 谁和谁配对

因为三个人都没有说真话，所以A不娶甲，甲不嫁C，所以甲只能嫁给B了。而C不娶丙，那么C只能娶乙了。剩下的A只能娶丙了。

207. 宿舍同学

因为A的男朋友是乙的好朋友，那么A的男朋友就应该是甲或者丙。但是丙的年龄比C的男朋友大，即丙不是最年轻的，所以A的男朋友是甲。丙不可能是C的男朋友，那丙就是B的男朋友。而乙是C的男朋友。

208. 他们都来自哪里

莉莉是法国人，娜娜是日本人，拉拉是美国人。

（1）莉莉不喜欢面条，那么喜欢面条的只有拉拉和娜娜。

（2）喜欢面条的不是法国人，那么拉拉和娜娜就只能从日本人和美国人中选了。

（3）因为娜娜不是美国人，所以娜娜只能是日本人，拉拉就是美国人了。

209. 男女数量

首先可以确定的是丙是女的，己也是女的。因为乙有一个哥哥，所以甲是男的，也就是说，女的应该有3个。由（3）可知，乙也是男的。因为丁有两个弟弟，所以戊、己、庚中只有己是女的。所以丁只能是女的。

因此，甲、乙、戊、庚为男性，丙、丁、己为女性。

210. 推算时间

这段对话发生在上午9：36。

设现在的时间为x，则根据题中已知条件可以列出如下方程式：x/4+（24-x）/2=x。解得x=48/5，也就是上午9点36分。

211. 哪种说法是正确的

选C。首先看（3），由于有三种牌共20张，如果其中有两种总数超过了19，也就是达到了20张，那么另外一种牌就不存在了，这是与题干相矛盾的，由此可见（3）的说法正确，这样就可以排除选项A。（1）的论述不正确，可以举例来说明，假设三种牌的张数分别是6、6、8，就推翻了（1）的假设，所以（1）不正确，这样B、D都可以排除了。

212. 钱找错了吗

10元2斤的苹果每斤价格是5元，10元3斤的苹果每斤价格是3.33元，它们的平均价格是4.165元，而不是店主想的4元，所以他少卖了10元。

213. 三家房客

三家房客的名、姓和所住楼层如下：

罗杰·沃伦和诺玛·沃伦夫妇住在顶层；

珀西·刘易斯和多丽丝·刘易斯夫妇住在二层；

吉姆·莫顿和凯瑟琳·莫顿夫妇住在底层。

214. 换还是不换

无论你怎么选，开始的时候，你选中的机会始终都是1/3，选错的机会始终都是2/3。这点是确定的。

当主持人打开一个100元的信封之后，如果你坚持选择原先的那个信封的话，如果10000 元确实是在那个信封里，那么不管主持人打不打开那个100元的信封，你都一定会中奖，所以中奖概率是1/3×1=1/3。但是如果10000元不在你的那个信封里，那么在主持人打开100 元的信封后，剩下的那个信封100%是那个有10000元钱的信封。所以如果你还是坚持选择原来那个信封，中奖概率就是2/3×0=0。那么两个数加在一起，你中奖的概率仍然是1/3。

如果你改变最初的选择，假如10000元确实是在你最初选择的那个信封里，那么改选另一个信封的话，你中奖的概率是1/3×0=0。但是假如10000元不在你最初选择的那个信封里，那么在主持人打开100元的信封之后，你要改选的信封100%是那个有10000元钱的信封，那样中奖的概率是

2/3×1=2/3。那么两个数加在一起，你中奖的概率就是2/3。

所以说，只要你改变原先的选择，中奖的可能性就会加倍。

当然要换了！

215. 酒杯与球

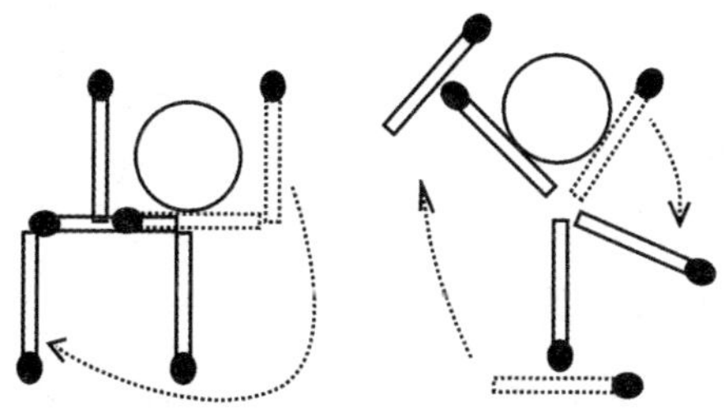

216. 房间路线

如图所示，遇到墙后再转弯。

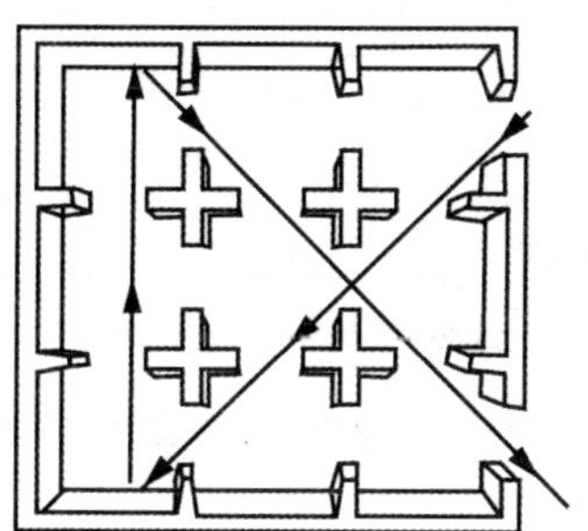

217. 改变方向

最少用3根。

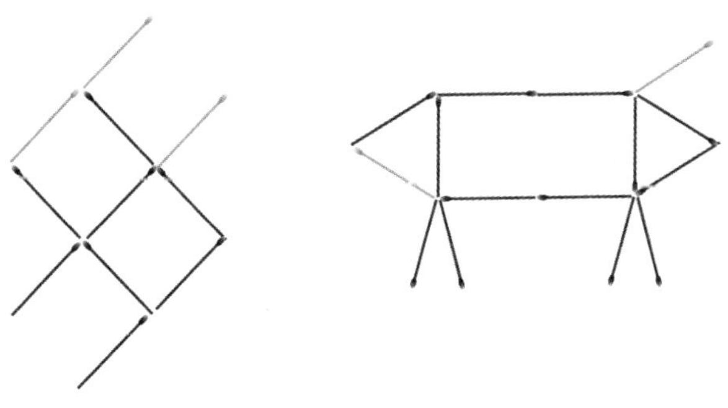

218. 口出谎言

假设甲说的是实话，那么乙在说谎；乙说丙在说谎，那么丙就在说实话；丙说甲、乙都在说谎，就成了谎话。矛盾。

假设甲在说谎，那么乙说的是实话；乙说丙在说谎，那么丙就在说谎；丙说甲、乙都在说谎，确实是谎话。成立。

所以甲和丙在说谎，而乙说了实话。

219. 小红帽脱险

小红帽说："我在说假话。"

这句话是个逻辑上的悖论。如果这句话是假的，小红帽说的就是真的；如果这句话是真的，小红帽说的就是假的。所以大灰狼没有办法，只好不再吃她了。

220. 真假分不清

A说B叫真真，这样，无论A说的是真话还是假话，都说明A不会是真真。因为他要是说的是真话，那么B是真真；如果他说的是假话，那么说假话的不会是真真。

而B说自己不是真真，如果是真话，那么B不是真真；如果是假话，那么说假话的B当然也不是真真。

由此可见，叫真真的只能是C了。而C说B是真假，那么B一定就是真假了，所以A就只能是假假了。

221. 逃离食人族

可用假设法。

如果第一个碗是"活"，那么2、3两句都是对的，故假设不成立。

如果第二个碗是"活"，那么1、3两句都是对的，故假设不成立。

如果第三个碗是"活"，则只有第1句是对的，符合题意，所以要选择第三个碗。

222. 谁去了南非

每个人都恰好去了3个国家，因此，根据（1）和（2），小李去的国家必定是以下组合中的一组：

去泰国，去日本，去荷兰

去泰国，去日本，去南非

去日本，去荷兰，去南非

去荷兰，去美国，去南非

根据（1）和（3），小王去的国家必定是以下组合中的一组：

去泰国，去美国，去日本

去美国，去日本，去荷兰

去美国，去日本，去南非

去日本，去荷兰，去南非

根据（1）和（4），小张去的国家必定是以下组合中的一组：

去日本，去荷兰，去美国

去日本，去荷兰，去南非

去荷兰，去美国，去南非

去美国，去泰国，去南非

根据上面的组合并且根据（1），如果小李去了南非，那么小王和小张都去美国和日本，小李就不能去美国和日本了，这种情况不可能，因此小李没有去南非。

根据上面的组合并且根据（1），如果小王去了南非，那么小李和小张都去日本和荷兰，小王就不能去日本和荷兰了，这种情况不可能，因此小王没有去南非。

于是，小张必定是去了南非的人。

223. 杰克逊之死

根据甲和乙供词的真伪，可以把杰克逊的死因罗列如下：

如果甲的供词是真的，那么杰克逊的死因是：被乙所杀害或自杀或意外事故；

如果乙的供词是真的，那么杰克逊的死因是：被谋杀或自杀；

如果甲的供词是假的，那么杰克逊的死因是：被谋杀但非乙所为；

如果乙的供词是假的，那么杰克逊的死因是：意外事故。

由于无论这两人的供词是真是假，警察的两个假定都覆盖了一切可能的情况，又由于两个假定不能同时适用，所以只有一个假定是适用的。

假定（1）不能适用，因为如果这个假定能适用，则乙的供词就不是实话，所以只有假定（2）是适用的。

既然假定（2）是适用的，那乙的供词就不能是虚假的，所以只有甲的供词是虚假的。因此，杰克逊必定是死于谋杀。

224. 零用钱

可以用假设法。

如果第一个碗里有钱，那么第二、三个碗上的话就是真的，所以假设错误。

如果第二个碗里有钱，那么第一、三个碗上的话就是真的，也不对。

如果第三个碗里有钱，那么只有第一个碗上的话是真的。

所以，钱在第三个碗里。

225. 匿名捐款人

假设是赵风或者孙海寄的，那么（2）、（3）、（6）都是错的，所以不可能是赵和孙，

因此可以知道（1）肯定是错的，（3）和（5）有一个是错的，而只有两句是错的，所以（2）和（4）肯定是对的。所以这个人就是王强了。

226. 六人队

如果F排在E后面的话，那顺序就是C、E、B、F、A、D，这样剩下的条件（4）和条件（5）无法同时满足，所以F肯定是在E的前面，这样B、C、E、F四个人的顺序是C、F（F、C）E、B。因为E不是第五个，所以A和D不

能都在E前面，两人也不能都在B的后面，所以顺序是C、F（F、C）A、E、B、D（D、E、B、A），无论哪种组合，第四位都是E。

227. 几个人去

两个。以小杜为例，假如小杜去，那么小刘不去，小黄也不去，小冯去，小郭不去；而假如小杜不去，那么小刘去，小黄去，小冯不去，小郭不去。

228. 避暑山庄

四人滞留时间之和是20天。

根据（1）、（2）、（3）得知，时间最长的是丁，有6天，根据（2）和（3）来看，丁虽然入住时间最长，也只是从2日入住到7日。

假设乙和丙分别滞留了4天以下，因为丁是6天，甲若是6天以上，就不是最短的，所以乙和丙都是5天。

根据（3）可知，丙是从1日入住到5日。如果乙是从3日入住的话，7日离开，那就与丁重合了，所以乙是从4日入住到8日。甲就是从3日入住到6日（滞留了4天）。

因此，甲是3日入住，6日离开的；乙是4日入住，8日离开的；丙是1日入住，5日离开的；丁是2日入住，7日离开的。

229. 四对亲兄弟

假设乙说了实话，那么D是丙的弟弟。丁说只有D的哥哥也就是丙说了实话，与假设矛盾，所以乙说的不是实话。

假设丙说了实话，那么也就是说丙是D的哥哥，这就与乙说的相同，也出现了两句实话，矛盾。

假设甲说了实话，那么甲是D的哥哥。其他人说的都是假话，所以丁的弟弟就是C，丙的弟弟不是D，也不是C，只能是A或B，而甲说，乙的弟弟不是A，所以只能是B，所以丙的弟弟就是A了。

所以得出：甲和D、乙和B、丙和A、丁和C是亲兄弟。

230. 谁参加了运动会

甲的话和丁的话是相互矛盾的关系，这样的两个命题，必然一真一假，所以那句不正确的话一定来自于甲或丁。又因为只有一句是不正确的，这就意味着乙和丙都是正确的。丙参加了运动会，这就意味着丁说的“我们班所有同学都没有参加”是不正确的，而且乙也参加了运动会。

231. 三位青年

小刘、小陈、小李三个人的年龄分别是23岁、25岁、22岁。主要是抓住小刘和小李说的话，他们的话中有两处明显的矛盾，这样便可依次判断出三人的年龄了。

232. 排名次

假设（1）、（2）是真实的，那么（3）、（4）、（5）、（6）、（7）是假的，即：E是第二名或第三名，C没有比E高4个名次，A比B高，B比G低两个名次，B是第一名，D比E低3个名次，A比F高6个名次。得出（5）和（3）、（4）、（7）冲突，所以（5）只能是真实的。

假设（1）、（5）是真实的，那么（2）、（3）、（4）、（6）、（7）是假的，即：E是第二名或第三名，C比E高4个名次，A比B高，B比G低两个名次，B不是第一名，D比E低3个名次，A比F高6个名次。得出（1）和（2）冲突，所以可以排除（1）真实的可能性。

假设（2）和（5）是真实的，那么（1）、（3）、（4）、（6）、（7）是假的，即：E没有得第二名或第三名，C没有比E高4个名次，A比B高，B比G低两个名次，B不是第一名，D比E低3个名次，A比F高6个名次。得出（1）与（6）冲突（因为A是第一名，F是第七名，E不是第二名和第三名的话，D不可能比E低3个名次），所以（2）也不可能是真实的。

假设（3）和（5）是真实的，那么（1）、（2）、（4）、（6）、（7）是假的，即：E没有得第二名或第三名，C比E高4个名次，A比B低，B比G低两个名次，B不是第一名，D比E低3个名次，A比F高6个名次。得出（3）和（6）冲突，所以，（3）也不是真实的。

假设（5）和（6）是真实的，那么（1）、（2）、（3）、（4）、（7）是假的，即：E没有得第二名或第三名，C比E高4个名次，A比B高，B比G低两个名次，B不是第一名，D没有比E低3个名次，A比F高6个名次。得出名次顺序为A、C、G、D、B、E、F，这与所给命题没有冲突。

综上：七人的名次顺序为A、C、G、D、B、E、F。

233. 谁偷了珠宝

是甲和丁。

因为如果乙去了，那么甲肯定没去，而丁也没去。又说是两个人合伙作案，那么丙一定去了，但是根据（3），丁一定会去，矛盾，所以乙没有去展厅，那么甲去了，丁也去了，所以作案的是甲和丁两人。

234. 石门上的按钮

可以确定的顺序是D、C、x、x、B。

因为D挨着E，而E和A又隔一个按钮，所以只能是E在D的后面，而第一个不确定的x为A，第二个不确定的x只能是F了。

所以，六个按钮上面的标号是D、E、C、A、F、B。

235. 动物的数量

住家	兔	猫	狗
李	2	4	3
王	1	5	2
罗	5	3	4
刘	4	1	5
曾	3	2	1

236. 年龄排序

有四组答案：B-C-A，C-B-A，以及A为女儿的情况（这种情况容易被漏掉），A-B-C，A-C-B。

237. 错误的结论

选C。由条件（1）可知，其余的四种颜色（黄、绿、蓝、白）为两组相对的颜色，又由（2）、（3）可知，必定是白色与黄色相对，蓝色与绿色相对。所以，选C项。

238. 公司面试

因为只有一个人的预测是正确的，而甲、乙都说A有希望，所以A不可能，也就是说，丁预测正确，所以甲、乙、丙三人预测的都是错误的，所以只有没被提到的D被录取了。

239. 他们是做什么的

由题干“甲和推销员不同岁，推销员比乙年龄小”，可推知丙为推销员。由“丙比医生年龄大，推销员比乙年龄小”，可知乙为律师，甲为医生，故答案为C。

240. 重组地毯

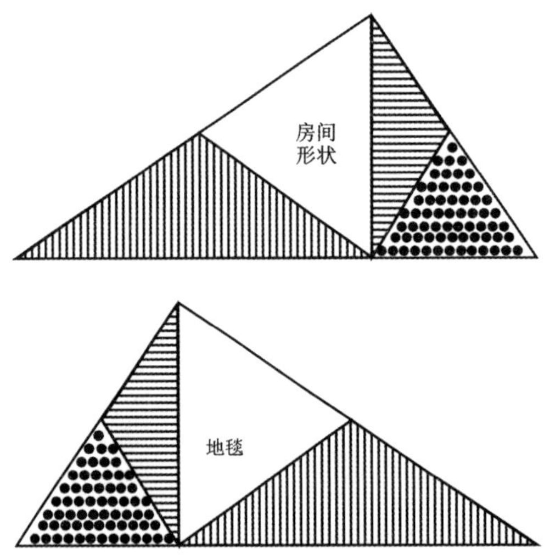

裁剪方法如上图所示，先作一条垂线，然后分别连接两腰的中点，这样就构成了四个等腰三角形，然后左右调换位置，缝起来即可。

241. 连接电路

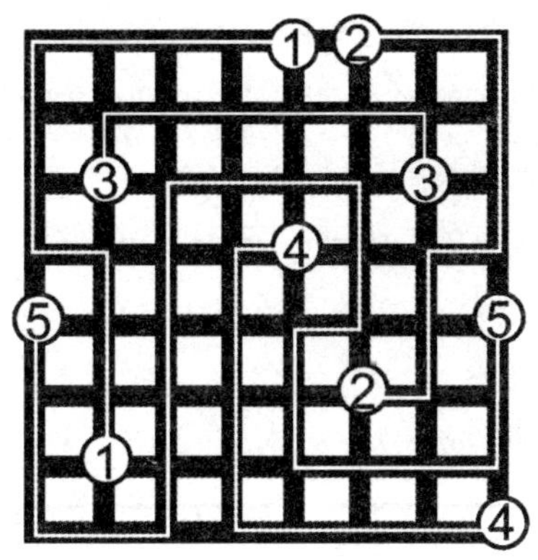

242. 巧辨兄弟

现在是上午，胖的是哥哥。

假设现在是上午，那么哥哥说实话，也就是较胖的是哥哥，那么没有矛盾，成立。

假设现在是下午，那么弟弟说实话，而两个人都说我是哥哥，显然弟弟在说谎话，所以矛盾。

243. 真假部落

被问者只能有两种回答：“有”或者“没有”。如果被问者回答的是“有”，那么路人不能根据这句话判断他们中是否有诚实部落的人。如果答案是“没有”，则说明被问者是说谎部落的人，而另一个就是诚实部落的人，因为被问者不会在自己是诚实部落的人的情况下回答“没有”的。

因为路人得出了判断，所以被问者回答的就是“没有”。

244. 真假难辨

李四说的是真的，张三、王五说的是假的。证明：

如果张三说的是真的，那么李四说的是假的，那么王五说的是真的，那么张三说的是假的，矛盾。

如果李四说的是真的，那么王五说的是假的，那么张三、李四中至少有一个人说的是真的。若张三说的是真的，那么李四说的就是假的，矛盾；若张三说的是假的，那么李四说的是真的，成立。

如果王五说的是真的，那么张三、李四说的都是假的，由张三说的是假的，可知李四说的是真的，矛盾。

所以李四说的是真的，张三、王五说的是假的。

245. 大小正方形

如下图这样剪即可。

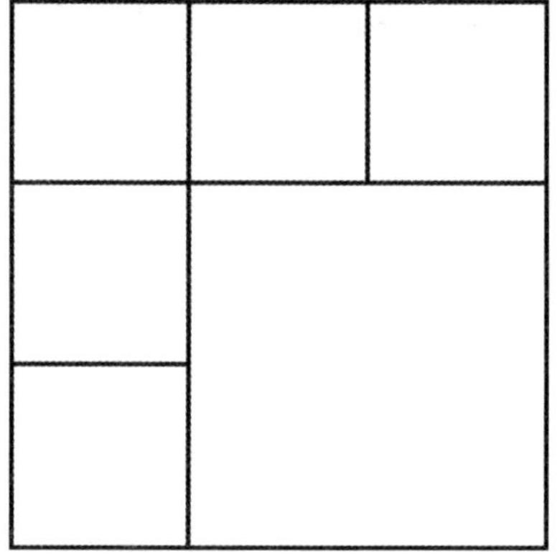

246. 猴子摘桃

假设小猴子的话是假的，那么小猴子摘的桃少于大猴子，大猴子就只有1个桃，这是矛盾的。所以，小猴子的话是真的，小猴子摘的桃子数大于或者等于大猴子摘的桃子数，大猴子摘的桃不可能是1个。

假设中猴子的话是假的，中猴子摘的桃少于小猴子，小猴子是2个桃，所以中猴子就是1个桃。那么，大猴子的话就成了假的，而且必须是大猴子摘的桃少于中猴子，这与上面的假设矛盾。所以，中猴子的话是真的，中猴子摘的桃子数大于或者等于小猴子摘的桃子数，小猴子摘的桃不可能是2个。

根据上面的假设可知，可能情况有以下几种：

（1）大猴子2个桃，小猴子3个桃，中猴子3个桃。

（2）大猴子3个桃，小猴子3个桃，中猴子3个桃。

在（2）的情况下，大猴子和中猴子摘的桃是一样多的，但是，大猴子又撒了谎，这是不可能的。

所以，（1）是正确答案，即大猴子摘到2个桃，小猴子摘到3个桃，中猴子摘到3个桃。

247. 骰子构图

E。

248. 巧救兔宝宝

聪明的兔妈妈想了一下回答说：“你会吃了我的孩子。”

大灰狼一听犯难了，如果吃掉这个孩子，说明兔妈妈回答对了。按照诺言，应将孩子还给它。如果不吃掉这个孩子，这又说明兔妈妈回答错了，就应该吃掉这个孩子。吃，不行；不吃，也不行。怎么办呢？还是把孩子还给兔妈妈吧。

249. 巧摆棋子

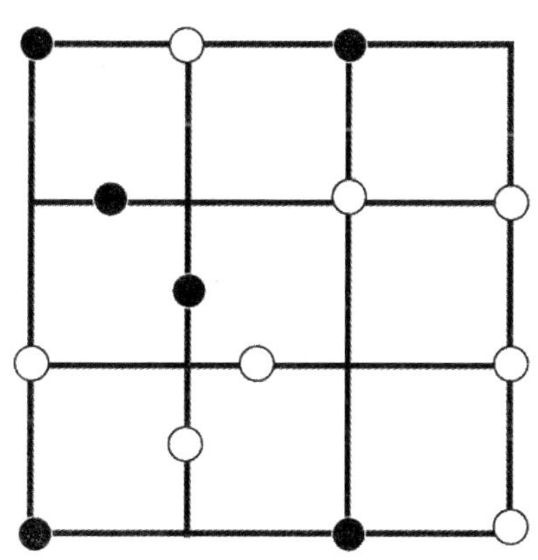

250. 标点符号

（1）

“是‘不是’？”

“不，是‘是’。”

“不是‘不是’，是不是？”

“是。”

或者：

“是不是？”

“不是。”

“是不是？！”

“不是……”

“是不是！！”

“是……”

（2）

“是‘是’，不是‘不是’。”

“不是‘是’，是‘不是’！”

“不，是‘是’！”

（3）

“不是‘是’。”

“不，是‘是’。”

“不是‘是’，是‘不是’！是不是？！”

“不，是‘是’。”

251. 火柴与梯形

只需要移动4根。

如图所示：

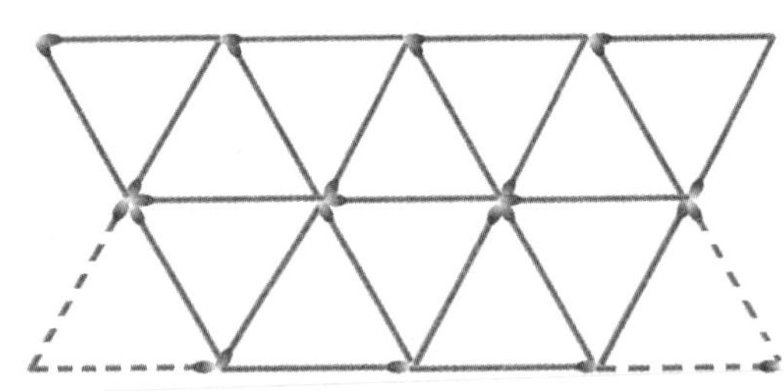

252. 天使与魔鬼

说真话的老二和老四不可能说“我是长兄”，所以，丁的话是假的，由此可知，丁不是老大，而是老三。那么，乙就不是老三了，丙的话就是真的，丙就是老二或者老四。

假设甲说的是真话，丙和甲就是老二和老四（顺序暂时未知），乙就是老大了，则甲又在撒谎，这是相互矛盾的。所以，甲是老大。

从甲的话（假话）可知，乙是老二，丙是老四。

所以甲是老大，乙是老二，丙是老四，丁是老三。

253. 手中的火柴棒

他左手中的火柴棒数量是3根，丙的猜测是正确的。

254. yes or no

你可以问他们“yes”是表示“是的”的意思吗?

255. 区分

第一个问题：你神志清醒吗?

回答“是”就是人，回答“不是”就是吸血鬼。

或者问：你精神错乱吗?

回答“不是”就是人，回答“是”就是吸血鬼。

第二个问题：你是吸血鬼吗?

回答“是”就是精神错乱的，回答“不是”就是神志清醒的。

或者问：你是人吗?

回答“是”就是神志清醒的，回答“不是”就是精神错乱的。

256. 灵机一动

这个男孩子需要把两个问题结合起来一起发问，使那个女孩子无论怎么回答都必须使“你是否愿意和我一起吃饭”这个问题的答案为“是”。

提问方式有很多，以下是其中的一种。

第一个问题是：

如果下一个问题是你是否愿意和我一起吃饭，你的答案是否和这个问题一样？

第二个问题是：

你是否愿意和我一起吃饭？

这样的话，那么：

如果女孩子第一个问题的答案是“是”，那第二个问题就必须要答“是”，就能约到她吃饭；如果女孩子第一个问题的答案是“不是”，那她第二个问题也必须要答“是”。

所以，无论如何总能约到她吃饭。

257. 天堂和地狱

随便问一个人：“如果我问另一个人这样的问题‘去天堂应该走哪条路？’他会指给我哪条路？”然后根据他的答案走相反的那条路就可以到达了。或者指着其中的一条路问其中一个人：“你认为另外一个人会说这是通往天堂的路吗？”

由于他们的回答必须糅合自己和另外一个人的观点，所以，他们的答案是一样的，并且都是错误的。如果你指的正好是去天堂的路，那么他们都会回答“不是”；如果是去地狱的路，他们都回答“是”。

当然，还有其他类似的问法。

258. 哪四个数字

能。这四个数字是2、5、6、8。

先列出四人猜的情况。甲猜对了两个数，可能是2和3、2和4、2和5、3和4、3和5、4和5。

乙猜对了一个数，可能是1、3、4、8中的一个数，他未猜的四个数2、5、6、7中有三个数是纸条上的数。

丙猜对了两个数，可能的组合为1和2、1和7、1和8、2和7、2和8、7和8。

丁猜对了一个数，可能是1、4、6、7中的一个数，他未猜的四个数2、3、5、8中有三个数是纸条中的数。

8个数字中，甲与丙两人都猜了的数字是2，两人都没有猜的数字是6。

8个数字中，乙与丁两人都猜了的数字是1、4，两人都没有猜的数字是2、5。

我们先假设2不是纸条上的数，那么从乙未猜的数字中可得出5、6、7是纸条上的数字，同时从丁未猜的数字中可得出3、5、8是纸条上的数字，这样纸条上的数字就会有5个，分别是3、5、6、7、8。显然，推论与题干中纸条上只有4个数字相矛盾，因此假设是错的，也就是说，2是纸条上的数字。用同样的方法可推出5也在纸条上。

再假设1在纸条上，那么从乙猜的数字中可得出3、4、8不在纸条上，同时，从丁猜的数字中可得出4、6、7不在纸条上，这样不在纸条上的数字有5个，分别是3、4、6、7、8，纸条上只能有3个数字，显然也不正确，所以假设错误，1不在纸条上。用同样的方法，可推出4不在纸条上。

我们知道了2、5在纸条上，从甲猜对了两个数字可知3、4不在纸条上，这样，在纸条上的数字可能是2、5、6、7、8中的4个。

最后，我们来看丙猜的情况，从他猜测的4个数可知7与8只能有一个数在纸条上。如果7在纸条上，纸条上的数为2、5、6、7。我们发现丁猜对了6、7，显然与题干矛盾。再来检验8，发现刚好能符合条件。

所以，只有一种可能，纸条上的数字是2、5、6、8。

259. 谁做对了

选C。此题使用假设法，假设张燕做对了，那么王英、李红都做错了，这样，王英说的是正确的，李红、张燕说的都错了，符合条件，答案为C。

260. 谁是间谍

假设一：

假设丙是间谍，即丙句句是假，则丙必定不来自荷兰，因为乙说丙来自荷兰，那么乙也说了假话，则甲句句为真。当甲句句为真时，甲说乙来自刚果，丙也说乙来自刚果，丙也说了真话，矛盾。所以，丙不是间谍。

假设二：

假设乙是间谍，即乙句句是假，因乙说丙来自荷兰，那么丙一定不来自荷兰，而丙自称来自荷兰，那么丙说了假话，则甲句句为真。当甲句句为真时，甲自称来自阿拉伯，乙说“他肯定说他来自阿拉伯”，乙也说了真话，矛盾。所以，乙不是间谍。

假设三：

假设甲是间谍，即甲句句为假。当丙是好人时，即丙句句为真时，乙便来自刚果，甲也说乙来自刚果，甲说了真话，矛盾。当乙是好人时，即乙句句为真时，则丙半真半假。甲句句是假，甲自称来自阿拉伯，故甲不来自阿拉伯。乙句句是真，乙说“他肯定说他来自阿拉伯”，甲的确说谎了，乙没说错，乙说了真话，而且句句是真。

结论是：甲是间谍，乙是好人，丙是从犯。

261. 猜出真相

（1）是丁讲的，（2）是乙讲的，（3）是戊讲的，（4）是丙讲的。其中乙和丙是兄弟，甲是乙的妻子，戊是甲的父亲，丁是丙的儿子或女儿。

262. 语言不通的村庄

向A问第一个问题：

如果我问你以下两个问题“Da表示‘对’吗”和“如果我问你以下两个问题‘你说真话吗’和‘B随机答话吗’，你的回答是一样的，对吗”，你的回答是一样的，对吗？

如果A说真话或说假话并且回答是Da，那么B是随机答话的，从而C说真话或说假话；如果A说真话或说假话并且回答是Ja，那么B不是随机答话的，从而B说真话或说假话；如果A是随机答话的，那么B和C都不是随机答话的。

所以无论A是谁，如果他的答案是Da，C说真话或说假话；如果他的答案是Ja，B说真话或说假话。

不妨设B说真话或说假话。

向B问第二个问题：

如果我问你以下两个问题“Da 表示‘对’吗”和“罗马在意大利吗”，你的回答是一样的，对吗?

如果B是说真话的，他会回答Da；如果B是说假话的，他会回答Ja。从而我们可以确认B是说真话的还是说假话的。

向B问第三个问题：

如果我问你以下两个问题“Da表示‘对’吗”和“A是随机回答吗”，你的回答是一样的，对吗?

假设B是说真话的，如果他的回答是Da，那么A是随机回答的，从而C是说假话的，如果他的回答是Ja，那么A 是说假话的，从而C是随机回答的。假设B是说假话的，如果他的回答是Da，那么A不是随机回答的，从而C是随机回答的，A是说真话的，如果他的回答是Ja，那么A是随机回答的，从而C是说真话的。

263. 打扫卫生

因为不可能掷到1，实际上只有掷到2～6，乙才能赢。掷到2的概率是1／36，掷到3的概率是2／36，掷到4的概率是3／36，掷到5的概率是4／36，掷到6的概率是5／36，总和为5／12，而甲赢的概率为1-5／12=7／12，相差了1／6，所以乙吃了亏。

264. 真假命题

答案是B。（2）和（3）这两个命题中要么一个真，要么两个真，但必有一真，所以，题干所说“三个判断中只有一个是真的”必在（2）和（3）之中，从而可推出（1）必为假。根据“主任懂日语”为假，可推出“主任不懂日语”是客观事实，由此可推出（2）必为真。如果（2）

为真，根据题干，那么（3）就为假，如果“有人懂日语”为假，可推出命题的矛盾命题“所有人都不懂日语”为真，从而推出“副主任不懂日语”。

265. 被隔开的夫妇

由（1）可知，a对面可能是A、C、D，但条件（3）说：D右边的人是位女士，所以D不可能，现在就剩下A和C了。已知只有一对夫妇被隔开，假如是A的话（A夫妇肯定被隔开了），那么B右边就是b，而b和a之间只有一个位置，不论放谁，第二对夫妇都会被隔开，与只有一对夫妇被隔开矛盾，所以就知道a的对面只能是C。

现在知道了3个位置上的人：a对面是C，C右边是B。下面就用c去试各个位置，看和提供的条件是否产生矛盾就可以了。

假设C与c不被隔开，则c在C的左边，由条件（2）得知，D坐在B的右边。这与条件（3）矛盾，所以被隔开的就只能是C夫妇了。

其他情况也可以用这个方法推出，最终的座位顺序为：顺时针方向a-c-b-B-C-d-D-A。

266. 安然无事

既然没有带降落伞还安全落地，那就只能是离地面很近，而飞机又在海拔1000米的高度，只能是地面海拔也接近1000米。

267. 有错误的数学题

因为严格地说，建房子是系统工程，而且还有个先后顺序，不能简单地用乘法计算，否则按照这个算法，1000个人不到15分钟就能建好一间房子，这是不可能的。

268. 什么时候去欢乐谷

也许你会认为是不一定，因为72小时以后的天气是说不准的。其实不然，因为现在是夜里10点，再过72个小时还是夜里10点，这个时候肯定是不会出太阳的。

269. 点菜

根据（1）和（2），如果小张要的是鱼香肉丝，那么小王要的就是宫保鸡丁，小李要的也是宫保鸡丁。这种情况与（3）矛盾，因此，小张要的只能是宫保鸡丁。于是，根据（2），小李要的只能是鱼香肉丝。

270. 野餐

答案是B。（2）和（3）这两个命题中要么一个真，要么两个真，但必有一真，所以，题干所说“三句话中只有一个是真的”必在（2）和（3）之中，从而可推出（1）必为假。根据“小丽拿了吃的”为假，可推出“小丽没有拿吃的”是客观事实，由此可推出（2）必为真。如果（2）为真，根据题干，那么（3）就为假，如果“有人拿了吃的”为假，可推出命题的矛盾命题“所有人都没拿吃的”为真，从而推出“小新没拿吃的”。

271. 谁考上了研究生

由于甲和丁说的内容矛盾，所以其中必有一假。如果丁说的是假的，那么乙和戊与甲所说均有矛盾，所以只能是甲是假的，由此进一步推测出乙和丁都没有考上研究生。答案为A。

272. 留学生

首先来看，德国人是医生，而D没有学过医，所以排除德国人是D。C比德国人大，可以确定C不是德国人，那么德国人不是A就是B。而题目中表明，B是法官，德国人是医生，那么德国人就只能是A。

同时，根据第二和第三个条件，也可以排除C是美国人，因为美国人年纪最小，怎么可能比别人大？B是法官，而美国人是警察，也可以排除美国人是B的可能性。这样，美国人就只能在A和D中选择。A已经确定是德国人，那么D就是美国人。

B是英国人的朋友，那么也可以排除B是英国人。A是德国人，D是美国人，而且又肯定B不是英国人，那么，C就只能是英国人了。所以，B是法国人。

273. 到底谁结婚了

选A。

274. 是否去游泳

B。命题的逆否命题是真命题。

275. 夏日的午后

解法一：可用排除法求解。

由（1）、（2）、（4）、（5）可知，爸爸、妈妈没有在乘凉，姐姐也没有在乘凉，因此乘凉的只能是弟弟，但这与（3）的结论相矛盾，所以（3）的前提肯定不成立，即爸爸应该是在打电话。由（4）可知，姐姐既没有在看书，又没有在乘凉，由前面的分析，可知姐姐不可能在打电话，所以姐姐在洗澡，而妈妈则是在看书。

解法二：我们可以画一个4×4的矩阵，然后消元。

	爸爸	妈妈	姐姐	弟弟
乘凉	−	−	−	+
洗澡	−	−	+	−
打电话	+	−	−	−
看书	−	+	−	−

（注意：我们用“－”表示某人对应的此项被涂掉，“+”表示某人在做这件事。每行每列只能取一个“+”，一旦取定，同行同列其他项都

要涂掉。)

1.根据题目中的(1)、(2)、(4)、(5),我们可以在上面矩阵中涂掉相应项,用“-”表示,可知弟弟在乘凉,妈妈在看书。

2.题目中的解为爸爸≠“打电话”,则弟弟≠“乘凉”,那么其逆否命题为:若弟弟=“乘凉”,则爸爸=“打电话”。由前可知,爸爸应该是“打电话”,所以在“打电话”的对应项处画上“+”。

3.现在观察1、2所得矩阵的情况,考察爸爸、妈妈、姐姐、弟弟各列的纵向情况,在“洗澡”一项所对应的行中,只能在相应的姐姐处画“+”,即姐姐在洗澡。

至此,此矩阵完成,我们可由此得出判断。

276. 谁得了大奖

是乙。显然如果是甲、丁、戊三人中的一个的话,那么乙和丙就都猜对了,与题目矛盾。如果是丙的话,那么甲和乙的话就是正确的。如果是乙的话,只有丙说的话是正确的。你猜对了吗?

277. 谁说的对

乙说的对。

278. 招聘要求

选C。

279. 左邻右舍

根据(1),每个人的嗜好组合必是下列组合之一:

①咖啡、狗、网球

②咖啡、猫、篮球

③茶、狗、篮球

④茶、猫、网球

⑤咖啡、狗、篮球

⑥咖啡、猫、网球

⑦茶、狗、网球

⑧茶、猫、篮球

根据（5），可以排除③和⑧。于是，根据（6），可知②是某个人的三嗜好组合。接下来，根据（8），⑤和⑥可以排除。再根据（8），④和⑦不可能分别是某两人的三嗜好组合，因此①必定是某个人的三嗜好组合。然后根据（8），排除⑦，于是余下来的④必定是某个人的三嗜好组合。

这三人的三嗜好组合分别是①、②和④。

根据（7）可知，①、②住在隔壁，④住在旁边，所以可能的组合为：

①	②	④
咖啡	咖啡	茶
狗	猫	猫
网球	篮球	网球

或：

④	①	②
茶	咖啡	咖啡
猫	狗	猫
网球	网球	篮球

由（3）、（4）可知，第一种组合不符合要求，所以①在中间，根据（4），陈小姐的住房居中。

280. 四兄弟吃饭

根据（2），老大有3枚25美分的硬币，因此，根据（1），他持有的硬币是下列三种情况之一：QQQDDN、QQQDNNN、QQQNNNNN（其中Q代表25美分，D代表10美分，N代表5美分）。

于是，根据（1），每个人的硬币枚数只可能是6枚、7枚或者8枚。反复试验表明，用只包括两枚25美分硬币的6枚硬币组成1美元，和用只包括一枚25美分硬币的8枚硬币组成1美元都是不可能的。因此，每人身上都带有7枚硬币。各种不同的组合如下（H代表50美分）：

6枚硬币	7枚硬币	8枚硬币
QQQDDN	QQQDNNN	QQQNNNNN
QQ????	QQDDDDD	QQDDDDNN
QHDNNN	QHNNNNN	Q???????
HDDDDD	HDDDDNN	HDDDNNNN

然后根据（3），每份账单的款额是以下各数之一（以美分为单位）：5、10、15、20、25、30、35、40、45、50、55、60、65、70、75、80、85、90、95、100。依次假定每份账单的款额为上列各数，我们发现：除了5、15、85和95之外，其他款额四人都不用找零。如果款额为5、15、85或95，那么只有拥有两枚25美分硬币的老二需要找零。因此，老二需要找零。

281. 谁是肇事者

利用排除法可以知道，选C。

282. 陈述的前提

刘丽认为王辉不是苹果电脑公司的高级副总裁，原因在于王辉只用

IBM公司的产品，这里就缺少一个前提：所有高级副总裁只用本公司的数码产品，所以王辉如果是IBM的高级副总裁，就应该只用IBM的电子产品。答案为C。

283. 决赛

题干的逆命题是：参加决赛的一定是冠军。否命题是：如果没有得到冠军，那就一定没有参加决赛。这两个都不是和原命题等价的真命题。原命题的逆否命题才是和原命题一致的真命题，即：如果某人没有参加决赛，那就得不了冠军。所以答案为B。

284. 前提条件

高三（2）班有的同学没有得到A。

285. 出租司机

因为A城市的车到达后10分钟，B城市的车就会到达，而B城市的车到达后要50分钟，A城市的车才能到。如果这个司机在A城市的车到达之后再来，他会等着接B城市的客人，这中间只有10分钟时间；如果在B城市的车到达之后再来，他需要等50分钟才能接到A城市的客人。所以他接到A城市客人和接到B城市客人的概率比为5:1，所以接到的A城市客人要多得多。

286. 比赛成绩

会。如果第一次比赛成绩排名是甲、乙、丙、丁，第二次是乙、丙、丁、甲，第三次是丙、丁、甲、乙，第四次是丁、甲、乙、丙，那么甲比乙成绩高的三次是第一、三、四次，乙比丙成绩高的三次是第一、二、四次，丙比丁成绩高的是第一、二、三次，丁比甲高的是第二、三、四次。

287. 几个孩子

甲家有三个孩子，哥哥、甲、妹妹，两个女孩，一个男孩；乙家有三个男孩，一个女孩；丙家有三个女孩，没有男孩。

288. 血缘关系

阿姨或者舅舅，题目没有说丁的性别。

289. 新手表

D的评价是正确的。婧婧犯的正是混淆概念的错误，两个“3分钟”是不相同的，一个标准，一个不标准，因此，婧婧的推断是错误的。

290. 怎么坐的

从爷爷的左边开始，依次是爸爸、儿子、妈妈、女儿。

291. 走得慢的闹钟

标准时间是12点40分。

292. 三张扑克牌

黑桃K、黑桃Q、红桃Q。

293. 成绩排名

小丽是第一名，小王是第二名，小刚是第三名，小明是第四名，小芳是第五名。

294. 最少有几个人

最少有0名，如下表所示，1表示符合条件，0表示不符合。

	学生1	学生2	学生3	学生4	学生5	学生6	学生7	学生8	学生9	学生10
北京人	1	1	1	1	1	1	0	0	0	0
20岁以上	1	1	1	0	0	0	1	1	1	1
北大毕业	1	0	0	1	1	1	1	1	1	1
男性	0	1	1	1	1	1	1	1	1	1

由上表可见，没有人同时符合这四个条件。

295. 店里是卖什么的

至少可以推断出下表中这样的结果。

	面包店	花店
街道		
	1号	书店

根据（5）和（6）可以知道，酒吧和文具店在道路的同一边。再看看表就会发现，两家店只有在1号店这一边才有可能。而且，6号店也会在这一边，可知6号店的位置一定是在1号店的左边或右边。而6号店的隔壁是酒吧，所以就知道1号店是酒吧了。

296. 排座位

从左到右依次是：主任、局长、副局长、秘书。

297. 现在是几月

7个人的观点如下。

小红：一月；小华：三月；小刘：二月；小童：四月；小明：五月；小芳：四月到十二月；小美：除了十一月外的其他月。

综上所述，除了十一月外，其他月份都不止一人说到，所以，现在是十一月，小芳说的对。

298. 两个水缸

在用水桶舀水之前，先把水桶正着按到左边水缸底部，由于水缸是满的，所以，水会溢出来。水桶本身是有一定厚度的，所以，水桶可以挤出超过1水桶的水，再舀出一水桶的水，倒入到右边的水缸里，就达到目的了。

299. 鞋店

哥哥的手艺用a表示，弟弟的手艺用b表示，就是a=1000b，b=10000a，那么只能a=b=0，就是说弟弟根本不会做鞋，既然是这样，那人还让他做，只能吃哑巴亏了。

300. 学生籍贯

选A。

301. 时晴时雨

根据（3）、（4）可知，下午下雨的日子比上午下雨的日子多一天，而且上午或下午下雨的情况有7次，所以上午下雨3次，下午下雨4次。

因为下午下雨是4天，下午晴天是5天，所以，红红一共住了4+5=9天。

302. 猜明星的年龄

选B。此题可用排除法。四人中只有一个人说对了，若甲对，则乙、丙、丁都应不对，推知丁的说法也对，与题目矛盾，故A项排除。同理，乙也不可能对。若丁对，则不能排除甲、乙，因此D项可排除。若丙对，则丁有可能不对，如果B项成立，则丙的说法一定成立，甲、乙、丁的说法不成立，符合题意。因此，可判断B为正确答案。

303. 猜颜色

因为五个人都猜对了一瓶，并且每人猜对的颜色都不同，所以猜对第一瓶的只有丙，也就是说第一瓶是红色的，那么第五瓶就不是黄色的，所以第五瓶只能是蓝色的，戊说的第二瓶是黑色的也就不对了。既然第二瓶不是黑色的，那就应该如第一个人所说，第三瓶是黑色的，所以第二瓶就不能是蓝色的，只能是绿色的。

所以说，第一瓶是红色的，第二瓶是绿色的，第三瓶是黑色的，第四瓶是黄色的，第五瓶是蓝色的。

304. 各自的体重

甲、丙、乙、丁。

305. 北美五大湖

因为每个人都说对了一个，所以假设2号是苏必利尔湖，那么3号就不是休伦湖。而戊所说的2号是休伦湖，5号是苏必利尔湖就都不正确了。所以甲说的后半句是正确的，也就是3号是休伦湖。根据丁的话，确定4号是安大略湖。根据乙的话，确定2号是伊利湖。再根据戊的话，确定5号是苏必利尔湖。最后1号是密歇根湖。

所以，1、2、3、4、5号分别是密歇根湖、伊利湖、休伦湖、安大略湖、苏必利尔湖。

306. 汽车的颜色

如果是黑色的，那么三句话都是正确的；如果是银色的，前两句是正确的，第三句是错误的；如果是红色的，三句都是错误的。所以，只有银色符合条件。

307. 装睡技巧

不是的，哥哥没有特异功能。

哥哥每次见到弟弟在睡觉的时候都会说：“你在装睡！”弟弟如果真的装睡，就会听见；而当弟弟真的在睡觉，他就不会知道哥哥在说话。所以他每一次听到哥哥说这句话时，哥哥都猜对了，并不是哥哥有特异功能。

308. 立鸡蛋

他把鸡蛋的一头在桌上轻轻一敲，敲破了一点儿壳，鸡蛋就稳稳地直立在桌子上了。

309. 变化的体重

完全有可能。体重最轻的时候是他出生的时候。

310. 赢家

一般人翻东西的时候都是把抽屉从上到下依次拉开，这样翻完上面的抽屉必须关上，才能去翻下面的抽屉。而小张是从下往上依次拉开所有的抽屉，这样下面拉开的抽屉不会妨碍查看上面的抽屉，他就节省了很多时间，所以赢得了比赛。

311. 精明的守门人

学校裁员必然从最不起眼的地方裁起，学校守门人的饭碗岌岌可危。他把教职员工吸引到自己的地方，加强沟通，必然会有人为他说话，把他留下来。

312. 遇见上帝

他一咬牙，对上帝说道："你把我打成半死吧。"

313. 钻汇率的空子

这个聪明人手里有100元A国钞票，他就可以到A国兑换B国的钞票，这样他可以得到B国的钞票100/0.9=111.11元。他拿着这些钱到B国去兑换A国的钞票，就可以得到A国钞票共111.11/0.9=123.46元。这样，他就净赚了123.46 100=23.46元的A国钞票。不断重复这个过程，他就可以发一笔横财了。

314. 将兵游戏

本题需要注意的是，题目中所给的数字都是无用的，因为开头就说"你是司令"，所以司令的年龄就是读者你的年龄。

315. 相互提问

小孩提问："有3个眼睛、6个鼻子、9条腿，这是什么东西？"

大人想了半天，无奈地掏出一百元给了小孩，小孩飞快地把钱收进了自己的腰包。

大人想了想，不太服气，又问小孩："那你来说，你刚刚问题中的那个东西是什么？”小孩狡黠地一笑：“其实我也不知道。”说完，掏出一元钱给了大人，然后，迅速地走了……

316. 判断材质

把两个球都加热到相同的温度，然后同时放入到同等质量的水里，测水的温度升高的情况，温度升得高的就是比热容大的，钢的比热容大于金，所以水温度高的就是钢球。

317. 巧过独木桥

让两个孩子分别坐在一个竹筐里，然后这个农民把竹筐前后调一下，这样，两个孩子就换过来了，谁也不用后退了。

318. 相同的试卷

有两个同学交了白卷，所以卷子是完全相同的。

319. 如何开宾馆房间门

每个人拿1把自己房间的钥匙，然后将12个人和12个宾馆房间编号，将另外一把1号房间的钥匙放到2号房间里，把2号房间的钥匙放在3号房间里……依此类推，11号房间的钥匙放在12号房间里，12号房间的钥匙放在1号房间里。这样，任何一个人回来，只要打开自己的房间门，就能拿到上个房间的钥匙，用上个房间的钥匙打开门，再拿到上上一个房间的钥匙……这样，任何一个人回来都能打开所有房间门了。

320. 火柴公式

也许你会认为是一根，变为 I＋IX＝X（1+9=10），但是还有更少的，就是一根也不用移，倒过来看看，就是XI＝X＋I（11=10+1）。

321. 方形游泳池

如下图这样扩大水池即可。

322. 牙膏

那张纸条上写着：将现在牙膏的开口扩大1毫米。消费者每天早晨挤出同样长度的牙膏，开口扩大1毫米，每个消费者就多用1毫米宽的牙膏，每天的消费量将多出不少。

323. 两根金属棒

拿其中的一根靠近另一根的中间，如果有吸力，那这根就是磁铁。

324. 滚球游戏

为了赢得比赛，瑞普应该击倒第6号木柱。

这样一来，木柱就将被分成1根、3根、7根三组。接下去，无论瑞普的对手采取什么方法，只要瑞普采取正确的策略，对手都一定会输。矮山神要想取胜，他开始时应该击倒第7号木柱，以便将木柱分成各有6根木柱的两组。此后，无论瑞普击倒哪一个组里的木柱，山神只要在另一组里重演瑞普的动作，总会取得胜利。

325. 欧洲篮球锦标赛

让队员投入自己篮筐里一个2分球，使双方比分相同，通过加时赛，还有取胜的可能。当时的情况是这样的：这位聪明的教练要了一次暂停，暂停结束后，他们开球，一名队员接球后故意将球投入自己队的篮筐，比分平了，结束时间也到了。双方战平，打加时赛。在加时赛中，保加利亚队一鼓作气打得相当出色，最后以领先8分结束了比赛。

326. 八个三角形

将2根火柴棒底端的正方形对齐，然后将其中的一根底端转动45度角即可。

327. 谁能猜中花色

不可能，最多到第五个人就能推测出主持人最近一次拿走的花色。

要想让第一个人推测不出来，桌上至少要有1张黑桃、2张红桃、3张方块才行，不然比如桌上没有黑桃的话，就说明2张黑桃是一开始没被主持人放到桌上的，1张黑桃是被主持人拿走的。满足“至少1张黑桃、2张红桃、3张方块”的条件，也就是主持人能让第一个人看到的花色组合有以下几种：

1黑3红5方，1黑4红4方，2黑2红5方，2黑3红4方，2黑4红3方，3黑2红4方，3黑3红3方。

第一个人推测不出后，主持人继续拿走一张牌，并请第二个人转过身来。当第一个人推测不出的时候，第二个人就知道第一个人看到的花色组合肯定是上面的那几种情况之一。如果第二个人看到剩下的牌是3红5方，他就能推测出第一个人看到的是1黑3红5方，主持人上次拿走的是黑桃，所以主持人拿第二张牌的时候也要考虑这一点，因此他能让第二个人看到的花色组合有以下几种：

1黑2红5方，1黑3红4方，1黑4红3方，2黑2红4方，2黑3红3方，3黑2红3方。

同样的道理，主持人能让第三个人看到的花色组合有以下几种：

1黑2红4方，1黑3红3方，2黑2红3方。

而主持人能让第四个人看到的花色组合就只有一种了，即1黑2红3方。

这样到第五个人的时候，无论上次主持人拿走了什么花色，他都能马上推测出来。

328. 巧妙排列球

切下管子的bb端，装到另一端，遂成bbwwwwbb，或者可以弯曲管子，这样也可以达到同样的效果。

329. 看电影

从孩子带父母转为父母带孩子就行了。父亲说："你好，我带了两个20多岁的孩子来看电影。"售票员听了哈哈大笑，这符合电影院的规定，于是就把票卖给他们了。

330. 布袋里的粮食

先把张奶奶的布袋翻过来，把王阿姨的大米倒入张奶奶的布袋里，扎上绳子。然后把张奶奶的布袋的上半截翻过来，倒入小麦。再解开张奶奶布袋的绳子，把下面装的大米倒入王阿姨的布袋里，就可以了。

331. 硬币

你说：你不会给我五角硬币和一角硬币。

332. 打气筒和香烟

免费打气服务吸引了不少骑自行车的工人，他们在打完气后经常会在老者那儿买包烟，这样，老者的生意就好起来了。

333. 体操员的编号

组合成129，让6号运动员倒立。

334. 盒子中的水

把盒子倾斜，使水面刚好到达盒子边缘，看盒子底下的边缘在水面之上还是之下。

335. 角度数的变化

都还是30°，无论用多大倍数的放大镜看，角的度数都是不会变化的。

336. 菠萝肉和菠萝皮

要知道，菠萝原本是1元钱一斤，也就是说，不管是里面部分还是皮都是1元钱一斤。而分开后，里面部分只卖7角，皮只卖3角，当然要赔钱了。

337. 帽子的颜色

根据它们的对话，买白帽子的不是黑兔就是花兔，而从第一个小兔刚说完话，黑兔就接着说的情况看，第一个说话的，也就是买白帽子的一定是花兔。那么黑兔买的是花帽子，白兔买的是黑帽子。

338. 印刷电路

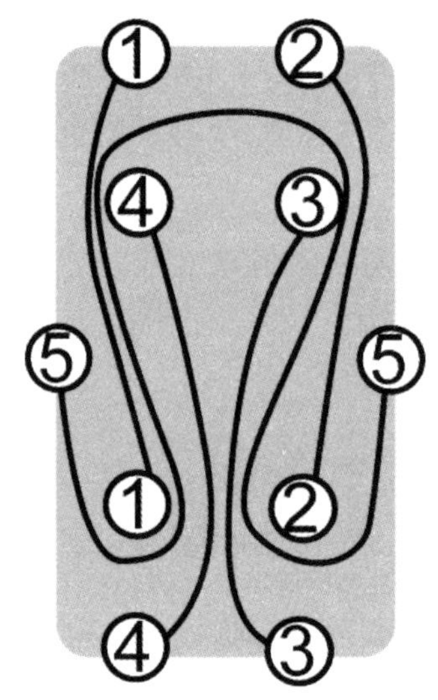

339. 刁钻的顾客

他先将9块蛋糕分装在3个盒子里，每盒3块，然后把3个盒子一起放在一个大盒子里。这样就可以了。

340. 聪明的阿凡提

他把4个栅栏围成4个同心环形，在最里边的栅栏里放了10只羊。

341. 切割金链

把其中1截金链的3个金环切断，得到3个断的金环，然后用这3个断的金环把其余的4截金链连起来就可以了。

这样做只切断3 个环，损失最少。

342. 六个和尚来分粥

先由分粥的和尚把粥分成六份，其余五个人先选择，最后剩下的那一份留给分粥的和尚，这样分粥的和尚为了自己的公平，就必须把每份粥分得平均。

343. 孙膑与庞涓吃饼

孙膑从容地拿了1个饼吃了起来。当庞涓还在吃第二个饼时，孙膑已经吃完了手中的饼，从桌上拿了2个饼，于是桌上没有饼了。最后孙膑吃了3个饼，庞涓只吃了最初拿的2个饼。

我们看到，故事中庞涓先拿了2个饼，最后他输了，所以，这显然不是最好的策略。那么如果庞涓一开始只拿1个饼呢？这时候，如果孙膑拿2个饼的话，孙膑必然是输家。那么孙膑的策略也只能是拿1个饼。庞涓、孙膑各拿了1个饼后，剩下3个饼，此时就看谁吃得快了，谁吃得快，谁再拿2块，成为最终的赢家。

344. 面积

原来，这块土地的南北和东西方向是这个正方形的两条对角线，所以面积只有5000平方米，而不是10000平方米。

345. 地毯上的飞机

他只需把地毯卷起来，直到能够到飞机为止。

346. 称重的正确姿势

一样的，只要不动都一样。

347. 树上的人工鸟窝

因为树是从顶端处生长的，所以不影响下面部分，也就是说，距离还是8米。

348. 地球和太阳

没有。他父亲今年50岁，地球每年绕太阳一圈。

349. 去世年龄

这个人去世时是18岁。因为没有公元0年这一年，而生日前一天与生日当天，在年龄上就差一岁。

350. 禁止吸烟

小王狡辩说：“当然，我现在没有在工作啊。”

351. 立等可取

修表师傅不耐烦地说：“你站着等到下午取，也是‘立等可取’嘛！”

在日常用语中，“立等可取”表示时间快或时间短，它表达了这样一个众所周知的判断：“你稍等一会儿即可取走。”而这位修表师傅却故意把它歪曲为：“你只要一直站着等下去，就可以取走。”经过这样的歪曲，那么不只是等到下午，哪怕是等到更晚，只要能拿到手表，都是“立等可取”。

352. 负债累累

他说：“昨天劳你坐门槛，甚是不安，今天早来，可先占把椅子。”这时，那讨债人才发现欠债人毫无还债之意，这才意识到自己上了当。

“你明天早点来”这句话，其字面上的含义是很清楚的，但是，由于欠债人故意制造了一个特殊的语言环境，即背着其他讨债人偷偷地对他说这句话，这就导致对方产生误解，认为欠债人没有那么多的钱一下子还清所有人的债，暗示要先还自己的债。果然，这个讨债者中了诡计。

353. 猜数字

这个数字是43。“四十三”去掉“四”为“十三”，去掉“三”为“四十”。

354. 接满雨水的时间

还是30分钟，因为雨的大小不变，而且水桶口的面积也没有变，接到的水量也不变。

355. 滚动的圆木

圆木向前滚一圈后，它们使石块相对它们向前移动了1米，而它们相对地面又向前移动了1米，所以一共向前移动了2米。

356. 鸡的重量

大的16斤，小的4斤。

357. 四人的位置

有。4个孩子分别站在长方形的4个角处，按顺序分别是A、B、C、D。

358. 聪明的男孩

小男孩回答很妙：“因为我的手比较小呀，而老板的手比较大，所以他拿的一定比我拿的多很多。”

这是一个聪明的孩子，他知道自己的短处，也知道别人比自己强。凡事不只靠自己的力量，学会适时地依靠他人，是一种谦卑，更是一种智慧。

359. 剪出多少个洞

32个洞。大家可以亲自动手试一下。

360. 庙宇的算命先生

不能。无论他有没有想出有效的提问方式，这次都不能问了，因为他的钱只够问两个问题，而他已经问过了。

361. 遵照遗嘱

其实这个问题很简单，只要满足一点，就是儿子所得是母亲的2倍，母亲所得是女儿的2倍，即可满足这个人的遗愿。

首先，设女儿所得为x ，则妈妈所得为2x，儿子所得为4x，那么分配方法为：将所有财产平均分为7份，儿子得4份，母亲得2份，女儿得1份。

362. 断裂的绳子

当我把下面的绳子慢而稳地拉住，上面的绳子就要承受书的重量和下面绳子的拉力，于是这根绳子上面的拉力就要比下面的拉力大，上面当然会先断。

如果我猛地一拉下面的绳子，惯性就会起作用。一开始书还没有被这一猛拉影响，所以拉力没有被传递到上面的绳子，于是下面的绳子受到了更大的力，先断了。

363. 一位智者

假设明天下雨，智者将100元给丈夫，却可以从妻子那里得200元，最终得100元。

假设明天不下雨，智者从丈夫那里得200元，同时失去100元给妻子，最终还能得100元。

智者总是能得到100元，何乐而不为呢?

364. 聚餐

需要16分钟。把原料一起放进锅里炸，在各人希望的时间里捞出各人要吃的东西即可。

365. 奇妙的数字

把罗马数字ＸⅡ（12）拦腰切成两半，就成了罗马数字ＶⅡ（7）。

366. 聪明的孩子

把第二个盛满水的杯子拿起来，把水倒入第五个杯子（中间的那个空杯子），然后再把手里的杯子放回原处。

367. 怎样戒烟

只需要算一算抽完第39根香烟后要等多久才能抽第40根香烟，即可知道。要等的时间为2的38次方，等于274877906944秒，约等于76354974.15小时，约等于3181457.26天，约等于8716年。能在这么长的时间不抽烟，想不戒怕不成吧！

368. 奇怪的比赛

两兄弟交换了他们的车进行比赛。

369. 硬币中间的孔

不对。加热后，孔将变大。

这是因为，孔外面的金属可以看成是由一个条形的材料弯成的圈。加热的时候，金属条伸长，所以原来的孔变大了。轮子加热后套入轴，就是利用这个原理。同样，瓶盖太紧拧不开时，把它放在热水里加热就能拧开。

370. 上 8 层楼

112秒。本题要注意的是，1层到2层只需爬1层楼梯。也就是说，从第1层爬到第4层，只需爬3层，所以每爬一层要48/3=16秒，而爬到第8层需要爬7层楼梯，也就是16×7=112秒。

371. 两只蜗牛

不会，还是甲蜗牛先到。因为蜗牛甲和乙的速度之比为10：9，当甲蜗牛跑110米，乙蜗牛跑100米时，两只蜗牛所用的时间之比为（11/10）：（10/9）=99：100，所以还是甲蜗牛所用时间少一些，甲蜗牛先到。

372. 新同学

他们是三胞胎中的两个。

373. 牌子上的规定

因为句子没有加标点，他将其断句为："行路人，等不得，在此大小便。"经这样断句之后，意思就完全变了。根据这个判断，凡行路的人，只要憋不住了，就可以在此大小便。

374. 哪样更多

一样多。第二次取出的那勺水，因为它和第一勺体积相等，都设为a。假设这勺混合液中酒精所占体积为b，那么倒入第一杯酒精的水的体积为a-b。第一次倒入水的酒精为a，第二次舀出b体积酒精，则水里还剩a-b体积酒精。所以酒精杯里的水和水杯里的酒精一样多。

375. 镜子里的数字

镜子中照出的物体是和原物体左右相反的，而阿拉伯数字中，除了0以外，只有1和8在镜子中照出来还是数字。所以知道鸡和鸭只数的乘积一定是81，而它们的和是18，所以鸡和鸭一定是各有9只了。

376. 五个齿轮

无论你向哪个方向转动，最后传递回来的都是相反的力量，所以答案是一圈也转不了。

377. 切去四角

情况有很多种，大家可以根据切的不同情况自己数一下。本题的关键就是切立方体的角有很多种切法。

378. 变成什么

将变成两个套在一起的环，一个是和原来那个一样长的莫比乌斯带，另一个是长度为原来两倍的扭了两次的环。

379. 有力的理由

（1）圆形的盖子不会突然掉进下水道，而正方形或其他多边形就有可能。

（2）沉重的圆盖子可以滚到目的地，而其他形状的就不行。

（3）无论怎么盖，圆形盖子都能把洞盖严实，而正方形的只有把四角都对准位置才能盖严实。

380. 广告

他在“醋”字后面加了个逗号，于是广告就变成：“酿酒缸缸好做醋，坛坛酸。”经这样一改，意思同原广告大不一样，这样的“酒”谁还会去买呢？

381. 什么情况下成立

玩剪刀石头布的时候。“布”是伸出5个手指，“剪刀”伸出两个手指，“石头”不伸手指。

382. 能否避开子弹

子弹飞行时的下落距离与猴子的下落距离是完全相同的，所以无论子弹的速度如何，它都将击中猴子。

383. 七个苹果

把3个苹果各切成4份，把这12块分给每人1块。另4个苹果每个切成3等份，也分给每人1块。于是，每个孩子都得到了一个四分之一苹果和一个三分之一苹果，这样，12个孩子都平均分配到了苹果。

384. 木匠家的婚礼

每个桌子装3条腿，正好够做4张桌子。

385. 纠结的母亲

可以叫她反过来想：雨天，小儿子的雨伞生意会红火；晴天，大儿子染的布很快就能晒干。这样就会使这位老母亲眉开眼笑，不再发愁。

386. 啤酒瓶的容积

首先，测出瓶底的直径，这样就能够算出瓶底的面积。然后测啤酒的高度。再颠倒瓶子，测其中空气的高度。把两个高度加起来后乘上瓶底面积，就是瓶子的容积了。

387. 让路

歌德笑着说：“我正好和你相反。”说罢往路边一站。

388. 裁缝的招牌

写“本条街上最好的裁缝”。

389. 考试及格

如果我是小磊，一进门就先跟妈妈说：“今天考试好难，全班只有一个人及格了。”

“谁啊？”

“我。”

“多少分啊？”

“六十分。”

意思是一样的，但话语顺序不同，效果也许就完全不一样了。就算妈妈觉得六十分比较低，但也不会一巴掌就打过去，说不定想想孩子其实是第一名，还会给一番奖励呢。

390. 比萨斜塔

因为比萨斜塔只有在一个特定的角度看才能看出是倾斜的。如果我们在它的正对面或者背面的时候，就只能看到它是笔直的。

391. 帽子

他说：“你帽子下面的那个东西是什么玩意？是脑袋吗？”

392. 骗人的妙语

这样的话有很多，比如你可以说：“我今天一定要骗到你。”如果你真的骗到了对方，那么你就成功了；如果你没有骗到对方，那么这句话本身就是一句假话，也就是骗了对方。

393. 德性

物理学家诙谐地回答说：“不是德性，是惯性！”

394. 添加标点

父母人人拜上：新年好，晦气全无，人丁兴旺，读书少不得，五谷丰登。

395. 被篡改的对联

父进土，子进土，父子同进土；

妻失夫，媳失夫，妻媳同失夫。

396. 乌戴将军的幽默

他说：“老弟，你以为这种治疗能让我再生头发吗？”

397. 吹牛

小孩说：“那么，你用什么去装这种液体呢？”

398. 买佛像

佛祖派弟子下山与老板砍价。

第一天，弟子下山，去店铺和老板砍价，弟子咬定4500元，未果回山。

第二天，第二个弟子下山和老板砍价，咬定4000元不放，亦未果回山。

如此下去，最后一个弟子在第九天下山时所给的价钱已经低到了200元。

眼见着一个个买主一天天来，一个比一个价钱给得低，老板很着急，每一天他都后悔自己没有以前一天的价格卖出去，他深深地怨责自己太贪。

到第十天时，他在心里说，今天若再有人来，无论给多少钱自己都要立即出手。

第十天，佛祖亲自下山，说要出500元买下它，老板高兴得不得了——竟然反弹回500元！当即出手，高兴之余还赠给佛祖龛台一具。

399. 语言的力量

这位演说家是这样做的，他说：“笨蛋一个！你根本就没有理解我话里的意思！”这位演说家没等他说完，就在台上对他大声呵斥。

这位听众顿时目瞪口呆，继而怒形于色，愤然起身反击：“你才是……”

但是演说家手一挥，没让他继续说下去：“对不起，我刚才并不是有意伤害你的，希望你接受我最真诚的道歉。”

这位听众的怒气此刻才渐渐平息。

出现这一插曲，在场的所有听众都纷纷议论开来，而演说家则微笑着继续他的讲演：“看到了吧，刚才我只不过说了那几个词，这位听众就要跟我拼命。后来，我又说了几个词，他的怒气就消了。所以，千万要记着，你说出的话有时就像一块石头，砸到人家身上，会使人受伤；有时，它又像春日里的和风，轻拂而过，让人倍感舒心。这就是语言的威力啊。”

400. 倒硫酸

他先找来一些玻璃球，放入硫酸中，使液面升至10升处，然后把硫酸倒出到5升的位置即可。

401. 希腊老师的辩术

学生脱口而出：“那还用说，当然是那个脏的。”

希腊老师摇摇头：“不对，是干净的去洗，因为他养成了爱清洁的习惯，而脏人却不当一回事，根本不想洗。你们再想想看，是谁洗澡了呢？”

学生忙改口：“爱干净的！”

“不对，是脏人，因为他需要洗澡。”老师反驳后再次问学生，“这么看来，谁洗澡了呢？”

“脏人！”学生只好又改回开始的答案。

“又错了，当然是两个都洗了。”老师说，“爱干净的有洗澡的习惯，脏人有洗澡的必要。怎么样，到底谁洗了呢？”

学生眨巴着眼睛，犹豫不决地说：“那看来就是两人都洗了。”

“又错了！”希腊老师笑道，“两个都没有洗，因为脏人不爱洗澡，而干净人不需要洗澡。”

“那……老师你好像每次说得都有道理，可每次的答案都不一样，我们该怎样理解呢？”“这很简单，你们看，这就是诡辩。”

402. 聪明的小男孩

纸条上写着：“先生，我排在队伍中的第21位，在你没有看到我之前，请不要做决定。”

老板为什么把工作给了他，因为他学会了动脑筋。

403. 两家小店

因为这家的服务小姐问我：“加一个鸡蛋还是两个鸡蛋？”

我笑了，说：“加一个。”这时，我已经明白了两个店的差异。

果然，再进来一个顾客，服务员又问了一句：“加一个鸡蛋还是两个鸡蛋？”

爱吃鸡蛋的就要求加两个，不爱吃的就要求加一个。也有要求不加的，但是这样的顾客很少。

就这样，一天下来，左边那个小店就要比右边那个卖出很多个鸡蛋。

404. 上当的国王

阿姆斯特朗对詹姆斯侦探说：“我得慢慢地品味着读，每天大约一行。”詹姆斯问：“那不是需要很多年吗？”阿姆斯特朗说：“国王陛下许可我读完《圣经》再被处死，并没有讲什么时候读完啊！”

405. 五元还是十元

总统解释说："如果我一开始就选10元，那以后还有谁会拿钱来给我选呢？"

406. 移动数字

把6缩小，放在2的右上角，变成2的6次方，即：$2^6-63=1$。

407. 剪断围栏

最少要剪断7根。

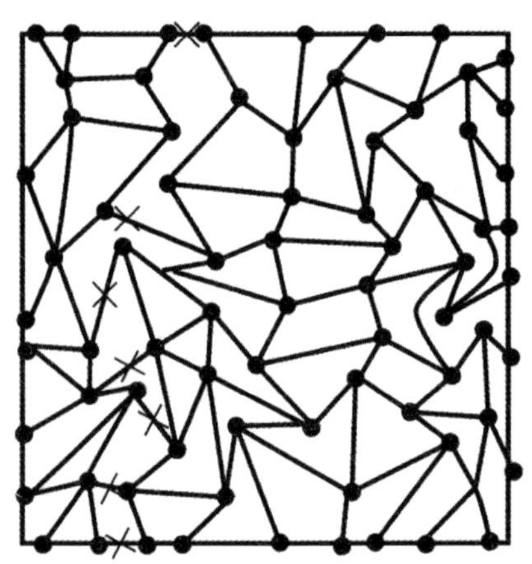

408. 一艘船

把三把锁一个套一个锁在一起形成一个长链，然后锁在船的铁链上，这样每个人都可以自由地打开和锁上这艘船了。

409. 孩子的零用钱

因为他们分别是爷爷、爸爸和儿子。爸爸把爷爷给的2000元钱中的1000元给了儿子，所以总数还是2000元。

410. 开关控制电灯

先打开一个开关，经过比较长的时间后关掉。再打开另一个开关，马上去隔壁房间，就可以看到一个灯亮着，它对应的就是第二个开关。再摸一下其余的两个灯泡，有一个热，有一个凉，热的灯泡对应第一个开关。

灯泡亮一段时间后会发热，这也是一个判断依据，并不是只有亮与不亮才能判断。一个条件只可以区分两个物体，要想区分三个，就必须至少有两个条件。

411. 丢失的螺丝

从其他3个轮胎上各取下1个螺丝，用3个螺丝固定刚换下来的轮胎，可以勉强开到修车厂。

412. 男女比例

不可能。妇女所生的第一胎中，男女比例各占一半。母亲生了女孩不能再生孩子，生了男孩仍然可以生第二胎，这第二胎的男女比例也是各占一半。生女孩的母亲被禁止生育，生男孩的仍然可以生第三胎……在每一轮生育中，男女的比例都是各占一半。因此，将各轮生育男女的比例分别相加，二者比例始终相等。

413. 四棵大树

分法如下图所示（只是其中一种情况）。

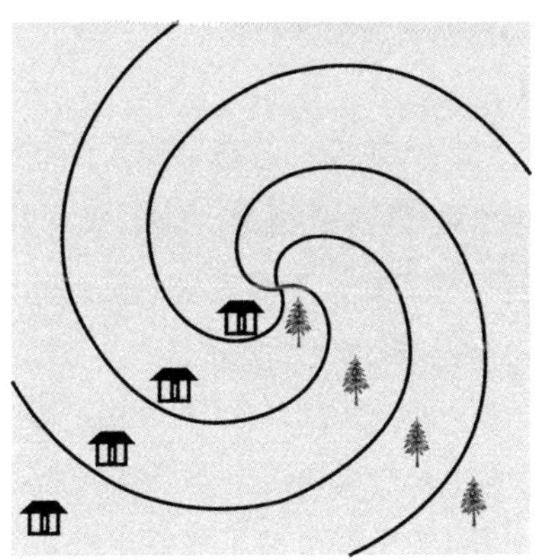

414. 聪明的豆豆

他带了2公斤的货物。

415. 子弹的速度

同时到达地面。因为重力加速度与水平速度无关。

416. 思维误区

其实根本不需要镜子，一个人脸朝向东，另一个人脸朝向西，两个人是面对面的，所以不需要镜子。本题不要陷入思维误区，认为两个人是背对着的。

417. 法官的妙计

一到家，牧场主就按法官说的挑选了5只最可爱的小羊羔，送给猎户的5个儿子。看到洁白温顺的小羊，孩子们如获至宝，每天放学后都要在院子里和小羊羔玩耍嬉戏。因为怕猎狗伤害到儿子们的小羊，猎户做了个大铁笼，把狗关了起来。从此，牧场主的羊群再也没有受到骚扰。

为了答谢牧场主，猎户开始送各种野味给他，牧场主也不时地用羊肉和奶酪回赠猎户，渐渐地两人成了好朋友。

418. 打棒球的男孩

"哇！"他突然跳了起来，"我真是一流的投手。"

419. 聪明的禅师

佛印禅师说："四大本空，五蕴非有，请问学士要坐哪里呢？"

禅者认为，我们的色身是由地、水、火、风四大要素构成的假合之体，这四要素没有一样实在，不能安坐。因此苏东坡的玉带输给了佛印禅师，至今仍留存于金山寺。

420. 一百元

一开始，店主用100元假币换了隔壁老板100元真币，后来又用100元真币换了100元假币，所以两人谁也不欠谁的，所以店主在隔壁老板那里没有赔钱。但是顾客给了店主一张100元的假币，所以店主赔了100元。

421. 下地狱的和尚

屠夫天天为善，叫和尚起来念经；和尚天天作恶，叫屠夫起来杀生。

什么是善，什么是恶，有的时候，真的难以分清。

422. 找出错误

在这一问题中，“错误”这个词出现过3次，加上标题中的，一共有4个“错误”。还有一个错误在哪里呢？原来，有4个“错误”，却说有5个，这就是另外一个错误。你找到了吗？

423. 气压计的故事

还有许多其他方法。例如，你拿上气压计走到楼房底层，敲管理人员的门。当管理人员应声时，你对他说：“亲爱的管理员先生，我有一个很漂亮的气压计。如果你告诉我这栋楼的高度，我将把这个气压计送给您……”

没有边界限定的时候，有无数的答案……

424. 谁打碎盘子

儿子回答说：“因为她没有骂人。”

我们习惯以不同的标准来待人待己，往往是责人以严，待己以宽。

425. 你能这样折吗

无论纸张厚薄，要对折八九次以上几乎不可能。

每对折一次，报纸页数就会翻一倍。对折一次就成了两页，对折两次就是4页，九次就会有512页，相当于一本小电话簿了，一叠纸太厚就很难再对折了。

426. 化解尴尬

他也和客人们一样，端起洗手盆自然而得体地喝了起来。

427. 聪明的聋哑人

他抱起老人的西瓜就跑，老人一定会去追。

428. 裁员还是减薪

你应该选择开除部分员工，为什么呢?

如果你给每个人都减薪15%，有些雇员可能就会跳槽到其他公司，去谋求薪水更高的职位。而不幸的是，最有可能跳槽的都是你手下那些最优秀的雇员，因为他们更有可能在其他地方谋得更高薪水的职位。所以，每个人减薪15%，会让你流失掉最优秀的员工，这恰恰是你最不想看到的。相比之下，如果你选择开除15%的员工，显然可以选择淘汰生产效率最低的那部分员工。优胜劣汰，是自然永恒的法则。

429. 排队买麻花

那家冒牌的陈麻花门前之所以排长队，很可能是因为那家的老板找了一些人专门排队。

当我们走到几家麻花店门口时，看到某家店门口在排长队，我们就会理所当然地认为他们排队是有原因的，因为一般只有口味很好的麻花才值得别人排这么长的队。

当多数人都选择某个店买麻花时，我们会倾向于也选择这个店，因为我们会认为，别人也有选择其他店的可能，之所以没有选择，肯定是有所考虑的，我们也就没必要冒险了。

430. 聪明的弟子

这个聪明的弟子看着宽阔无边的麦田动起了脑筋：一看到好的麦穗就摘肯定是不可行的，看到好的麦穗总也不摘，期待会有更好的同样是不可取的。这样，就必须将前后做个比较。麦田这么大，那么我可以将其分成三段，走到第一段时，我可以将其中的麦穗分成大、中、小三类，走到第二段时，我要验证一遍以免出错，而到了第三段时，我就可以验收成果了，只需从大类中找到最大最美丽的一株麦穗，虽然不一定是整个麦田中最大最美的，也差不了多少，足以令我满意了。第三个弟子就按照他的想法去做了，最终愉快地走完了全程。

431. 天堂与地狱

在天堂里，围着餐桌吃饭的人们都拿着长筷子喂对面的人吃菜，而对方也喂他们吃，因此每个人都吃得很愉快。

432. 货物

（1）只要在船上加些石块，使船下沉几厘米，就可以从桥下安全通过了。

（2）将汽车轮胎放掉一点气即可。

433. 检验毒酒

最少10个人就够了。

把10个人编号定为1～10，再把1000瓶酒用二进制编号，分别为0000000000、0000000001……1111111111，一共有1024种编法。将每种编法对应一瓶酒，足够给1000瓶酒编号。酒的编号中第几位为1，就把该酒喂给第几个人。最后看死了哪几个人，便可以判断出哪瓶酒有毒了。

434. 组织踢球

这时候组织者就会耍一个花招：开始联系第一个人A的时候，组织者会告诉他，已经有很多人答应要来了，比如XX、XXX等，现在就差他一个了，这样他就会毫不犹豫地答应下来。联系第二个人B的时候，组织者告诉他已经有很多人要参加，比如XX和A，就等他一人了。联系第三个人C时，组织者告诉他，有很多人答应要来，比如A和B，就等他了……如此联系下去，能叫到的人基本都会来，一场足球赛也就成功组织起来了。

在这里，组织者一开始说已经有很多人答应参加比赛，这只是一个预先的假定。这个假定带有某种欺骗性，但这个欺骗是没有恶意的。这个假定对其他人心理的影响很大，实际上是借助了大家的从众心理。

435. 双胞胎

前面那个小孩是后面那个小孩的姐姐。本题要求我们一定要突破思维定式，这对双胞胎并不一定是两兄弟，也有可能是姐弟俩。

436. 分钱的方案

A提方案时当然要猜测B的反应，A会这样想：根据理性人的假定，A无论提出什么方案——除了将100元全都留给自己而一点儿都不给B留这种极端的情况，B都只能接受。因为B接受了还有所得，而不接受将一无所获——当然此时A也将一无所获。

此时理性的A的方案可以是：留给B一点点，比如1分钱，而将99.99元留给自己，即方案是99.99：0.01。B接受了会得到0.01元，而不接受，将什么也没有。对比一下，B一定会接受这个建议。

但是，这只是根据理性人的假定分析出来的结果，实际上则不是这个样子。

英国博弈论专家宾莫做过一次实验，发现提方案者倾向于提50：50，而接受者会倾向于：如果给他的少于30%，他将拒绝；多于30%，则不拒绝。

这个博弈反映的是“人是理性的”这样的假定，在某些时候是不符合实际情况的。

437. 钱去哪儿了

小王把信封上的数字看倒了，应该是86，他看成了98。

438. 卖梳子

他对经理说：“我到了最大的寺庙里，直接问方丈想不想增加收入，方丈说想，我就告诉他，在寺庙最热闹的地方贴上标语，上写‘捐钱有礼物拿’。什么礼物呢？一把功德梳。这个梳子有个特点，一定要在人多的地方梳头，这样就能梳去晦气梳来运气。于是很多人捐钱后就梳头，这又使更多人去捐钱。一下子就卖出了3000把。”

明白对方的需要，抓住对方的心理，解决实际问题，才能势如破竹。

439. 谁比谁聪明

老猴子说：“傻孩子，如果我不高高跳起来接住爆米花逗逗他，他还会再丢爆米花吗？

一位哲人曾经说过：“人们的观察力就像他们的手表，没有两只能够走得完全一样，但每个人却都只相信自己。”在生活中，往往是我们认为占便宜的地方，或许在其他人看来却是吃亏的、笨的行为也说不定。

440. 报复

他写道：“今天船长没喝醉。”

441. 买烟

因为乙跟店员说：“便宜一毛吧。”然后，他用这一毛钱买了一盒火柴。

这是最普遍的心理边际效应。前一种情况：店主认为自己在一个商品上赚钱了，另外一个没赚钱，赚钱指数为1。后一种：店主认为两个商品都赚钱了，赚钱指数为2。所以心理上当然倾向后一种了。同样，这种心理还表现在买一送一的花招上，顾客认为有一样东西不用付钱，所以赚了，其实这都是心理边际效应在作怪。

442. 大名鼎鼎

他回答说：“这样难道不好吗？如果皮箱是大名鼎鼎的，而我却是随随便便的，那样岂不更糟？”

443. 后生可畏

小男孩问：“那电灯是谁发明的？”

爸爸：“是爱迪生。”

小男孩又问：“那爱迪生的爸爸怎么没有发明电灯？”

444. 爷爷有几个孩子

爷爷一共有7个孩子，4个儿子，3个女儿。

445. 一件旧大衣

“这又何必呢？”爱因斯坦说，“反正这儿每个人都已经认识我了。”

446. 一休晒经

一休禅师非常认真地解释道：“我这是在晒藏经呢。你们晒的经是死的，会生虫。我晒的藏经是活的，会说法，会干活，会吃饭，有智者应该知道哪一种藏经才珍贵！”

447. 学问与钱

父亲则轻描淡写地回答：“说这种话的人，口袋里一定没有钱！”

448. 招聘司机

这家公司录取了第三位。面对危险的诱惑，应离得越远越好。

449. 登上月球的航天员

奥德伦很有风度地回答：“各位，千万别忘了，回到地球时，我可是最先出太空舱的。”

他环顾四周然后笑着说：“所以我是从另外的星球来到地球的第一个人。”

大家在笑声中，给予了他最热烈的掌声。

450. 你有什么了不起的

当爸爸嗤笑他时，他就对爸爸说：“你有什么了不起的，我的儿子比你的儿子强得多。”

当儿子嗤笑他时，他就对儿子说：“你有什么了不起的，我的爸爸比你的爸爸强得多。”

同一个人相对于他爸爸来说是儿子，相对于他儿子来说又是爸爸，上面那个自我解嘲的人就是这样，当他对爸爸说“你的儿子”和对儿子说“你的爸爸”时，实际上指的都是他自己。

他既不如爸爸又不如儿子，但他不这样说，而是换成另外一种说法。经他这么一说，他的短处变成了长处，缺点变成了优点，似乎他的情况反倒比爸爸和儿子都要好。

451. 狡诈的县官

县官拍案大怒道：“大胆刁民，本官要你两只金锭，你说只收半价，我已把一只还给了你，就折合那一半的价钱，本官何曾亏了你！”

452. 天机不可泄露

竖起一根指头，可以做出多种解释：如果三人都考中，那就是“一律考中”；要是都没有考中，那就是“一律落榜”；要是考中一人，那就是“一个考中”；要是考中两人，那就是“一人落榜”。不管最后是哪种情况，都能证明他算的是对的。

453. 阿凡提的故事

阿凡提拿出钱袋，在巴依面前晃了晃，说：“巴依，你听见口袋里响亮的声音了吗？”

“什么？哦，听到了！听到了！”巴依说。

“好，他闻了你饭菜的香气，你听到了我的钱的声音，咱们的账算清了。”

阿凡提说完，拉着穷人的手，大摇大摆地走了。

454. 父在母先亡

这是因为“父在母先亡”这句话有歧义，人们对它可以有不同的理解，或者说它可以表达不同的判断：①父亲尚在，母亲已经去世；②父亲先于母亲而亡，即母亲尚在，父亲已经去世。而且这两种解释不仅适用于现在，也适用于过去和将来。如果求卜者的父母实际上都已去世，那么算命先生会说，他说的是过去的事；如果求卜者的父母都还健在，则算命先生会说，他说的是将来的事；如果求卜者当前父在母不在或者母在父不在，那么算命先生也会做出解释。总之，不管是什么情况，求卜者都会觉得算命先生的话是对的。

实际上，这个算命先生是故意玩弄歧义句来骗人。

455. 染布

阿凡提回答说：“很快的，这一天不是星期一，不是星期二，不是星期三，不是星期四，不是星期五，不是星期六，也不是星期日。你就那天来取吧！”

456. 找出重球

两次。

把8个球分成3、3、2 三组，把3个球和3个球分别放在天平的两端。如果天平平衡，那么把剩下的两个球放在天平两端，天平向哪边倾斜，那个球就是略重的；如果天平偏向一方，就把重的那一方的3个球中的两个放在天平两端，这时如果天平倾斜，重的那方就是重的球，不倾斜，剩下的那个球就是重的。

457. 扑克牌智力题

因为乙方有2个A，所以甲无论如何也不能先出一对，那样被乙用对A管上之后就必输无疑了。所以，甲的策略是先出一张3，然后将对子全都拆开单出，直至乙拆开一个对子。当然如果乙不拆开，那么甲继续出单张，直至全部出完。

如果乙拆的是10，则甲用J或者K管。然后甲继续出单张，如果乙继续用10管，则甲用K或者J管。甲接着出单张，直至乙拆开A，则甲用2管。这时，甲就可以开始出对子了，乙肯定会剩下一个单张。

如果一开始乙拆的就是A，则甲用2管。然后甲出对，乙用对10管了之后，甲用对Q。

然后甲继续出对，乙必定会剩下一个单张。

另外，如果甲有3个K或者3个J在手，记得留下足够的对子做成三带二，以确保把牌全部出完。

458. 抉择

先看极端情况：

如果A、B中有一人拿到5元的信封，该人肯定愿意换；如果A、B中有一人拿到160元的信封，该人肯定不愿意换。但问题是A、B的两个信封是一个组合，设A愿意换，则B不一定愿意换，反之亦然。

再看中间状况：

从期望收益来看，设若A、B信封组合为20、40，若A拿到信封，看到里面有20元，则他面临两种可能，即B信封里或为10元（若此，他不愿换），或为40元（若此，他愿意换）。但这两种可能性从概率上说是均等的，即各为1/2（50％），因此，他若愿意换，则其期望收益为10×50％+40×50％=25元，这比他不交换的所得（信封里的20元）多，因此，理性的A应当愿意交换。

而B拿到信封，看到里面有40元，则他面临两种可能，即A信封里或为20元（若此，他不愿换），或为80元（若此，他愿意换）。但这两种可能性从概率上说是均等的，即各为1/2（50％），因此，他若愿意换，则其期望收益为20×50％+80×50％=50元，这比他不交换的所得（信封里的40元）多，因此，理性的B也应当愿意交换。

459. 聪明程度

这个游戏的独特之处在于你必须考虑其他参与者是怎么想的。

首先，你可能会假定人们都是随机地选择一个数字寄回，这样的话平均值应该是50，那么最佳答案应该是50的2/3，也就是33。

但你应该想到，别人也会像你一样，想到33这个答案。如果每个人都选择了33，那么实际的平均值应该是33而不是50，这样最佳答案应该修改成33的2/3，也就是22。

那么别人会不会也想到这一层？如果大家都写22呢？那么最佳答案就应该是15。

可是如果大家都想到了15这一层呢？

……

这样一步步地分析下去，如果所有人都是绝对地聪明和理性，那么所有人都会做类似的分析，最后最佳答案必然越来越小，以至于变成0。鉴于0的2/3还是0，所以0必然是最终的正确答案。

但问题是，如果有些人没有这么聪明呢？如果有些人就是随便写了个数呢？

刊登广告的其实是芝加哥大学的理查德泰勒。他收到的答案中的确有些人选择了0，但平均值是18.9，获胜者选择的数字是13。这个实验就是要说明，很多人是不那么聪明，也不那么理性的。

460. 三位授课老师

根据条件（1），化学老师和数学老师住在一起，说明化学老师和数学老师不是一个人。

根据条件（3），数学老师和丙老师是一对优秀的象棋国手，说明丙不是数学老师。

根据条件（4），物理老师比生物老师年长，比乙老师又年轻，说明生物老师最年轻。

根据条件（2），甲老师是三位老师中最年轻的，所以甲老师是生物老师，且不是物理老师。

根据条件（5），三人中最年长的老师家比其他两位老师远，住得最远的老师是乙，且不是化学老师和数学老师。

从而，我们可以得出以下答案。

老师	所教课程
甲老师	生物、数学
乙老师	语文、历史
丙老师	物理、化学

461. 英语竞赛

根据（1），小王、小李和小赵各比赛了两场，因此，从（4）得知，他们每人在每一次竞赛中至少胜了一场比赛。根据（3）和（4），小王在第一次竞赛中胜了两场比赛，于是小李和小赵第一次竞赛中各胜了一场比赛。这样，在第一次竞赛中各场比赛的胜负情况如下：

小王胜小张　小王胜小赵（第四场）

小李胜小刘　小李负小赵（第三场）

根据（2）以及小王在第二次竞赛中至少胜一场的事实，小王必定又打败了小赵或者又打败了小张。如果小王又打败了小赵，则小赵必定又打败了小李，这与（2）矛盾，所以小王不是又打败了小赵，而是又打败了小张。这样，在第二次竞赛中各场比赛的胜负情况如下：

小王胜小张（第一场）　小王负小赵（第二场）

小李负小刘（第四场）　小李胜小赵（第三场）

在第二次竞赛中，只有小刘一场也没有输，因此，根据（4），小刘是第二场竞赛的冠军。

注：由于输一场即被淘汰，各场比赛的顺序如上面括号内所示。

462. 大有作为

菲利普是歌手，罗伯特是大学生，鲁道夫是战士。

分析：因为根据条件（2），可以知道菲利普不是大学生，而根据（3）也可以知道鲁道夫不是大学生，所以罗伯特是大学生。而根据（1），罗伯特的年龄比战士大，条件（2）中，罗伯特比菲利普的年龄小，那么，鲁道夫就应该是战士，所以菲利普是歌手。

463. 五本参考书

很简单，按照已知的条件逐步推理即可得到答案。

甲：1、2、3、4、5；

乙：4、5、1、2、3；

丙：5、1、4、3、2；

丁：2、3、5、1、4；

戊：3、4、2、5、1。

464. 名字与职业

首先列出所有情况：

张三	李四	王五	赵二	孙六
老板、理发师、医生、教师、职员	老板、理发师、医生、教师、职员	老板、理发师、医生、教师、职员	老板、理发师、医生、教师、职员	老板、理发师、医生、教师、职员

由（1）可知，老板不是王五，也不是赵二。则：

张三	李四	王五	赵二	孙六
老板、理发师、医生、教师、职员	老板、理发师、医生、教师、职员	理发师、医生、教师、职员	理发师、医生、教师、职员	老板、理发师、医生、教师、职员

由（2）可知，教师不是赵二，也不是张三。则：

张三	李四	王五	赵二	孙六
老板、理发师、医生、职员	老板、理发师、医生、教师、职员	理发师、医生、教师、职员	理发师、医生、职员	老板、理发师、医生、教师、职员

由（3）可知，王五和孙六住在同一栋公寓，对面是公司职员的家。则：

张三	李四	王五	赵二	孙六
老板、理发师、医生、职员	老板、理发师、医生、教师、职员	理发师、医生、教师	理发师、医生、职员	老板、理发师、医生、教师

由（4）可知，李四、王五和理发师经常一起出去旅游。则：

张三	李四	王五	赵二	孙六
老板、理发师、医生、职员	老板、医生、教师、职员	医生、教师	理发师、医生、职员	老板、理发师、医生、教师

由（5）可知，张三和王五有空时，就和医生、老板打牌。则：王五→教师。

张三	李四	王五	赵二	孙六
理发师、职员	老板、医生、职员	教师	理发师、医生、职员	老板、理发师、医生

由（6）可知，每隔10天，赵二和孙六一定要到理发店修个脸。则：

张三	李四	王五	赵二	孙六
理发师、职员	老板、医生、职员	教师	医生、职员	老板、医生

由（7）可知，公司职员则一向自己刮胡子，从来不到理发店去；而赵二、孙六去理发店。则：

张三	李四	王五	赵二	孙六
理发师、职员	老板、医生、职员	教师	医生	老板、医生

所以赵二是医生，则：孙六是老板。

张三	李四	王五	赵二	孙六
理发师、职员	职员	教师	医生	老板

所以李四是职员，则：张三→理发师。

从而得出：

张三	李四	王五	赵二	孙六
理发师	职员	教师	医生	老板

465. 谁养鱼

首先确定：

房子颜色：红、黄、绿、白、蓝→Color 1、2、3、4、5

国籍：英国、瑞典、丹麦、挪威、德国→Nationality 1、2、3、4、5

饮料：茶、咖啡、牛奶、啤酒、开水→Drink 1、2、3、4、5

烟：PM、DH、BM、PR、混合烟→Tobacco 1、2、3、4、5

宠物：狗、鸟、马、猫、鱼→Pet 1、2、3、4、5

然后有：

由（9）→N1=挪威；

由（14）→C2=蓝；

由（4）→如果C3=绿，C4=白，则（8）和（5）矛盾，所以C4=绿，C5=白，剩下红、黄只能为C1、C3。

由（1）、（9）→C3=红，N3=英国，C1=黄；

由（8）→D3=牛奶；

由（5）→D4=咖啡；

由（7）→T1=DH；

由（11）→P2=马。

那么：

挪威	?	英国	?	?
黄	蓝	红	绿	白
?	?	牛奶	咖啡	?
DH	?	?	?	?
?	马	?	?	?

由（12）→啤酒只能为D2或D5，BM只能为T2或T5。

由（3）→茶只能为D2或D5，丹麦只能为N2或N5，得出D1=开水。

由（15）→T2=混合烟，由（12）→BM=T5。

所以啤酒=D5，茶=D2→丹麦=N2

然后得出：

挪威	丹麦	英国	?	?
黄	蓝	红	绿	白
开水	茶	牛奶	咖啡	啤酒
DH	混合烟	?	?	BM
?	马	?	?	?

由（13）→德国=N4，PR=T4，所以，瑞典=N5，PM=T3。

由（2）→狗=P5；

由（6）→鸟=P3；

由（10）→猫=P1。

得到：

挪威	丹麦	英国	德国	瑞典
黄	蓝	红	绿	白
开水	茶	牛奶	咖啡	啤酒
DH	混合烟	PM	PR	BM
猫	马	鸟	?	狗

所以，最后剩下的鱼只能由德国人养了。

466. 谁偷了考卷

由（2）、（3）、（5）知道，A、C都不可能会偷考卷。

由（1）知道，A、B、C至少有1个人偷了考卷，那么一定是B。

由（4）知道，只有B一人偷了考卷，没人与他同案。

467. 写信

不能。由（1）知：标有日期的信是用粉色纸写的；由（2）知：小王写的信是以“亲爱的”开头；由（3）知：不是小赵写的信不用黑墨水；由（4）知：小李收藏的信不能看到；由（5）知：只有一页信纸的信标明了日期；由（6）知：不是用黑墨水写的信做了标记；由（7）知：用粉色纸写的信被收藏；由（8）知：做了标记的信只有一页信纸；由（9）知：小赵的信不以“亲爱的”开头。

综上所知，小王写的信——不是小赵写的信——不是用黑墨水写的——做了标记——只有一页信纸——标明了日期——用粉色纸写的——收藏了起来——小李不能看到。所以，小李不能看到小王写的信。

468. 副经理姓什么

副经理姓张。

推理过程：

由条件（1）老陈住在天津，以及条件（6）与副经理同姓的人住在北京，可知：副经理不姓陈。

由条件（5）副经理邻居的工龄是副经理的3倍，和条件（2）老张有20年工龄，因为20不是3的倍数，可知副经理的邻居不是老张，而是老孙。

回到条件（6），与副经理同姓的人住在北京，而老孙是副经理的邻居，再由条件（3）可知，老孙住在北京和天津之间，因此，由条件（1）和以上结论可知，老张住在北京。

再结合条件（6）可得出结论，副经理姓张。

469. 小王的老乡

赵和孙属于相同年龄档，李和周不属于相同年龄档，3位是80后，两位是90后，所以赵和孙是80后。

钱和周的职业相同，孙和李的职业不同，两位在学校工作，其他3位在工厂工作，所以钱和周在工厂工作，因此，在学校工作的90后只有小李一人了，所以小王的同乡是小李。

470. 排队

首先根据小孙没有排在最后，而且他和最后一个人之间还有两个人，可以确定小孙在倒数第四位。根据在小王的前面至少还有四个人，但他没有排在最后，可以确定小王在倒数第二。根据小李没有排在第一位，但他前后至少都有两个人，可以确定小李在第四位。根据小赵没有排在最前面，也没有排在最后，可以确定小赵在第二位。根据小吴不是最后一个人，可以确定，小吴在第一位。剩下一个小张在最后。所以他们的顺序依次是：小吴、小赵、小孙、小李、小王、小张。

471. 拼车

有人说，因为甲坐了4公里，乙坐了8公里，那么甲付8元，乙付16元。其实这种方法并不公平。最公平的做法是，将全程分成两部分，第一部分的价格是12元，第二部分价格也是12元，而第一部分有两个人乘坐，所以费用平分，每人6元，第二部分乙一个人乘坐，单独承担费用，这样甲需要付6元，乙要付18元，这样才最公平。

472. 满分成绩

根据（3）和（5），如果小明数学满分，那他英语也满分。根据（5），如果小明物理满分，那他英语也满分。根据（1）和（2），如果小明既不是物理满分也不是数学满分，那他英语也满分。因此，无论是哪一种情况，小明英语总是满分。

根据（4），如果小刚语文满分，那他英语也满分。根据（5），如果小刚物理满分，那他英语也满分。根据（1）和（2），如果小刚既不是物理满分也不是语文满分，那他英语也是满分。因此，无论是哪一种情况，小刚英语总是满分。

于是，根据（1），小华英语不是满分。再根据（4），小华语文也不是满分，从而根据（1）和（2），小华数学满分，物理也满分。

再根据（1），小明和小刚语文都满分，于是根据（2）和（3），小明数学不是满分，从而根据（1），小刚数学满分。最后，根据（1）和

（2），小明应该是物理满分，而小刚物理没有得满分。

473. 谁中了状元

如果张三中了状元，那么根据（2），他的进士成绩就是满分；而根据（8），他的明经成绩就不是满分。如果张三没有中状元，那么根据（7），他的明经成绩就不是满分；而根据（8），他的进士成绩就是满分。

如果李四中了状元，那么根据（4），他的明经成绩就是满分；而根据（8），他的进士成绩就不是满分。如果李四没有中状元，那么根据（3），他的进士成绩就不是满分；而根据（8），他的明经成绩就是满分。

如果王五中了状元，那么根据（6），他的明经成绩就是满分；而根据（8），他的进士成绩就不是满分。如果王五没有中状元，那么根据（5），他的明经成绩就不是满分；而根据（8），他的进士成绩就是满分。

现在可以得到下表：

如果	他获得满分的科目为
张三中了状元	进士
张三没有中状元	进士
李四中了状元	明经
李四没有中状元	明经
王五中了状元	明经
王五没有中状元	进士

张三不可能中状元，否则张三和王五的进士成绩就都是满分，从而与（7）发生矛盾。

王五也不可能中状元，否则李四和王五的明经成绩就都是满分，从而与（7）发生矛盾。

如果李四中了状元，那他倒是唯一一个明经成绩为满分的人，与（7）相符合，他也是唯一一个进士成绩没有得满分的人，与（8）相符合，因此，李四中了状元。

474. 什么关系

选B。

从（1）、（2）和（3）说的话入手。

（1）说B是我父亲的兄弟，（2）说E是我的岳母，（3）说C是我女婿的兄弟，说明B和C是兄弟关系，B是E的女婿，那么（2）是B说的，（3）是E说的。

（4）说A是我兄弟的妻子，B已经说过话，说明（4）是C说的，A是B的妻子，那么关系就很明确了，岳母是E，女儿是A，女婿是B，女婿兄弟是C。

（1）说B是我父亲的兄弟，说明他是C的子女，女婿兄弟的子女D。

475. 什么花色最多

由（3）和（4）可知黑桃比方块多一张。

假设红桃是2张，那么黑桃4张，方块3张，剩下梅花4张，不符合条件（2）。

假设方块是2张，那么红桃3张，黑桃3张，也是不符合条件（2）。

假设梅花是2张，那么根据其他条件，得红桃2张，方块4张，黑桃5张，共13张，但是不符合条件（2）、（3）和（4）。

假设黑桃为2张，那么红桃4张，方块1张，剩下梅花6张，满足所有条件。

因此梅花最多，为6张。

476. 谁被雇用了

在以下各表中，A代表甲，B代表乙，C代表丙，D代表丁，G代表研究生学历，W代表至少两年工作经验，V代表会用Office软件，R代表有六级证书，X代表满足要求，O代表不满足要求。

根据（4）和（5）可以得到下面的结果。

	A	B	C	D
G				
W				
V		X	X	
R				X

接着，根据（2）和（3），可得到下列填好了一部分的四张表。

I

	A	B	C	D
G	X	X		
W			X	X
V		X	X	
R				X

II

	A	B	C	D
G	X	X		
W			O	O
V		X	X	
R				X

Ⅲ

	A	B	C	D
G	O	O		
W			X	X
V		X	X	
R				X

Ⅳ

	A	B	C	D
G	O	O		
W			O	O
V		X	X	
R				X

在Ⅳ中，没人能同时满足G和W这两项要求，所以根据（1），把表Ⅳ排除。

根据（1），可在表Ⅰ、Ⅱ和Ⅲ中填上一些0，从而得到：

Ⅰ

	A	B	C	D
G	X	X	0	
W		0	X	X
V	0	X	X	0
R			0	X

Ⅱ

	A	B	C	D
G	X	X	O	
W			O	O
V	O	X	X	
R				X

Ⅲ

	A	B	C	D
G	O	O		
W		O	X	X
V		X	X	O
R			O	X

还是根据（1），在表Ⅰ、Ⅱ和Ⅲ中，都可以填上一些X，其余的位置填0，从而得到：

Ⅰ

	A	B	C	D
G	X	X	O	O
W	X	O	X	X
V	O	X	X	O
R	O	X	O	X

Ⅱ

	A	B	C	D
G	X	X	O	O
W	O	X	O	O
V	O	X	X	O
R	O	X	O	X

Ⅲ

	A	B	C	D
G	O	O	X	
W		O	X	X
V		X	X	O
R			O	X

根据（1），由于在表Ⅲ中没人能同时满足G、V和G、R这两对条件，所以把表Ⅲ排除。

Ⅰ

	A	B	C	D
G	X	X	O	O
W	X	O	X	X
V	O	X	X	O
R	O	X	O	X

II

	A	B	C	D
G	X	X	O	O
W	O	X	O	O
V	O	X	X	O
R	O	X	O	X

至此，已可看出，只有乙能比其他三人满足更多的条件，所以被雇用的是乙。

477. 教职员工

由于教授和讲师的总数是16名，从（1）和（4）得知：讲师至少有9名，男教授最多是6名。于是，按照（2），男讲师必定不到6名。

根据（3），女讲师少于男讲师，所以男讲师必定超过4名。

根据上述推断，男讲师多于4名少于6名，故男讲师必定正好是5名。

于是，讲师必定不超过9名，从而正好是9名，包括5名男性和4名女性，于是男教授则不能少于6名。这样，必定只有1名女教授，使得总数为16名。

如果把一名男教授排除在外，则与（2）矛盾；把一名男讲师排除在外，则与（3）矛盾；把一名女教授排除在外，则与（4）矛盾；把一名女讲师排除在外，则与任何一条都不矛盾。因此，说话的人是一位女讲师。

478. 六名运动员

A、B中至少去一人，那么可能有的情况是：A去B不去，A不去B去，或者A、B都去。

如果A去B不去，那么“A、D不能一起去”，则D不能去，同时“B、C都去或都不去”，则C不去，“C、D中去一人”就不成立，与题目矛盾。

如果A不去B去，那么C也会去，D就不会去，E也就不去，如果A、E都不去，那么A、E、F中最多只能是F一个人去，与题目矛盾。

所以A、B都去，那么C也会去，D不去，E也不去，所以A、E、F中就是A和F两个人去。所以去的人是A、B、C、F。

479. 相识纪念日

根据（1）和（2），杰瑞第一次去健身俱乐部的日子必定是以下二者之一：

A. 汤姆第一次去健身俱乐部那天的第二天。

B. 汤姆第一次去健身俱乐部那天的前六天。

如果A是实际情况，那么根据（1）和（2），汤姆和杰瑞第二次去健身俱乐部便是在同一天，而且在20天后又是同一天去健身俱乐部。根据（3），他们再次都去健身俱乐部的那天必须是在二月份。可是，汤姆和杰瑞第一次去健身俱乐部的日子最晚也只能分别是一月份的第六天和第七天，在这种情况下，他们在一月份必定有两次是同一天去健身俱乐部的，即1月11日和1月31日。因此A不是实际情况，而B是实际情况。

在情况B下，一月份的第一个星期二不能迟于1月1日，否则随后的那个星期一将是一月份的第二个星期一。因此，杰瑞是1月1日开始去健身俱乐部的，而汤姆是1月7日开始去的。于是根据（1）和（2），他们两人在一月份去健身俱乐部的日期分别为：

杰瑞：1日，5日，9日，13日，17日，21日，25日，29日；

汤姆：7日，12日，17日，22日，27日。

因此，汤姆和杰瑞相遇于1月17日。

480. 点餐

只要画个简易的图就可以知道他们的位置关系，桌子一边三人为赵、钱、孙，另一边为李、周、吴。再看六个人分别点了什么东西，就能够知道答案，吴点了红烧牛肉。

481. 参加舞会

4对订婚的，2对结婚的。单独来的男士2个独身，2个结婚。单独来的女士有3人。女士中人数最多的是订婚的，所以B属于订婚的。

482. 分别是哪国人

A是意大利人，B是俄罗斯人，C是英国人，D是德国人，E是法国人，F是美国人。

分析：

由（3）知道C不是德国人，由（5）知道C不是意大利人，由（6）知道C不是美国人也不是法国人。又因为C是技师，而根据（2）知道C不是俄罗斯人，所以C是英国人。根据（1）知道A不是美国人，根据（2）和（3）知道A不是俄罗斯人也不是德国人。根据（5）知道A不是法国人，所以A就应该是意大利人。根据（6）知道B不是美国人也不是法国人，根据（4）知道B不是德国人，所以B应该是俄罗斯人。根据（1）、（2）、（3）知道E不是美国人也不是德国人，那E就应该是法国人。根据（4）知道F不是德国人，所以F应该是美国人。最后，D就是德国人。

483. 分苹果

四份分别是6、12、3、27。

设第一份为x-3，第二份为x+3，第三份为x/3，第四份为3x，总和为48，求得x=9。这样就可以知道每一份各是多少了。

484. 春游

小赵、小钱、小孙、小吴去了，小李、小周没去。

分析：

首先，小钱去的话，小孙也一定去，因此小李就不去，所以小赵也去。又因为小李不去，所以小周也不去，而小赵、小周、小吴中有两人去，所以只能是小赵、小吴了。小赵、小钱至少有一人去，而小赵、小钱都去了，所以最后答案应该是小赵、小钱、小孙、小吴。

485. 分别教什么课

李老师教历史和体育，向老师教英语和生物，崔老师教数学和物理。

486. 圈出的款额

根据（2）和（3），经过反复试验，可以发现，只有四对硬币组能满足这样的要求：一对中的两组硬币各为四枚，总价值相等，但彼此间没有一枚硬币面值相同。各对中每组硬币的总价值分别为：40美分、80美分、125美分和130美分。具体情况如下（S代表1美元，H代表50美分，Q代表25美分，D代表10美分，N代表5美分）：

DDDD　DDDH　QQQH　DDDS

QNNN　QNQQ　NDDS　QNHH

根据（1）和（4），可以看出，只有30美分和100美分能够分别从两对硬币组中付出而不用找零。但是，在标价单中没有100。因此，圈出的款额必定是30。

487. 合租的三家人

老王、李平和美美是一家，老张、杜丽和丹丹是一家，老李、丁香和壮壮是一家。

因为老王的女儿不叫丹丹，那他的女儿一定是美美。又因为老张和李平家的孩子都参加了女子篮球队，说明老张和李平不是一家，而且两家都是女儿，所以老王、李平和美美一家。因为老李和杜丽不是一家的，那么老张、杜丽和丹丹一家，剩下的老李、丁香和壮壮就是一家了。

488. 找出死者和凶手

根据陈述中的假设，（1）和（2）中只有一个能适用于实际情况。同样，（3）和（4）、（5）和（6），也是两个陈述中只有一个能适用于实际情况。

根据陈述中的结论，（2）和（5）不可能都适用于实际情况。因此，能适用于实际情况的陈述组合是下列组合中的一组或几组：

A. （1）、（4）和（5）

B.（1）、（3）和（5）

C.（1）、（4）和（6）

D. （1）、（3）和（6）

E. （2）、（4）和（6）

F. （2）、（3）和（6）

如果A能适用于实际情况，则根据（1）的结论，凶手是男性；根据（4）的结论，受害者是女性；可是根据（5）的假设，凶手与受害者性别相同。因此A不适用。

如果B能适用于实际情况，则根据有关的假设，凶手与受害者有亲缘关系而且职业相同、性别相同。这与各个家庭的组成情况有矛盾，因此B不适用。

如果C能适用于实际情况，则根据有关的结论，凶手是男性，受害者是个女性医生。接着根据（1）和（4）的假设，凶手是律师，凶手与受害者有亲缘关系。这与各个家庭的组成情况有矛盾，因此C不适用。

如果D能适用于实际情况，则根据（1）的结论，凶手是男性；根据（3）的结论，受害者也是男性；可是根据（6）的假设，凶手与受害者性别不同。因此D不适用。

如果E能适用于实际情况，则根据（2）的结论，凶手是医生；根据（6）的结论，受害者也是医生；可是根据（4）的假设，凶手与受害者职业不同。因此E不适用。

因此只有F能适用于实际情况。根据有关的结论，凶手是医生，受害者是男性医生。于是根据（6）的假设，凶手是女性。接着，根据各个家庭的组成情况，凶手只能是丙。（2）的假设则表明，受害者是乙，而且，（3）的假设和（2）、（6）的结论相符合。

489. 聪明的俘虏

因为在周围的10个人都看到了9个丝巾，他们猜不出来的原因就是都看到了5个红丝巾，4个蓝丝巾，所以猜不出自己的是红还是蓝。这样，唯一的情况就是中间的人戴的是红丝巾，而被中间的人挡住的两个人戴的丝巾颜色正好相反。所以，周围的人就猜不出自己头上丝巾的颜色了。

490. 玻璃球游戏

4个男孩。

因为每人拿的球中，红的数量>蓝的数量>绿的数量，而每人一共拿了12个球，所以红球最少要拿5个，最多只能拿9个。红球一共是26个，每人至少拿5个，所以最多能有5个人。

小强拿了4个蓝球，那么他最多只能拿7个红球了。就算小刚和小明都拿了9个红球，他们三个也只拿了25个红球，少于26个，所以至少是4个人。

假设是5个人，那就有4个人拿了5个红球，1个人拿了6个红球。

对于拿了5个红球的人来说，蓝球和绿球只有一种选择：4蓝3绿。这和只有小强拿了4个蓝球这个条件矛盾，所以是4个人。

球的组合情况如下表：

名字	红球数	蓝球数	绿球数
小强	5	4	3
小刚	6	5	1
小华	7	3	2
小明	8	3	1

491. 男孩吃苹果

男孩丙说：“我和男孩丁共吃了3个苹果。”如果丁吃了1个的话，丙无论吃了1个还是2个，都不会说这句话，所以丁吃了2个苹果，说谎话。

由男孩丁说的两句谎话可以知道：男孩乙吃了1个苹果，说真话；男孩丙剩下3个苹果。

由男孩乙说的真话知道：男孩甲剩下4个苹果。

最初四个男孩分别有4、5、6、7个苹果，在每个男孩吃掉1个或2个后，剩下的苹果数还是各自不同，因为已经确定乙吃了1个，丁吃了2个，所以剩下的苹果数只有两种可能：2、4、5、6和2、3、4、6。

因为男孩丙剩下了3个苹果，所以排除“2、4、5、6”，得到答案。

男孩甲最初有6个苹果，吃了2个，剩下4个；

男孩乙最初有7个苹果，吃了1个，剩下6个；

男孩丙最初有5个苹果，吃了2个，剩下3个；

男孩丁最初有4个苹果，吃了2个，剩下2个。

492. 老朋友聚会

“乙和丙的车是同一牌子的；丙和丁中只有一个人有车”，说明甲、乙、丙三个人有车，丁没有车。

因为“有一个人三种条件都具备”，而“只有一个人有了自己的别墅”，所以有别墅的人只能是有车的甲、乙、丙三人中的一个。

这样丁就没有车也没有别墅了，因为“每个人至少具备其中一样条件”，所以丁有喜欢的工作。

因为“甲和乙对自己的工作感觉一样”，而“只有两个人有自己喜欢的工作”，所以丙和丁一样，有喜欢的工作。

既有车又有喜欢的工作的只有丙，那么他就是三个条件都具备的人了。

493. 谁击中的

这八个人的谈话可以分成三组。第一组是A、H和E、F。A、H的说法一致，E、F的说法和A、H矛盾，因此要么A、H猜对，要么E、F猜对，这组必有两人是猜对的。第二组是B、D。这两人的说法矛盾，因此要么B猜对，要么D猜对，这组必有一人猜对。第三组是C、G。G的说法包含了C。如果C击中，则两人都猜错；如果G击中，则两人都猜对；如果别人击中，则一对一错。因此如果有三人猜对，就说明第三组都猜错了，也就是C击中的。

494. 谁的狗

主人及狗的名字如下：

主人	黄黄	花花	黑黑	白白
狗	花花、黑黑、白白	黄黄、黑黑、白白	黄黄、花花、白白	黄黄、花花、黑黑

由（4），白白的狗不叫花花，得：

主人	黄黄	花花	黑黑	白白
狗	花花、黑黑、白白	黄黄、黑黑、白白	黄黄、花花、白白	黄黄、黑黑

若白白的狗叫黄黄，则：

主人	黄黄	花花	黑黑	白白
狗	花花、黑黑、白白	黑黑、白白	花花、白白	黄黄

如果黑黑的狗叫花花，由（3）可知，白白的主人是黄黄，这样花花的狗是黑黑，和条件（1）矛盾。

如果黑黑的狗叫白白，则花花的狗叫黑黑，黄黄的狗叫花花，和条件（2）矛盾。

若白白的狗叫黑黑，则：

主人	黄黄	花花	黑黑	白白
狗	花花、白白	黄黄、白白	黄黄、花花、白白	黑黑

由黄黄的狗并不和叫黑黑的狗的主人用一个名字，得：

主人	黄黄	花花	黑黑	白白
狗	花花	黄黄、白白	黄黄、白白	黑黑

由花花的狗并不和花花的主人叫同一个名字，得：

主人	黄黄	花花	黑黑	白白
狗	花花	白白	黄黄	黑黑

所以，黄黄的狗叫花花，花花的狗叫白白，黑黑的狗叫黄黄，白白的狗叫黑黑。

495. 答题卡

我们观察甲和乙的成绩，他们只有第3、5、9三题答案不同，而得分差了10分，说明这三题中，甲做对了2道，乙做对了1道，而剩下的7个题中，甲、乙有同一道题做错了。再看甲和丁，他们的3、5、9三题答案完全相同，而丁只得了20分，说明丁做对的2道题都在3、5、9中，即其余七道题都是错的。从而可以确定这7道题的正确答案分别是：

题号	1	2	3	4	5	6	7	8	9	10
正确答案	√	×	未知	√	未知	×	√	×	未知	√

再看丙，2、4、6、8四题都对了，也就是说其余的题都是错的，从而可以确定3、5、9的答案。

题号	1	2	3	4	5	6	7	8	9	10
正确答案	√	×	×	√	√	×	√	×	×	√

496. 姑娘得到的花

因为4个人共得到10朵玫瑰花，如果乙+丙=5的话，丁+甲=5；乙+丙≠5的话，丁+甲≠5。所以，甲和丙或者是都说了实话，或者是都撒了谎。

假设她们都说了实话， 甲≠2，丙≠2。由于丙的发言是真实的，丁≠3。

假设乙的话是真的（乙≠2），由于丙+丁=5，可得乙+甲=5，丁的话是假的，所以丁=2。因此，丙=3，甲的话就变成假的了。所以，乙的话是假的，乙=2。由于乙+甲≠4，所以丁的话是假的，丁=2。

由于甲的话是真的，所以丙=3。那么，丙+丁=5，就成了乙有2个玫瑰花却又说了真话，这是自相矛盾的。

由此推知，前面的假设是不成立的。

甲和丙都撒了谎，即甲=2，丙=2。由丙的发言（假的）可知，丁不等于3。所以，乙的发言是假的，乙=2，剩下的丁就是4。

她们各自得到的玫瑰花数量如下：

甲：2个；

乙：2个；

丙：2个；

丁：4个。

497. 长辈的年龄

这个问题看似很麻烦，毫无头绪，其实只要列出方程来计算，还是很简单的。

首先，我们设舅舅今年x 岁，妈妈y 岁。

“你妈妈现在的年龄是我过去某一年的年龄的两倍”，在过去这一年，舅舅的年龄是y /2岁，妈妈的年龄是y－（x－y/2）=3y/2－x岁。

“在过去的那一年，你妈妈的年龄又是将来某一年我的年龄的一半”，在这个时候，舅舅的年龄为3y－2x岁。

“你妈妈过去当她的年龄是我的年龄的三倍时”，这时：

妈妈的年龄是（3y－2x）/3=y－2x/3岁；

舅舅的年龄是（y－2x/3）/3=y/3－2x/9岁；

因为是同一年，所以有等式：

x－（y/3－2x/9）=y－（y－2x/3），化简为：5x=3y。

因为x+y=48，解得x=18。

所以，舅舅现在的年龄是18岁。

498. 飞机绕行地球

答案是至少出动5架次飞机。

起飞和加油方法如下：

（1）三架飞机A、B、C同时从机场起飞，顺时针飞行，此时三架飞机的油量分别是：A是1，B是1，C是1。

（2）当A飞行至半圈的1/4位置时，此时飞机的油量分别是：A是3/4，B是3/4，C是3/4。C分别给A和B加满油，三架飞机的油量变为：A是1，B是1，C是1/4。正好够C返回机场。A、B继续向前飞行。

（3）当A、B飞行至半圈的1/2位置时，油量分别是：A是3/4，B是3/4。此时B给A加满油，此时飞机的油量变化为：A是1，B是1/2。然后B安全返回机场，A继续向前飞行。

（4）当A飞行至半圈位置时，D、E两架飞机沿逆时针方向起飞飞行，三架飞机当前油量分别是：A是1/2，D是1，E是1。

（5）当A飞行至另外半圈的1/4位置时，三架飞机剩余油量分别是：A是1/4，D是3/4，E是3/4。此时，D给E加满油，D返回机场，飞机油量分别是：A是1/4，E是1。

（6）当A飞行至另外半圈的1/2位置时，A和E相遇，此时两架飞机剩余油量分别是：A是0，E是3/4。E给A加1/4的油，飞机剩余油量为：A是1/4，B是1/2。此时F飞机从机场逆时针飞出，B安全返回机场，A继续向前飞行。

（7）当A飞行至另外半圈的3/4位置时，A和F相遇。此时两架飞机的油量分别是：A是0，F是3/4。F给A加1/4的油，此时飞机的油量分别是：A是1/4，F是1/2。F掉头返回机场，A成功绕行一周。

（8）到达机场后，F剩余1/4油量，说明加油地点可以在一定的范围内变动。

综上所述，一共至少需要出动5架次飞机（如果算上绕行的飞机是6架次），才能确保使一架飞机绕地球一圈后回到飞机场。

499. 房子的号码

很明显，想从小婧回答小华提的前三个问题去寻找答案是毫无用处的。解题起始点应该是小华说的“如果我知道第二位数是否是1，我就能讲出你那所房子的号码”那句话。

分析一下小华是怎么想的，会对题目的解答很有用，尽管他的结论是错误的。小华的想法是，他认为他已将可供挑选的号码数减少到了两个，其中一个号码的第二位数是1。

如果小华认为这个号码是个平方数而不是个立方数，那么供挑选的号码就太多了（从4 到22各数的平方数都在13～500之间，而23～36各数的平方数在500～1300之间）。看来他一定认为这是个立方数。

相关的立方数是27、64、125、216、343、512、729、1000（它们分别是3、4、5、6、7、8、9、10的立方），其中64和729也是平方数（分别为8 和27 的平方）。

如果小华认为这个号码是小于500的平方数和立方数，那么他便没有其他可选择的号码——只有64。如果他认为这个号码是500 以上的平方数和立方数，那一定是729。如果他认为这个号码不是平方数而是500 以下的立方数，那么就有四种可能性，即27、125、216、343。但如果他认为这个号码不是平方数而是500以上的立方数，那么只有两种可能性，即512和1000，前一个号码的第二位数是1，这个号码就是小华所想到的。

但从某些方面来看，他想的并不对，他认为这个号码不在500以内，而小婧在答复这一点时骗了他，所以它是在500以内。小华认为这个号码不是个平方数，关于这一点，小婧又没有向他讲真话，所以它是个平方数。小华认为这是个立方数，关于这一点，小婧向他讲了真话，所以它是个立方数。所以小婧家的门牌号是个500以下的平方数，也是个立方数（不小于13）。所以它只能是64。

500. 邻居和老师的年龄

这三位邻居年龄的乘积是2450，也就是x×y×z=2450。

因为2450=2×5×5×7×7，所以三个邻居的年龄可以得出以下7组数：

10+35+7=52

10+5+49=64

2+25+49=76

14+35+5=54

14+25+7=46

2+35+35=72

50+7+7=64

这中间只有10、5、49 和50、7、7这两组之和得数一样，这样才符合乙老师说的“还差一个条件”，否则就可得知答案。所以乙老师为64/2=32岁。

如果甲老师大于50岁的话，那他补充了条件，乙老师也猜不出邻居的岁数，所以甲老师应该刚好50岁。

所以甲老师50岁，乙老师32岁，三位邻居分别是10岁、5岁、49岁。

拓展思维空间，
突破思维定式，
练就超强大脑，
成为逻辑高手！